Kulturanthropologische Studien

Herausgegeben

von Rüdiger Schott und Günter Wiegelmann

Band 12

SABINE DINSLAGE

KINDER DER LYELA

Kindheit und Jugend im kulturellen Wandel
bei den Lyela in Burkina Faso

Sabine Dinslage

KINDER DER LYELA

Kindheit und Jugend im kulturellen Wandel
bei den Lyela in Burkina Faso

1986

KLAUS RENNER VERLAG
Hohenschäftlarn bei München

Umschlagbild: Buma Bationo, Alter: 4 Jahre,
Ort: Sinkou (Aufnahme: Sabine Dinslage,
August 1983)

D 6

C Copyright Sabine Dinslage 1986

    All rights reserved

    Printed in West Germany

    ISBN 3-87673-105-4

Inhaltsverzeichnis

		Seite
Vorwort		7
1.	Einleitung	9
1.1.	Problemstellung	9
1.2.	Forschungsbedingungen	11
1.3.	Forschungsmethoden	15
1.4.	Forschungsschwierigkeiten	16
1.5.	Darstellung des derzeitigen Forschungsstandes	17
1.6.	Aufbau der Arbeit	25
2.	Ethnographischer Hintergrund	27
2.1.	Bevölkerung	27
2.2.	Geographie und Bodenbeschaffenheit	27
2.3.	Klima	28
2.4.	Wirtschaft	29
2.5.	Siedlungs- und Wohnweise	30
2.6.	Sozialstruktur	31
2.7.	Religion	32
3.	Schwangerschaft	33
3.1.	Verhaltensvorschriften	33
3.2.	Allgemeine Tabus	34
3.3.	Speisetabus	35
3.4.	Speisevorschriften	35
4.	Geburt	36
4.1.	Der Geburtsvorgang	36
4.2.	Erste Behandlung des Neugeborenen nach der Geburt	37
4.3.	Die Behandlung der Nachgeburt	39
4.4.	Die Behandlung der Nabelschnur	41
4.5.	Komplikationen bei der Geburt	42
4.6.	Ritual zur Verhinderung weiterer Schwangerschaften	44
4.7.	Geburt im elterlichen Gehöft der Frau	45

		Seite
4.8.	Regelung für Erstgeborene	45
4.9.	Zeremonie zur Bekanntgabe der Geburt des ersten Kindes	46
4.10.	Amulette für Kinder	46
5.	Die traditionelle Namengebung	48
5.1.	Eine Namengebungszeremonie im Hof Bationo	48
5.2.	Die verschiedenen Kategorien der traditionellen Namen	51
6.	Die Behandlung des Säuglings	54
6.1.	Säuglingspflege	54
6.1.1.	Einläufe	54
6.1.2.	Waschen	55
6.1.3.	Einfetten	56
6.2.	Körperkontakt	57
6.3.	Tragen	57
6.4.	Stillen	58
6.5.	Einfluß der PMI	60
6.6.	Stillpflicht	61
6.7.	Entwöhnung	65
7.	Die Kleinkindphase	67
7.1.	Ablösung von der Mutter - Aufnahme der Beziehungen in der Familie	67
7.2.	Der "frühkindliche Freiraum"	70
7.3.	Essen	71
7.4.	Erziehung zur Sauberkeit	72
7.5.	Exkurs: Andere Literatur über die Kleinkindphase zum Vergleich	72
7.6.	Die motorische Entwicklung	76
7.7.	Die geistige Entwicklung	77
7.8.	Exkurs: Andere Literatur über die motorische und geistige Entwicklung zum Vergleich	78

		Seite
8.	Beziehungen und Formierungen der Kinder im Familienverband	81
8.1.	Die Altersrangfolge	81
8.2.	Beziehungen zu Geschwistern	85
8.3.	Die Eingliederung in den Familienverband	87
9.	Kinderspiele	94
9.1.	Kinderspiele im Alltag	94
9.2.	Arbeit und Spiel	94
9.3.	Altersgemäßes Spielen	95
9.4.	Situations- und Rollenspiele	99
9.4.1.	Auswertung der Rollenspiele	101
9.5.	Ringkämpfe	107
9.6.	Inaktivität	111
10.	Arbeiten der Kinder	113
10.1.	Erste Handreichungen und Tätigkeiten	113
10.2.	Arbeit als Pflicht	115
10.3.	Altersgemäße Zuordnung der Arbeiten für Mädchen und für Jungen	116
10.3.1.1.	Traditionelle Arbeitszuordnung der Mädchen	116
10.3.1.2.	Die Arbeiten der Mädchen	117
10.3.1.3.	Der Handel der Mädchen	119
10.3.2.1.	Die Arbeiten der Jungen	120
10.3.2.2.	Der Handel der Jungen	122
10.4.	Arbeitsgruppen	122
11.	Sonderstellung von Kindern	125
11.1.	Zwillinge	125
11.1.1.	Wahrsager für Zwillinge	126
11.1.2.	Herkunft der Zwillinge	127
11.1.3.	Die besondere Stellung und Behandlung von Zwillingen	128
11.1.4.	Zwillingsspeicher	130
11.1.5.	Jahresfest für Zwillinge	131
11.1.6.	Pubertätsritual mit Rasur	132

		Seite
11.1.7.	Der Tod von Zwillingen	134
11.2.	Wiedergeburt eines Ahnen	135
12.	Hexerei und Fetische	140
12.1.	Kinder als Hexer	143
12.2.	Kinder und Fetische	144
13.	Das shú; seine Hintergründe und seine Bedeutung als Sozialisationsfaktor	146
13.1.	Informantenaussagen zum shú	147
13.1.1.	Die Bedeutung des shú	148
13.1.2.	Die Legende des shú	148
13.1.3.	Die "Leute des shú"	149
13.1.4.	Die Initiationsgruppe des shú	149
13.1.5.	Totenfeier für Mitglieder der "shú-Familie"	152
13.1.6.	Die Aufbewahrung und Behandlung des shú	154
13.1.7.	Die Kraft des shú	154
13.1.8.	Die heutige Bedeutung des shú	157
13.2.	Schlußfolgerungen aus den Informantenaussagen	158
13.3.	Vergleich mit der Studie des E. Bayili	159
13.4.	Zusammenfassung	160
14.	Das Hirtenleben als Übergangsphase für Jungen	162
15.	Traditionelle Bräuche für Mädchen	167
15.1.	Die Mädchenbeschneidung	167
15.1.0.	Allgemeines	167
15.1.1.	Bericht über eine Mädchenbeschneidung	169
15.1.2.	Informantenaussagen und Begleitumstände der Mädchenbeschneidung	174
15.1.3.	Die Beschneiderin	178
15.1.4.	Die Wundbehandlung	181
15.1.5.	Zur Beschneidung gehörende Riten und ihre Bedeutung	182

Seite

15.1.6.	Reflexionen und Begründungen zur Beschneidung	185
15.2.	Junge Mädchen als "petite soeur"	188
16.	Erziehung	195
16.1.	Erziehungsziele	195
16.2.	Erziehung zur Arbeit	197
16.3.	Traditionelle Verhaltensregeln	198
16.4.	Bestrafungen	200
16.5.	Stehlen	202
16.6.	Schuldbekenntnisse	203
16.7.	Angst als Bestandteil der Erziehung	204
16.8.	Schule	205
17.	Die Pubertät	210
18.	Zukunfts- und Wunschvorstellungen der Kinder und Jugendlichen	216
19.	Fortschreitende Zivilisationseinflüsse	220
19.1.	Geburt	220
19.2.	Säuglingspflege; Körperkontakt; Ernährung	221
19.3.	Namengebung	222
19.4.	Spiel und Freizeit	222
19.5.	Arbeit	224
19.6.	Hexenglaube und Fetische	226
19.7.	Mädchenbeschneidung	226
19.8.	Erziehung; Generationskonflikt	227
19.9.	Schulerziehung	229
20.	Schlußbemerkung	231

		Seite
	Anhang	
Nr. 1	Karten	232
Nr. 2	Skizze des Gehöftes meiner Gastfamilie	234
Nr. 3	Genealogie der Familie Bationo	235
Nr. 4	Rituelle Teilstrukturen bei Schwangerschaft, Geburt und Namengebung	238
Nr. 5	Tabellarische Aufstellung der traditionellen Namen	242
Nr. 6	Einige Pflanzen für den Einlauf	248
Nr. 7	Beispiele für Situations- und Rollenspiele	249
Nr. 8	Tabellarische Aufstellung der Arbeiten der Kinder	281
Nr. 9	Beispiele für den Handel der Kinder	284
Nr. 10	Beispiele für Mädchenarbeitsgruppen	300
Nr. 11	Einige Beispiele für die Verhaltensweisen von Hirten	303
Nr. 12	Tabellarische Aufstellung von Teilstrukturen der Mädchenbeschneidung bei den Lyela im Vergleich mit sechs anderen westafrikanischen Ethnien	305
Nr. 13	Schilderung vier weiterer Mädchenbeschneidungen	314
Nr. 14	Schulordnung und Stundenplan der Grundschule in Bonyolo	324
Nr. 15	Beispiele für Wunsch- und Zukunftsvorstellungen der Kinder und Jugendlichen	327
Nr. 16	Anmerkungen	334
Nr. 17	Literaturnachweis	340
Nr. 18	Glossar	350

Vorwort

Die vorliegende Studie basiert auf einer vierzehnmonatigen Feldforschung, die ich als wissenschaftliche Mitarbeiterin im Rahmen eines von der Deutschen Forschungsgemeinschaft geförderten Forschungsvorhabens unter der Leitung von Herrn Professor R. Schott in Obervolta (heutiges Burkina Faso), Westafrika, durchführte. Das gesamte Forschungsvorhaben diente der ethnologischen Untersuchung von sozialen Entwicklungsproblemen und der Erstellung einer Ethnographie der Lyela, einer Gur-sprachigen ethnischen Gruppe im Raum westlich und nordwestlich von Koudougou.

Während Herr Professor R. Schott sich schwerpunktmäßig der rechtsethnologischen Forschung und der Aufnahme oraler Traditionen widmete, wurde die Untersuchung der Stellung und der Rolle der Frauen im modernen soziokulturellen Wandel unter drei Mitarbeiterinnen aufgeteilt.

Frau A. Brüggemann untersuchte in dem Verwaltungs- und Missionsort Réo traditionelle verwandtschaftliche Verpflichtungen und Rechte im Wandel.

Frau S. Steinbrich erforschte in Sanje, einem ca. zehn Kilometer von Réo entfernt gelegenen Ort, den Sektor Arbeit und Wirtschaft unter besonderer Berücksichtigung der Stellung der Frau in diesen Bereichen.

Meine eigenen Forschungen in Sinkou, einem Ort etwa sechs Kilometer östlich von Réo gelegen, galten schwerpunktmäßig den Entwicklungs- und Generationskonflikten, denen die Jugendlichen durch den fortschreitenden kulturellen Wandel unterworfen sind. Dazu gehörte auch die Untersuchung des traditionellen Lebensraumes, in dem die Kinder und Jugendlichen aufwachsen.

Von den jeweiligen Ausgangspunkten für unsere Forschungen ausgehend (Réo, Sanje und Sinkou) dehnte jeder Mitarbeiter seinen Forschungsbereich auf die Nachbargebiete aus. Zusammengenommen mögen unsere einzelnen Forschungsergebnisse einen umfassenden Einblick in das traditionelle und gleichzeitig schon von der Neuzeit beeinflußte Leben dieser Ethnie bieten.

Mein herzlicher Dank gilt der Deutschen Forschungsgemeinschaft und Herrn Professor R. Schott, die mir diesen ersten Schritt von der Theorie in die praktische Ethnologie ermöglichten. Die Voraussetzungen zur intensiven Forschung während meines Aufenthaltes verdanke ich vor allem der Familie Bationo, meiner Lyela-Gastfamilie in Sinkou, in deren Mitte ich monatelang leben durfte und die mich voll an ihrem Familien- und Alltagsleben teilhaben ließ. Durch den engen Kontakt zu allen Familienmitgliedern ergab sich für mich eine besonders lebensnahe Forschungssituation.

Ich möchte hier auch meinen beiden Dolmetschern Claudine Kaboré und Valentin Bazié danken, die mir bei der sprachlichen Verständigung halfen und mir Zugang zu vielen Familien sowie zu wichtigen Ereignissen in der Umgebung verschafften.

Als Frau gewann ich in besonderem Maße das Vertrauen der einheimischen Frauen und fand Zugang zu Bereichen, die männlichen Ethnologen weitgehend verschlossen bleiben oder ihnen nur am Rande zugänglich sind. So durfte ich u.a. Mädchenbeschneidungen mit ihren begleitenden Riten beiwohnen und konnte auf diesem Wege meine 1981 veröffentlichte Studie "Mädchenbeschneidung in Westafrika" durch eigene Beobachtung vervollständigen und vertiefen.

Allen meinen in dieser Zeit gewonnenen Freunden und Informanten bleibe ich dankend verbunden. Als Initiator der Feldforschung und Betreuer dieser Arbeit als Doktorvater hat mir Herr Professor R. Schott sowohl auf wissenschaftlicher als auch auf menschlicher Ebene immer wieder Mut und Zuversicht gegeben. Ihm gilt mein besonderer Dank.

1. Einleitung

1.1 Problemstellung

Die Völker der Dritten Welt stehen in einem Prozess des sozialen, kulturellen und wirtschaftlichen Wandels ihrer Kultur und Lebensweise. Mit der Angliederung an die westliche Welt ist eine gleichzeitige Anpassung an die neuen, westlichen Lebensformen erforderlich, die die Angehörigen traditionsgebundener Ethnien in starke emotionale Konflikte führt. Diese rasche Entwicklung nach westlichem Vorbild ist kein aus dem Volk selbst gewachsener Prozess, sondern eine abrupte Konfrontation mit Techniken und modernen Lebensformen, denen die traditionellen Stammesgesellschaften nicht oder nur teilweise gewachsen sind.

Die Auswirkungen dieser Einflüsse sollen in der vorliegenden Studie nicht global erörtert werden, sondern ganz speziell durch Untersuchungen bei einer westafrikanischen Ethnie, dem Volk der Lyela, verdeutlicht werden.

Da der kulturelle Wandel in seinen Auswirkungen bis in die einzelnen Familien reicht und dort zu ausgeprägten Generationskonflikten führt, wählte ich als Schwerpunkt meiner Forschungen den traditionellen Familienverband. Mit meinen Untersuchungen möchte ich Fakten aufzeigen, die verdeutlichen, wie sich der kulturelle Wandel auf das Leben der einzelnen Menschen bei den Lyela auswirkt. Während die Alten noch mehr oder weniger an der Tradition festhalten und sich den Neuerungen weitgehend verschließen, sind die Jugendlichen in starkem Maße für moderne Einflüsse empfänglich. Die Generation der Jugendlichen ist es auch, die ihr Leben und ihre Zukunft nach neuen Wertvorstellungen ausrichten muß, sich von den traditionellen Wertvorstellungen ihrer Väter entfernt und damit in allen Lebensbereichen zwischen Tradition und Moderne steht.

Auf Grund dieser Erkenntnisse galt meine Forschung insbesondere der Entwicklung und Behandlung des Kindes von der Geburt bis hin zur Pubertät, unter Berücksichtigung der Einflüsse des kulturellen Wandels auf diese Altersgruppe.

In der vorliegenden Arbeit möchte ich die Hintergründe der traditionellen Lebensform aufzeigen, aus der die heranwachsende Generation hervorgeht, und der sie noch unbewußt verhaftet ist. Dabei muß betont werden, daß diese Arbeit keine umfassende theoretische Abhandlung zum Thema des kulturellen Wandels ist, sondern, basierend auf einer vierzehnmonatigen Feldforschung inmitten einer Großfamilie, einen speziellen Ausschnitt dieses Prozesses zeigt, der ausgehend vom Detail zum tieferen Verständnis der Hintergründe und Auswirkungen der neuzeitlichen Einflüsse in einer afrikanischen Gesellschaft führen soll.

Ich hoffe, mit dieser Untersuchung des sozialen und kulturellen Wandels bei den Lyela und mit der Darstellung seiner Auswirkungen speziell auf die Kinder und Jugendlichen eine Lücke in der Erforschung der sozialen und kulturellen Veränderungen in Westafrika zu schließen.

Ich hoffe ferner, daß diese Studie hilfreich und nützlich sein kann zum besseren Verständnis der Konfliktsituation, in die die Jugendlichen der Lyela durch die zunehmenden neuzeitlichen Einflüsse geraten sind.

1.2. Forschungsbedingungen

Das Volk der Lyela ist einerseits noch reich an Traditionen und alten Bräuchen, unterliegt aber andererseits schon seit der französischen Kolonialherrschaft (ab 1902) starken westlichen Zivilisationseinflüssen. Der dadurch bewirkte kulturelle Wandel betrifft vornehmlich die Generation der Heranwachsenden. Für mich galt es zunächst, den noch vorhandenen Traditionen nachzuspüren, unter deren Einfluß die Kinder und Jugendlichen innerhalb ihrer Familien aufwachsen.

Da man die Lebenssituation von Kindern und Jugendlichen schwerlich nur durch Informantenbefragung und Beobachtung von außen her erfassen kann, erstrebte ich ein enges Zusammenleben mit den Lyela innerhalb einer Großfamilie.

Die ersten Wochen nach meiner Ankunft in Obervolta am 15.12.1982 verbrachte ich im Standquartier unserer Forschungsgruppe in Réo. Von dort aus besuchte ich zunächst die umliegenden Dörfer und Gehöfte, um die dort lebenden Familien kennenzulernen. Es ergab sich allerdings in den ersten Wochen noch keine Möglichkeit zur engeren Kontaktaufnahme, da die Bewohner der besuchten Gehöfte zwar freundlich, aber sehr zurückhaltend waren. Die Befragungen und Interviews in dieser Anfangsphase blieben förmlich und unpersönlich, was mich in meinem Beschluß bestärkte, in einem Gehöft mit einer Großfamilie zusammenzuleben, um so engere, persönlichere Kontakte aufbauen zu können. Die Suche nach einem geeigneten Gehöft war schwierig und zeitaufwendig, aber am 15.1.1983 hatten meine Bemühungen endlich Erfolg: Die Familie Bationo in Sinkou (etwa 6 km von Réo entfernt) war bereit, mich aufzunehmen und bot mir einen leerstehenden Hühnerstall als Wohnraum in ihrem Gehöft an.

Nach vierzehntägigen Renovierungsarbeiten, die die Frauen des Gehöftes gemeinsam mit den Nachbarinnen vornahmen, konnte ich die Lehmhütte mit einer Grundfläche von 2 x 3 m beziehen. Sie hatte eine neue Lehmschicht als Fußboden, frischbemalte Wände, eine Tür aus Wellblech und zwei kleine Fensteröffnungen erhalten. Aus der Skizze im Anhang Nr. 2 ist die für meine Forschungszwecke günstige Lage dieser Hütte im Gehöft ersichtlich; das Alltags- und Familienleben spielte sich unmittelbar vor meiner Tür ab.

Im Gehöft lebten im Schnitt dreißig Personen; ihre Zahl erhöhte sich zeitweise durch längere Besuche auswärtiger Familienmitglieder, die beispielsweise an der Elfenbeinküste arbeiteten. In unserem Gehöft lebten besonders viele Kinder; auch solche, die von ihren an der Elfenbeinküste lebenden Eltern nach Sinkou in das Gehöft ihres Vatersbruders geschickt worden waren, um hier aufzuwachsen. Die Zahl der anwesenden Kinder schwankte zeitweise, weil Kinder aus der weiteren Verwandtschaft (vorwiegend Mädchen) vorübergehend als Arbeitskräfte bei uns lebten. Die Struktur meiner Gastfamilie ist aus der Genealogie im Anhang Nr. 3 zu ersehen. Die Lebensweise dieser Familie kam meinen Forschungsinteressen insofern entgegen, als sie einerseits noch traditionell bestimmt, andererseits aber auch schon vielen Einflüssen der Neuzeit ausgesetzt war.

Das Einfügen und Einleben in den Familienalltag hatte zunächst seine Schwierigkeiten für mich. In der ersten Zeit meines Aufenthaltes im Gehöft erregte meine Person so sehr das Interesse der Gehöft- und Dorfbewohner, daß ich in Bezug auf die Forschung mehr Objekt als Subjekt war. Nach einigen Wochen ließ der "Besucherstrom" vor meiner Hütte jedoch nach und ich wurde langsam als zwar immer noch interessantes, aber doch auch selbstverständliches Familienmitglied angenommen. Ich paßte mich dem Lebensrhythmus und auch der Ernährungsweise meiner Gastfamilie an. Obwohl die Nahrungsmittel durchaus nicht immer reichlich vorhanden waren, wurde ich während der vierzehn Monate meines Aufenthaltes voll mitverpflegt, und ich hätte diese freudig gewährte Gastfreundschaft auch nicht ablehnen können.

Das Miteinanderleben und die volle Eingliederung in die
Familie schloß auch eine mütterliche Überwachung meiner Person von Seiten der "Großmutter", der ältesten Frau im Gehöft, mit ein. Mein Wohlergehen und meine Sicherheit lagen
ihr sehr am Herzen, und sie war stets informiert über mein
Kommen und Gehen und über meinen voraussichtlichen Tagesablauf.

Neben der Großmutter als anerkannte Autorität verband
mich mit den jungen Frauen der Familie eine enge Freundschaft, die einen vertraulichen Austausch von Erfahrungen
und Meinungen mit ihnen ermöglichte.

Im Umgang mit den Frauen unseres Gehöftes entwickelte ich
im Laufe der Zeit ein feines Gespür für die Hierarchie, die
unterschwellig unter ihnen herrschte. Es gab gewisse Abstufungen, über die nicht gesprochen wurde, die aber unbedingt
zu beachten waren. Wenn ich z.B. mit meiner Mofa unterwegs
war und die Frauen auf dem Heimweg vom Markt traf, so bot
ich den Platz auf dem Gepäckträger nie einer bestimmten Frau
an, sondern stellte ihn neutral zur Verfügung, um nicht in
die Rangordnung einzugreifen. Die Entscheidung der Frauen
untereinander bedurfte keiner Diskussion. Es war mit Selbstverständlichkeit die Frau unseres Gehöftherrn, die diesen
Platz für sich beanspruchte. Sie genoß ohnehin das größte
Ansehen, weil sie etwas Französisch sprach und wirtschaftlich besser gestellt war als die anderen Frauen des Hofes.
Unter Beachtung dieser unausgesprochenen Regeln fand ich
aber zu allen Frauen des Gehöftes ein gleichermaßen freundschaftliches Verhältnis.

Daß eine solch enge Bindung zwischen Menschen verschiedener Kulturkreise möglich ist, war eine tiefgreifende Erfahrung für mich. Sie wurde zur Grundlage meiner ersten beobachtenden Forschungen innerhalb des Familienlebens.

Später wurde meine Anwesenheit in der Familie so selbstverständlich, daß diese Familienzugehörigkeit mich oftmals
daran hinderte, detaillierte Informationen zu erhalten. Innerhalb meiner Familie mochte ich nicht mehr mit Fotoapparat und

Tonband umherlaufen oder in gefühlsmäßige Bereiche mit aufdringlichen Fragen eindringen.

Hierzu mag als Beispiel die schwere Krankheit des einjährigen Jhislain gelten, die alle Familienmitglieder und auch mich sehr bedrückte. Das todkranke Kind wurde an drei hintereinanderfolgenden Tagen von seiner Großmutter nach einer traditionellen Heilmethode mit begleitenden Riten behandelt. Dieser Vorgang interessierte mich aus ethnologischer Sicht ganz besonders, war aber vom menschlichen Standpunkt aus gesehen für mich als Forschungsobjekt absolut "tabu". Die gemeinsame Angst um das Leben des Kindes und die Gewißheit, die Gefühle der Familienmitglieder tief zu verletzen, hinderten mich daran, nüchterne Fragen zu stellen oder gar den Vorgang zu fotografieren.

So muß ich bekennen, daß ich mich in einigen Fällen, in denen es um traurige, gefühlsbetonte Ereignisse ging (z.B. Tod eines Kindes in der Nachbarschaft, Mädchenbeschneidung), in der Rolle des Forschers sehr unwohl fühlte und eine natürliche Hemmschwelle nicht überwinden konnte.

Beobachtungen und Informationen, die nur aufgrund von Freundschaft und Vertrautheit möglich waren, möchte ich hier ohne Namensnennung weitergeben. In Fallbeispielen sehr persönlichen Charakters habe ich die Namen der beteiligten Personen mit Anfangsbuchstaben, die nichts mit ihren Eigennamen zu tun haben, angeführt (z.B. W.B. - W steht für weibliche Personen, M.B. - M steht für männliche Personen). Ortsnamen wurden in solchen Fällen mit Abkürzungen wie DA, DB, DC usw. gekennzeichnet, um die Identität meiner Informanten nicht preiszugeben.

1.3. Forschungsmethoden

Von meinem Domizil in Sinkou aus besuchte ich auch umliegende Dörfer, wo ich durch Beobachtung, Informantenbefragung, Fotos und Tonbandaufnahmen weiteres Grundlagenmaterial zu der von mir ins Auge gefaßten Thematik sammelte. Durch die Vermittlung meiner Dolmetscherin Claudine Kaboré hatte ich die Möglichkeit, an traditionellen Ereignissen und Feiern in verschiedenen Familien teilzunehmen und fand als Frau in besonderem Maße Zugang zu den fraulichen Bereichen.

Den Schwerpunkt meiner Forschungsarbeit bildeten die Dörfer Sinkou, Goundi und Réo. Ich besuchte regelmäßig dort lebende Großfamilien und untersuchte ihre Familienstruktur und Familienverhältnisse. Meine spezielle Forschung bei den Lyela galt jedoch der Entwicklung und Behandlung der Kinder von der Geburt bis zur Pubertät. Ich führte regelmäßig Tagebuch über meine Forschungstätigkeit und arbeitete Notizen und neuerworbene Kenntnisse zu besonderen Themenbereichen wie Religion, traditionelle Heilmethoden, Wirtschaft, Handwerk, Sozialisation und Familienstrukturen aus. In einem gesonderten Kindertagebuch hielt ich die Entwicklungsstadien, Verhaltensweisen, den Tagesablauf und die Tätigkeiten der von mir beobachteten Kinder fest. In verschiedenen Schulklassen verteilte ich Fragebögen und Aufsatzthemen, um die Denkweise der Jugendlichen, ihre Einstellung zur einheimischen Tradition und ihre Wunschvorstellungen für die Zukunft zu erfahren. Außerdem hatte ich Gelegenheit, dem Unterricht in allen Klassen der Grundschule beizuwohnen.

Die Kinder im Gehöft waren immer bereit, mir ihre Spiele und Fertigkeiten vorzuführen. Wenn ich etwas erfragen wollte, erwies es sich als günstiger, einzelne Kinder in meine Hütte zu rufen, weil sie sich in der Gruppe, besonders in der Gegenwart älterer Kinder, nicht trauten, etwas zu sagen.

Bei Fragen, die die Tradition betrafen, wandte ich mich vorrangig an alte Menschen, insbesondere an Fetischeure, Wahrsager, Heiler und Familienoberhäupter, an Hebammen, Beschneiderinnen und Kinderheilerinnen. Zur ergänzenden Darstellung der allgemeinen Lebenssituation nahm ich die Lebensläufe einiger Frauen auf. Die Erstellung von Genealogien gab mir Aufschluß über Familienstrukturen.

Dauer und Intensität meines Aufenthaltes brachten es mit sich, daß meine Anwesenheit bei Festlichkeiten, rituellen Handlungen und Familienereignissen nahezu selbstverständlich wurde und den normalen Ablauf dieser Geschehnisse nicht mehr störte.

1.4. Forschungsschwierigkeiten

Generell litt meine Forschung unter den besonderen Schwierigkeiten, die mir das Erlernen des Lyele, der Sprache der Lyela, bereitete.[1] Meine Sprachkenntnisse reichten leider nur zu einer groben Verständigung aus. Um Genauigkeiten und Feinheiten zu erfassen, benötigte ich die Hilfe eines einheimischen Dolmetschers, dessen Übersetzungen sicherlich auch leichten Verfälschungen unterlagen.

Erschwerend kam hinzu, daß die Einheimischen es nicht gewohnt waren, sich zu irgendwelchen Themen, die meine Forschung betrafen, zu äußern. Die Fragestellung mußte auf ihre spezielle, uns zunächst fremde Denkweise eingestellt sein, um überhaupt eine Antwort zu bekommen. Erst nach längerem Zusammenleben mit den Lyela fand ich Zugang zu ihrer Mentalität.

Die Lyela haben ein gänzlich anderes Zeitgefühl als wir. Man gewöhnt sich erst langsam an ihren weitgespannten Zeitrahmen bezüglich fester Verabredungen, und es erfordert ein Höchstmaß an Geduld und Anpassungsfähigkeit, um sich ihrem Lebensrhythmus und der afrikanischen Mentalität anzupassen. Terminabsprachen mit einem Partner, der weder Datum noch Uhrzeit kennt, sind - wenn sie auf Anhieb gelingen- reine "Zufallstreffer". Man muß sich auf jeden Fall darauf einstellen, für ein geplantes Interview mehrere Tage zu benötigen. Zur Zeit der Feldbestellung oder der Ernte sind Interviews kaum durchzuführen, weil man niemanden von der Feldarbeit abhalten möchte. Nach der Erntezeit zeigen die Menschen wieder Bereitschaft und Offenheit für Gespräche, was aber nicht besagt, daß diese Interviews dann weniger Zeitaufwand und Geduld erfordern.

Bei Kindern und Jugendlichen beschränkte sich meine Forschung vornehmlich auf teilnehmende Beobachtung, denn die Kinder (besonders diejenigen, die nicht die Schule besuchen) sind es nicht gewohnt, mit Fragen konfrontiert zu werden. Sie sind erst recht nicht fähig, sich zu Fragen oder Sachverhalten zusammenhängend oder gar abstrakt zu äußern.

1.5. Darstellung des derzeitigen Forschungsstandes

Zum Thema der Auswirkungen des kulturellen Wandels auf die Kinder und Jugendlichen in westafrikanischen Ethnien finden sich in der Literatur nur Beiträge neueren Datums, weil dieses Problem erst in jüngster Zeit in zunehmendem Maße behandelt wird.

Nach wie vor gibt es nur wenige Arbeiten, die sich zum Vergleich mit der vorliegenden heranziehen lassen. Ich habe daher, um den derzeitigen Forschungsstand bezüglich des von mir behandelten Themas aufzuzeigen, auch Buchauszüge und Artikel herangezogen, die nicht unbedingt den kulturellen Wandel, wohl aber die allgemeine Situation von Kindern und Jugendlichen in afrikanischen Ethnien zum Thema haben. Weitere vergleichende Literaturhinweise zu speziellen Themenkreisen meiner Studie finden sich in den Anmerkungen im Anhang und im allgemeinen Literaturverzeichnis.

In seinem Buch "On the Theory of Social Change" (1962) behandelt Everett E. Hagen in einem Kapitel über "Personality Formation and Stability of Traditional Society" die Frage, was traditionelle Gesellschaften zum Festhalten an Traditionen veranlaßt, und welche Ansatzpunkte in einer Gesellschaft für einen Wandel zu finden sind (Hagen 1962: 180). Wenn es Hagen auch hauptsächlich um die Frage des technischen und wirtschaftlichen Wandels geht, so sind die Ansätze zu diesen neuzeitlichen Entwicklungen doch auch im Familienleben und im Aufwachsen der Kinder und Jugendlichen zu suchen. Daher sind sie auch vergleichsweise für meine Untersuchungen bei den Lyela von großem Interesse. Ich kann bestätigen, daß auch bei den Lyela der Ansatz zur Übernahme von technischen Neuerungen hauptsächlich bei der Jugend zu finden ist.

Samuel N. Eisenstadt schreibt in seinem Buch "Tradition, Change and Modernity" (1973), daß in den traditionellen Gesellschaften die Tradition den Mittelpunkt ihrer kollektiven Identität bildet. Die Tradition erhält die kulturelle und soziale Ordnung; sie ist Symbol der Kontinuität und setzt damit den Einflüssen der Neuzeit Grenzen. Kultureller Wandel beeinflußt das soziale Leben und die kulturellen Traditionen und unterhöhlt die psychologische und soziale Sicherheit der Gesellschaftsmitglieder (Eisenstadt 1973, 1979 : 181).
Diesen Aussagen von Eisenstadt zum kulturellen Wandel in traditionellen Gesellschaften kann ich hinsichtlich

der Situation der Lyela beipflichten. Der Verlust der sozialen und psychologischen Sicherheit durch die modernen Einflüsse berührt in besonderem Maße die Jugend der Lyela.

Annemarie Bauer geht in ihrer Studie "Kindheit und Familie in Schwarzafrika" (1979) zwar nicht speziell auf den Wandel der Lebenssituation der Kinder und Jugendlichen ein, aber ihre detaillierten Ausführungen bezüglich der traditionellen Familienverhältnisse im Hinblick auf Kinder und Jugendliche geben wertvolle Hinweise und Vergleichsmöglichkeiten für meine Untersuchungen bei den Lyela. Bauer untersucht insbesondere die Stellung und Sozialisation der Kinder in traditionellen afrikanischen Gesellschaften, wobei der Schwerpunkt ihrer Studie im erzieherischen Bereich liegt.

Zum Vergleich mit der vorliegenden Untersuchung bietet sich auch die Studie "Children of their Fathers. Growing up among the Ngoni of Malawi" von Margret Read (1960) insofern an, als die Verfasserin ebenfalls den Einfluß des kulturellen Wandels auf die Kinder und Jugendlichen beschreibt. Ihre Untersuchungen betreffen hauptsächlich den erzieherischen Sektor und gehen von anderen Voraussetzungen und von einer anderen Situation aus, als ich sie bei den Lyela vorfand.
Read beschreibt, welch großen Wert die Ngoni der Tradition und der umfassenden Erziehung ihrer Kinder und deren Hinführung zu Reife und Weisheit beimessen. Nach anfänglicher Ablehnung des Schulwesens haben die Ngoni bewußt die positiven Seiten der neuen, europäisch geprägten Bildung erkannt und für ihre Kinder akzeptiert, ohne dadurch ihre traditionellen Erziehungsprinzipien fallenzulassen. Bei den Ngoni haben die modernen Einflüsse die traditionellen Werte nicht verdrängen können.
Nach der Schilderung von Read ist es den Ngoni offensichtlich gelungen, die Neuerungen, die der kulturelle Wandel mit sich bringt, in ihre traditionelle Lebensform miteinzubeziehen.

Meine Untersuchungen bei den Lyela haben ergeben, daß hier dieser Prozess noch nicht abgeschlossen ist, sich aber eine Tendenz zur Abkehr von der Tradition zeigt. Es bleibt abzuwarten, ob es den Lyela gelingen wird, ihre Identität und ihre traditionellen Werte in Zukunft zu wahren, oder ob sie dem Einfluß der Industrialisierung, Technisierung und Geldwirtschaft völlig unterliegen werden.

In ihrem Buch "Copper Town: Changing Africa" (1962) untersucht Hortense Powdermaker den sozialen Wandel in einer 'modernen' afrikanischen Gesellschaft in Nord-Rhodesien, dem heutigen Sambia. Mit der Wahl ihres Untersuchungsstandortes in einer Industriestadt und der Ausrichtung ihrer Forschung auf die dort arbeitenden Menschen zeigt sie den sozialen Wandel in einem schon fortgeschrittenen Stadium. Powdermaker stellt in ihren Ausführungen die Situation in Familien dar, die bereits ihre ursprüngliche Lebensform geändert haben und in die Städte gezogen sind. Sie leben bereits in Kleinfamilien und haben nur noch besuchsweise Kontakt zu ihren im Busch lebenden Verwandten. Von daher wurde schon eine weitgehende Loslösung vom traditionellen Leben vollzogen.

Meine Forschungen bei den Lyela bezüglich der Auswirkungen des Wandels setzen hingegen bei den noch traditionell lebenden bäuerlichen Großfamilien auf dem Lande an.

In der von mir untersuchten Ethnie zeigen sich erst Ansätze zum sozialen Wandel, und die Schwierigkeiten der Loslösung von der Tradition stehen im Vordergrund.

Powdermakers Untersuchungen dagegen gelten mehr dem Problem der Berufswahl, der sozialen Ausrichtung und dem direkten Zusammenleben mit Europäern. Sie untersuchte den Umgang der schon in den Städten lebenden Familien mit den neuen Medien und ihre Anpassung an Geldwirtschaft und Industrialisierung.

In seiner Studie "Boys' Images of Marriage Partners and Girls' Self-Images in Ghana" (1958) berichtet Gustav Jahoda über eine Untersuchung zum Wandel des Wunschbildes der Kinder und Jugendlichen bezüglich ihrer zukünftigen Ehefrau bzw. ihrer zukünftigen eigenen Persönlichkeit. Als Resultat seiner Befragungen konstatiert er einen Wandel der Wertvorstellungen mit zunehmendem Lebensalter:
Die jüngeren Jahrgänge bevorzugten Frauen in europäischer Kleidung, während die älteren wieder mehr zu traditionellen Attributen tendierten und somit eine Rückbesinnung auf traditionelle Werte anzeigten.

Während meiner Feldforschung habe ich sein für diese Befragungen verwendetes Bildmaterial versuchsweise sechs- bis vierzehnjährigen Kindern der Lyela vorgelegt und mußte feststellen, daß die Art der Darstellung der Bilderfolgen wenig ansprechend war und daß die Lyela-Kinder die wesentlichen Aussagen der gezeichneten Frauenbilder (modern/traditionell) nicht zu erfassen vermochten.

Schüleraufsätze, Fragebögen und Befragungen von Lyela-Kindern und -Jugendlichen zu diesem Thema zeigten mir, daß bei den Mädchen der Lyela das Wunschbild, eine moderne Frau zu sein, vorherrschte, während die Jungen mehr zum traditionellen Frauenbild tendierten, wobei sie größten Wert auf die Arbeitskraft ihrer zukünftigen Ehefrau legten.

In seinem Aufsatz zur traditionellen und modernen Jugenderziehung im Westsudan (1961) berichtet Eno Beuchelt vom Wandel in Kultur und Jugenderziehung bei den Bambara. Seine Schilderung traditioneller Lebensweisen und Erziehungsformen und die Einwirkung der Neuzeit auf allen Gebieten, speziell im Hinblick auf die Jugendlichen, läßt die Gleichartigkeit der Probleme in traditionellen afrikanischen Gesellschaften, die mit der Neuzeit konfrontiert wurden, deutlich werden.

Beachtenswerte Parallelen zu meinen Untersuchungen bei den Lyela zeigen sich in den Forschungen von Bruce T. Grindal bei den Sisala in Nord-Ghana, die wie die Lyela zu einer der Untergruppen Gur-sprechender Völker gehören. Themen- und Problemstellung, Forschungsmethoden und Forschungsergebnisse zeigen wesentliche Übereinstimmungen. Grindal konstatierte das Dilemma der Ethnien, das entsteht, wenn neue zivilisatorische Einflüsse auf alte Traditionen stoßen.

Auch bei den Lyela ist es offensichtlich, daß traditionelle Werte um des technischen Fortschritts und um europäisch ausgerichteter Bildung willen fallengelassen werden.

Untersuchungen zum kulturellen Wandel führte auch Gladys Diana Azu bei Familien der Ga in Ghana durch ("The Ga Familiy and Social Change" 1974). Obwohl die traditionellen sozialen Strukturen bei den Ga etwas anders gelagert sind als bei den Lyela (duolokale Residenz, eingeschlechtliche Haushaltsform), so sind die Einflüsse der Zivilisation auch in Bezug auf die Kinder und Jugendlichen in ihren Auswirkungen ähnlich.

Die Studie von Azu zeigt ohne Wertung den Haupttrend des kulturellen Wandels in Familie und Gesellschaft der Ga: "The traditional is undergoing change but the change is a synthesis of the old and new" (Azu 1974:116). Bei den Lyela würde ich insofern nicht von einer Synthese sprechen, als aus den zahlreichen Elementen der Tradition und der Neuzeit noch keine Verbindung zu einer "neuen" kulturellen Einheit entstanden ist.

Einen Vergleich zu den Verhältnissen bei den Lyela bietet ferner die Studie von Suzanne Lallemand "Une Famille Mossi" (1977), in der sie u.a. auch auf die Kinder und Jugendlichen in der von ihr untersuchten Familie eingeht.

Das Wohngebiet der Mossi grenzt östlich an das der Lyela an, und es finden sich Parallelen in der Lebensweise dieser beiden Ethnien. Schwerpunkt der Arbeit von Lallemand bilden die intrafamilialen Beziehungen, die sie durch engen Kontakt zu den Familienmitgliedern genau untersuchen konnte. Die wörtliche Wiedergabe zahlreicher Aussagen gibt einen deutlichen Einblick in die Denkweise ihrer Informanten. Lallemand geht insbesondere auf die psychologischen Aspekte und auf die Emotionen der Mitglieder der von ihr untersuchten Mossifamilie, besonders die der Frauen und jungen Mädchen, ein.

Die Studie "Übergangsriten im Wandel. Kindheit, Reife und Heirat bei den Bulsa in Nord-Ghana" (1978) von Franz Kröger bietet sich insofern in besonderem Maße als vergleichbare Untersuchung an, als seine Themenstellung und auch seine Betrachtungsweise Parallelen zu meinen Untersuchungen bei den Lyela aufweisen.

Auch bei den Bulsa in Ghana macht sich, laut Kröger, ein zunehmender Zivilisationseinfluß auf ihre traditionellen Riten und Gebräuche bemerkbar. In seiner Behandlung der Übergangsriten beleuchtet Kröger vor allem die Situation der Jugendlichen, da die meisten Übergangsriten diese Altersgruppe betreffen. Kröger sieht die Bulsa, d.h. besonders die Jugendlichen dieser Ethnie, entsprechend meiner Erfahrung bei den Lyela, in einer Konfliktsituation zwischen Tradition und modernen Einflüssen der Neuzeit; wobei der Grad der Anpassung an die Moderne und die gleichzeitige Abkehr von der Tradition unterschiedlich weit fortgeschritten ist.

Krögers Ausführungen zeigen, daß auch bei den Bulsa vor allem die Jugend europäischen Einflüssen ausgesetzt ist. Das schlägt sich besonders in ihrer Einstellung zur Tradition und in ihrem neuen Lebensgefühl nieder. Krögers vergleichende Tabelle über rituelle Teilstrukturen in verschiedenen westafrikanischen Ethnien (Kröger 1978:313f.) konnte ich durch entsprechende Daten über den Stamm der Lyela ergänzen (Anhang Nr. 4).

Jaqueline Rabain untersuchte in ihrem Werk: "L'enfant du lignage" (1979) während einer zweijährigen Feldforschung bei den Wolof im Senegal speziell die Situation und Sozialisation der Kinder im Alter von zwei bis sechs Jahren. Obwohl die Schilderung dieses Lebensabschnittes nur einen Teil meiner Untersuchungen bei den Lyela berührt, ist diese Studie dennoch sehr aufschlußreich, da Rabain ihrer Forschung die gleichen Methoden wie ich zugrunde legte und besondere Sorgfalt auf die Untersuchung der Details des alltäglichen Zusammenlebens innerhalb der Familie verwandte. Rabain leistete mit zahlreichen detaillierten Fallbeispielen einen bedeutsamen Beitrag zum traditionellen Familienbild westafrikanischer Ethnien, das sich weitgehend auch auf den Familienalltag der Lyela übertragen läßt. Rabains Studie ist aufschlußreich für denjenigen Teil meiner Arbeit, der sich mit der traditionellen Kindererziehung innerhalb der von mir untersuchten Familien befaßt.

Eberhard Finkernagel schließlich beschäftigt sich in seiner Studie "Familienleben und Jugenderziehung in Westafrika" (1984) mit den Wandlungen im Familienleben und der Jugenderziehung in verschiedenen westafrikanischen Ethnien. Dabei kommt er generell zu dem Ergebnis, daß nur minimale Wandlungen im Familienleben und in der Jugenderziehung eingetreten sind und daß sich die westafrikanischen Menschen überwiegend den Neuerungen verschließen. Finkernagel sieht in Westafrika ein stark ausgeprägtes Beharrungsvermögen in Bezug auf die Tradition vorherrschend (Finkernagel 1984: 145).

Aufgrund meiner Forschungen kann ich mich dieser Aussage, bezogen auf die Lyela, nicht anschließen. Vielmehr

zeigen die modernen Einflüsse in fortschreitendem Maße ihre
Auswirkungen auf Tradition und Lebensweise der Lyela. Abgesehen von einzelnen traditionellen Teilbereichen (wie
z.B. die Mädchenbeschneidung, Erd- und Ahnenkult, Fetischund Hexenglaube), an denen sie nach wie vor festhalten, sind
speziell die Jugendlichen Neuerungen und modernen Einflüssen durchaus zugänglich.

1.6. Aufbau der Arbeit

Meine Arbeit umfaßt die Darstellung der Entwicklung
und Behandlung des Kindes von der Geburt an bis zur Pubertät bei gleichzeitiger Untersuchung des Einflusses der
Neuzeit auf die noch verbliebenen Traditionen.

Eine kurze ethnographische Einführung gibt Aufschluß
über den Lebensraum und die Lebensverhältnisse der Lyela.

Angefangen bei Schwangerschaft und Geburt mit den dazugehörigen Tabus, Riten und Gebräuchen folgt die Untersuchung der traditionellen Namengebung, der Behandlung und
Pflege des Neugeborenen, des Säuglings bis hin zum Kleinkind. Dabei wird besonders auf die Mutter-Kind-Beziehung,
die Phase der Loslösung von der Mutter und auf die anschließende Eingliederung des Kindes in die Gemeinschaft
eingegangen.

Die folgenden Kapitel beinhalten Untersuchungen über
Kinderspiele und Arbeiten der Kinder. Das Kapitel über die
Sonderstellung und Sonderbehandlung von Kindern (Zwillinge, wiedergeborene Ahnen und Kinder als Hexer) macht die
noch starke Bindung an die Tradition deutlich. Informantenberichte über das "shu", ein weitgehend verlorengegangener Maskenbund, der früher auch eine Initiation für Jugendliche beinhaltete, zeigen die einstige Bedeutung dieses Brauches als Sozialisationsfaktor.

Der Beschreibung der Hirtenzeit als eine traditionelle Lebensphase der Jungen folgt die Darstellung der traditionellen Bräuche für Mädchen: die Mädchenbeschneidung und die Stellung der Mädchen als "petite soeur".

Über die traditionelle Erziehung bei den Lyela, die Schulerziehung, die Pubertät und die Zukunftsvorstellungen der Kinder komme ich im letzten Kapitel zur Besprechung der fortschreitenden Zivilisationseinflüsse und ihrer Auswirkungen auf alle hier angesprochenen Gebiete.

Im Anhang finden sich ergänzende Detailinformationen zu den verschiedenen Kapiteln und der Literaturnachweis.

2. Ethnographischer Hintergrund

2.1. Bevölkerung

Die Ethnie der Lyela zählt ungefähr 130 000 Personen, von denen die Mehrheit vorwiegend Ackerbau als Subsistenzwirtschaft betreibt.
Die schlechten wirtschaftlichen Bedingungen im Siedlungsgebiet der Lyela bewirken eine zunehmende Abwanderung der Bevölkerung in die Städte und an die Elfenbeinküste. Ein Teil der Bevölkerung verläßt auch nur für kurze Zeitabschnitte das Land, um auswärts Saisonarbeiten zu verrichten.
Die Lyela gehören zu der Gruppe der Gurunsi, die den Gur-sprachigen Völkern zugeordnet ist. [2]

2.2. Geographie und Bodenbeschaffenheit

Die Lyela leben im Landesinneren Obervoltas verstreut in einem Gebiet westlich und nordwestlich von Koudougou (ca. 150 km von Ouagadougou entfernt; siehe Karten, Anhang Nr. 1).
Das Land ist flach und hat abgesehen von einigen Inselbergen aus Granit und kleinen Hügeln keine nennenswerten Erhebungen. Der Boden ist laterit-, lehm- und tonhaltig und zeigt teilweise eine stark rotbraune Färbung. Die Landschaft bietet das typische Bild einer Trockensavanne mit spärlicher Vegetation, niedrigen Sträuchern und Büschen und vereinzeltem Baumwuchs. Zum Norden hin wird die Landschaft zunehmend trockener. Bedingt durch Abholzung und Regenmangel rückt die Wüstenzone immer weiter vor, was sich auf die ökologische Situation der Lyela negativ auswirkt. [3]

2.3. Klima

Der Lebensraum der Lyela ist geprägt von einem heißen, trockenen Klima mit einer relativ kurzen Regenzeit. Von Oktober bis März ist das Land ohne Regen. Der klimatische Jahreszyklus bestimmt weitgehend den Lebensrhythmus der Lyela.

Nachdem im September nur noch vereinzelt die letzten Regen gefallen sind, beginnt die lange Trockenzeit mit Temperaturmaxima von 25° bis zu 43° C. Im Dezember fallen die Temperaturen auf 25° bis 30° C, und speziell die Nächte bringen wohltuende Kühle mit Temperaturminima bis zu 10° C. In dieser relativ kühlen Jahreszeit weht der Harmattan, ein sehr trockener, heißer Wüstenwind, der alles mit rotem Staub bedeckt. Die Lyela fürchten diese Jahreszeit, weil durch den Harmattan, verbunden mit der nächtlichen Kälte, gehäuft Krankheiten wie Lungenentzündung, Erkältungen, Malaria und Meningitis auftreten.

Ab Februar steigen die Temperaturen wieder an, und im März/April erreicht die heiße Trockenzeit ihren Höhepunkt mit Temperaturen bis zu 43° C, die auch nachts nicht mehr unter 33° C absinken. [4] Die Brunnen sind weitgehend erschöpft, die Essensvorräte gehen zur Neige, Menschen und Tiere leiden unter Hunger und Durst.

Im Mai ziehen die ersten Wolken auf [5] und mit starken Gewittern und wolkenbruchartigen Regengüssen beginnt die Regenzeit. Da die ausgetrocknete Erde die plötzlichen Wassermassen nicht aufnehmen kann, kommt es nach den ersten Regenfällen zu gewaltigen Überschwemmungen.

Nach diesen ersten Regengüssen beginnt sofort die Bearbeitung der Felder und anschließend die Aussaat. Das Land wird innerhalb weniger Wochen grün. Diese fruchtbare Zeit endet mit der Ernte im August/September. Brunnen und Hirsespeicher sind wieder gefüllt. Gebietsweise kommt es jedoch vor, daß nur ungenügend Regen fällt oder daß dieser sogar ganz ausbleibt. Die Menschen gehen dann ohne Nahrungs- und Wasservorräte der neuen langen Trockenzeit entgegen. In solchen Jahren kommt es zu Dürrekatastrophen und Hungersnöten.

2.4. Wirtschaft

Die Lyela betreiben Regenzeitfeldbau. Sie sind Hackbauern, die ihre Felder nach wie vor mit Buschmesser und Hacke bearbeiten. Ihre Wirtschaftsform ist die Subsistenzwirtschaft. Sie betreiben zusätzlich aber auch marktorientierten Gartenbau (Trockenzeitgärten). Die Ernährungsbasis der Lyela bilden Körnerfrüchte, vornehmlich sogenannte Hirsen: Sorghum (rote und weiße Varietäten) und Pennisetum ("petit mil"). Außerdem werden Mais, Yams, Bataten, Maniok, Erdnüsse und in feuchten Gegenden sogar Reis angepflanzt. Die Buschfelder der Lyela werden durch Brandrodung gewonnen. Die Asche der verbrannten Zweige und Büsche düngt den Boden für zwei bis vier Jahre, in denen die Felder bebaut werden können. Danach muß das Land sieben bis zwanzig Jahre lang brachliegen, weil keine Nährstoffe mehr im Boden vorhanden sind.

Die Hausfelder dagegen können ständig kultiviert werden, weil durch Fruchtwechsel, Asche der verbrannten Hirsestengel und -wurzeln und durch Fäkaliendüngung die Fruchtbarkeit des Bodens erhalten bleibt.

Der Gartenbau wird in kleinerem Ausmaß betrieben. Durch kleine Erdwälle, die die Beete in den Gärten in Quadrate von ca. 50 x 50 cm aufteilen, wird den Pflanzen das Wasser konzentrierter zugeführt und länger gehalten.

Man pflanzt in den Gärten Erderbsen, Soßengewürze, Tabak, verschiedene sauerampferähnliche Gemüse und Blätterpflanzen für den eigenen Verbrauch an. Durch die katholische Mission wurde inzwischen auch der Anbau von Kartoffeln, Tomaten, Zwiebeln, Bohnen, Kohl und anderen europäischen Gemüsearten eingeführt. Wenn die Ernte es erlaubt,

wird mit diesen Gemüsen auch Handel getrieben.
Von der verfügbaren Grundwassermenge hängt es ab, wie lange Zeit im Jahr die Gärten kultiviert werden können. Da die Brunnen zumeist schon im Januar erschöpft sind, liegen die Gärten bis zur nächsten Regenzeit brach.
Eine Ergänzung der Ernährung bieten Früchte von neu eingeführten und angepflanzten Fruchtbäumen wie Mangos, Papayas und Gouyaven, sowie Früchte und Nüsse von traditionell wildwachsenden Bäumen, wie z.B. Karíténüsse oder Schoten des Néré-Baumes.
Viehhaltung wurde früher (regional zwar verschieden) in größerem Ausmaß betrieben; sie ist jedoch heute durch fortschreitende Dürre und Wassermangel stark zurückgegangen. Man findet kaum noch große Herden. Die wenigen noch vorhandenen Rinder werden meist als Opfertiere, als Kapitalanlage und zur Zahlung von Brautgaben und Bußen gebraucht. Ansonsten betreiben die Lyela Kleintierhaltung. Man findet Ziegen, Schafe, Schweine, Esel, Hühner, Perlhühner und Truthähne.

2.5. Siedlungs- und Wohnweise

Die Lyela leben in Großfamilien. Ihre Gehöfte bilden Streusiedlungen und zeigen bis auf einige größere Ortschaften, die heutzutage einen Marktplatz als Zentralpunkt besitzen, keinen geschlossenen Dorfcharakter.

Die einzelnen Gehöfte der Lyela bestehen aus fünf bis zwanzig und mehr viereckigen Lehmbauten, die rund angeordnet sind und deren Hinterwände die Außenmauer des Gehöftes bilden (vgl. dazu Anhang Nr. 2).

Jede Frau bewohnt mit ihren Kindern ein Gehöftabteil; für die Männer existieren separate Häuser. Niedrige Lehmmauern trennen die kleinen Vorhöfe der jeweiligen Hütten innerhalb des Gehöftes voneinander. In der Mitte des Hofes befinden sich die Kornspeicher der Familie, in denen die Kornvorräte für das ganze Jahr gelagert werden. Man findet in einzelnen Gehöften verschiedene Speicherformen. 6) Nahezu jede Familie hat vor dem Gehöft, in den meisten Fällen auch neben oder im Hausgarten, einen Brunnen.

2.6. Sozialstruktur

Die Lyela leben in Großfamilien zusammen, die zwar selbständige Wirtschaftseinheiten bilden, aber als Sektion einem patrilinearen Familienklan zugeordnet sind.

Die Mitglieder eines Klanes haben einen gemeinsamen Urahnen; sie tragen den gleichen Klannamen und befolgen die ihrem Klan eigenen religiösen Vorschriften.

Die Deszendenz und die Erbfolge der Lyela richtet sich nach der Verwandtschaftszugehörigkeit des Vaters und ist somit patrilinear. Der Wohnsitz nach der Heirat ist virilokal. Es bestehen strenge Exogamieregeln, die von allen Klansektionen befolgt werden.

Polygamie ist seit altersher die Regel; die Anzahl der Frauen eines Mannes richtet sich nach seiner Wohlhabenheit.

Die neuzeitliche Beeinflussung führte in vielen Fällen zu einer Beschränkung auf nur zwei Ehefrauen. In Stadtnähe und durch zunehmende Christianisierung zeigt sich sogar eine fortschreitende Tendenz zur Einehe. Innerhalb der Großfamilie besteht eine starke Bindung der Mitglieder untereinander. Der Zusammenhalt innerhalb des Klanes ist loser und tritt vornehmlich bei großen religiösen Festen und Zeremonien sowie in Notsituationen der einzelnen Sektionen in Erscheinung, wo eine materielle, gegenseitige Hilfeleistung selbstverständlich ist.

2.7. Religion

Ahnenverehrung, Erdkult, Geister- und Hexenglaube sind die Grundlagen der traditionellen Religion der Lyela, an denen sich das Leben auch heute noch orientiert. Die Lyela glauben an die Kraft von Fetischen, an Wiedergeburt und Seelenwanderung. Mit Hilfe von sogenannten Wahrsagern, die mit ihren Wahrsagepraktiken ergründen, welche Opfer den verschiedenen heiligen Mächten darzubringen sind, halten sie den Kontakt mit Ahnen, Geistern und Seelen aufrecht.

Der Islam kam bereits im 8. Jahrhundert nach Westafrika. Nach einer Statistik von 1960/61 zählten damals in Obervolta 5,8 % der Gurunsi, zu denen auch die Lyela gehören, zu dieser Religionsgruppe.

Das Christentum trat ab 1900 erstmalig in Erscheinung. Die katholische Kirche spannte in Obervolta ein weites Netz von Missionsstationen. Laut Statistik gehörten im Jahre 1960/61 2,4 % der Gurunsi dem Christentum an. [7]

Selbst wenn man davon ausgeht, daß Islam und Christentum im Laufe der Jahre noch mehr Anhänger gewonnen haben, so ist doch der größte Teil der Bevölkerung bis heute der traditionellen Naturreligion verbunden. Auch die zum Islam und Christentum übergetretenen Lyela zeigen oft noch deutlich starke Bindungen an die traditionellen Glaubensinhalte und religiösen Praktiken.

3. Schwangerschaft

Zahlreiche Nachkommen bedeuten den Fortbestand der Familie und sichern die Versorgung im Alter. Somit wird bei den Lyela die Mutterschaft als vorrangige Aufgabe einer Frau angesehen. Die Gebärfähigkeit ist das wichtigste Attribut einer Frau; Unfruchtbarkeit gilt als Schande und bedingt einen Statusverlust. [8] Der Zustand der Schwangerschaft (pwĭ) wird zwar freudig begrüßt, aber nicht als etwas Außergewöhnliches betrachtet. Während der Schwangerschaft sind die Frau und das ungeborene Kind besonders gefährdet; deshalb ist die Schwangere (épwa) in besonderem Maße verpflichtet, ihr Verhalten gemäß den für die Schwangerschaft geltenden Bräuchen einzurichten, wobei ein starker sozialer Druck auf sie ausgeübt wird.

Eine Schwangerschaft wird erst etwa ab dem dritten Monat wahrgenommen; von diesem Zeitpunkt an muß die Schwangere eine Reihe von Verhaltensvorschriften und Tabus beachten. [9]

3.1. Verhaltensvorschriften

Einige der Regeln, die ich von verschiedenen Informanten aus unterschiedlichen Dörfern erfuhr, möchte ich hier aufführen:

- Eine Schwangere soll besonders darauf achten, die Regeln und Bräuche der Tradition zu befolgen und sich mit niemandem streiten. Nur so wird sie eine unproblematische Geburt haben.

- Während der Schwangerschaft sollte der Ehemann den Wahrsager befragen, ob das zu erwartende Kind möglicherweise ein Ahne ist, der wiedergeboren werden will.

- Wenn eine Schwangere zwischen zwei Personen hindurchgeht, wird sie Zwillinge gebären. [10)]

- Schwangere sollten umherstreunenden Tieren immer von ihrer Nahrung abgeben und ihnen, in Brunnennähe, zu trinken geben, weil sich sonst die eventuell in dem Tier verborgenen "Seelen" durch ein unglückbringendes Kind oder durch bösartige Zwillinge rächen könnten.

3.2. Allgemeine Tabus (súsúlú)

- Eine Schwangere darf auf keinen Fall Ehebruch begehen. Sie selbst und das Kind würden dadurch in Lebensgefahr geraten.

- Wenn der Wahrsager feststellt, daß es sich bei dem zu erwartenden Kind um einen zurückgekehrten Ahnen handelt, darf die Schwangere auf keinen Fall an der Totengedenkfeier (lu) dieses Verstorbenen teilnehmen.

- Stellt sich heraus, daß das zu erwartende Kind eine wiedergekehrte Person ist, die vor Zeiten einmal in einem Dorf getötet worden ist, so darf die schwangere Frau dieses Dorf auf keinen Fall besuchen. Erst nachdem das Kind geboren ist und einige spezielle Opfer für das Kind dargebracht worden sind, darf sie dieses Dorf wieder besuchen.

3.3. Speisetabus

- Eine Schwangere darf kein Fleisch von einem tragenden Tier essen. Es besteht sonst die Gefahr einer Fehl- oder Mißgeburt (p̃u vùr).
- Der Genuß von Früchten des Schibutterbaumes, die mehr als zwei Kerne enthalten, ist verboten, weil sich dadurch die Nabelschnur des Kindes im Leib der Mutter verwickeln könnte (Nicolas 1953:399).

3.4. Speisevorschriften

- Man muß einer Schwangeren so viel sie möchte und alles, was sie möchte, zu essen geben. Der Appetit einer Schwangeren ist der Hunger ihres Kindes in ihrem Bauch. Wird der Hunger nicht entsprechend gestillt, so kommt das Kind mit einem verdrehten Hals zur Welt. Es wendet sich immer nach der ihm verweigerten Nahrung um.

4. Geburt

Der Zeitpunkt der Geburt ist nur ungefähr im voraus bekannt, da man ihn nicht vom Datum der Befruchtung ausgehend berechnet.
Anhaltspunkte sind das Ausbleiben der Menstruation und die Zunahme des Leibesumfanges.

4.1. Der Geburtsvorgang

Am 28.11.1983 hatte ich Gelegenheit, an einer Geburt in einem Gehöft bei der Familie Kinda in Kyinkyanly teilzunehmen. Die Familie war bereits christianisiert, und dementsprechend war die Schwangere die einzige Frau des Gehöftherrn. Die Geburt erfolgte jedoch in traditioneller Weise im Gehöft und nicht in der Maternité. Es handelte sich bei dieser Frau um ihre sechste Geburt; sie war also keine Erstgebärende und verhielt sich dementsprechend ruhig und gelassen. Die älteste Frau des Hofes (hier die Mutter des Ehemannes der Schwangeren), zwei Nachbarinnen und drei Töchter der Schwangeren im Alter von sechs, zehn und sechzehn Jahren wohnten der Geburt bei; die Mädchen hielten sich still im Hintergrund. Als Geburtshelferin (elwár-kɛỹ) war eine alte Frau aus der Nachbarschaft gerufen worden.
Die Großmutter (ná-nâcɛ) hatte warmes Wasser vorbereitet und ein Tuch für das zu erwartende Kind bereitgelegt.
In einem kleinen Raum bei schwachem Kerzenlicht ging die Geburt vonstatten. Gegen 23.00 Uhr setzten die Presswehen ein. Die Atmosphäre war leicht gespannt, aber ohne Hektik und Unruhe.
Die Schwangere nahm die bei den Lyela übliche Geburtsstellung ein. Sie kniete mit vorn aufgestützten Händen am Boden und spreizte ein Bein leicht zur Seite. Nachdem ein

Stück Stoff vor den Damm gepreßt wurde, damit er nicht
reißt, forderten die anwesenden Frauen die Schwangere auf,
kräftig zu pressen.

Die Geburtshelferin saß mit ausgestreckten Beinen auf
dem Boden hinter ihr. Sie hielt die Hände unter das Geschlecht der Frau, erfaßte zuerst den heraustretenden Kopf
des Kindes, ließ dann mit einer drehenden, nachhelfenden
Bewegung den Körper herausgleiten und hielt das Kind in ihren Händen. Ein Neugeborenes darf nicht den Boden berühren
- es handelt sich dabei um ein Erdtabu. [11)]

Die Geburtshelferin hob das Kind an beiden Beinen hoch
und der erste Schrei ertönte. Nachdem die Nachgeburt ausgestoßen war, durchtrennte die Geburtshelferin die Nabelschnur
mit einer Rasierklinge. Die Gebärende hatte während des gesamten Geburtsvorganges keine Schmerzenslaute von sich gegeben. Sie war nach der Geburt zwar erschöpft, aber wohlauf.
Sie saß aufrecht an die Wand gelehnt, mit ausgestreckten
Beinen ohne Unterlage oder irgendwelche weitere Versorgung
auf dem Boden. Die Geburtshelferin wickelte das Neugeborene
in das bereitgehaltene Tuch und legte es zwischen die ausgestreckten leicht gespreizten Beine der Mutter.

Die sechzehnjährige Tochter der Gebärenden holte das
außerhalb der Hütte vorbereitete warme Wasser zur ersten
Waschung des Neugeborenen herein.

4.2. Erste Behandlung des Neugeborenen nach der Geburt

In der Hütte begann nun ein geschäftiges Treiben der
Frauen. Die Geburtshelferin raffte ihr Hüfttuch (kɛỹgɔnɔ)
mit einem Knoten wie eine kurze Hose zusammen und legte
das Neugeborene auf ihre nackten Oberschenkel. Die Schüssel mit dem warmen Wasser wurde unter ihre ausgestreckten
Beine geschoben. Das Neugeborene war noch rosa, und seine
Haut war von einer weißlichen Schicht bedeckt. Ganz vor-

sichtig und behutsam begann die alte Frau mit der ersten
Waschung des Neugeborenen, indem sie mit der Hand immer nur
ein wenig warmes Wasser aus der Schüssel schöpfte und über
den Körper des Kindes rinnen ließ. Diese Waschung erfolgte
nur sehr oberflächlich, man verwendete keine besondere
Mühe auf das Reinigen der Nase, der Augen und der Ohren;
die Atemwege wurden allerdings freigemacht, indem die Frau
ihre Lippen auf die Nasenöffnung des Kindes drückte und
ihren Atem kräftig hineinpreßte, so daß die in der Nase des
Kindes vorhandenen Schleimrückstände durch seinen Mund ausgestoßen wurden.

Mit einem Holzlöffel (nènwǽ) wurden dem Neugeborenen zum
ersten Mal einige Schlucke Wasser eingeflößt. Anschließend
bekam es ein wenig Hirsemehl in Wasser verrührt und eine
sehr kleine Menge Honig. Das soll sowohl gut für den ganzen
Körper sein als auch symbolisch ausdrücken, daß das Kind
in eine "gute" Welt geboren wurde und zukünftig genügend
und gut ernährt werden soll. Das Verabreichen von Wasser
und "normaler" Nahrung vor dem ersten Stillen gilt als Auf-
nahmeritus für das Neugeborene. [12]

Die Stimmung nach der Geburt war gelöst, friedlich und
ein wenig feierlich. Es gab keine sichtbaren Zeichen der
Freude, aber man spürte doch die allgemeine Erleichterung
und Freude über den guten Verlauf der Geburt.

Erst nach etwa einer Stunde wurde auch die Mutter gewaschen und im Anschluß daran von ihrer Schwiegermutter
mit Essen versorgt.

Nach einer Informantin, Eyom Kanyala, 60 Jahre, aus Réo,
Ortsteil Bessiel II, wird in manchen Fällen zusätzlich folgendes Ritual nach der Geburt eines Kindes durchgeführt:

Nachdem die Gebärende mit Wasser gewaschen ist, holt
man ihr zweitjüngstes Kind herbei. Es wird auf ihre Schultern gesetzt und mit dem restlichen Wasser gewaschen. Dabei sagt man ihm, daß das Neugeborene von nun an seinen
Platz einnehmen wird. Damit bahnt sich die Loslösung des

Kindes von der Mutter zugunsten des Neugeborenen an.

Nach Nicolas (1953:245) soll die Frau im Kindbett (éso) drei Tage (wenn sie einen Jungen geboren hat) bzw. vier Tage (wenn sie ein Mädchen geboren hat) das Haus nicht verlassen. Während dieser Ruhezeit darf sie keine Arbeiten verrichten. Zum Abschluß dieser Zeit wird eine Kopfrasur (yó fɔnɛ́) vorgenommen. Die Frau heißt von da ab ésoné.

4.3. Die Behandlung der Nachgeburt

Der Aufbewahrung der Plazenta (cɔnɔ) wird nach traditioneller Anschauung große Bedeutung beigemessen. Ich konnte die Einhaltung entsprechender Regeln auch nach der erfolgten Geburt im Hof der Familie Kinda beobachten:

Der Vater des Neugeborenen und ein verwandter Nachbar begannen außerhalb der Hütte an der Innenseite der Hofmauer ein Loch in die Erde zu graben, in welchem anschließend die Nachgeburt vergraben werden sollte. Die Geburtshelferin hatte die Nachgeburt in einen kleinen Tontopf gelegt und ihn vorläufig zur Seite gestellt.

Während der Waschung des Neugeborenen hatten die Männer das Loch für die Nachgeburt fertiggestellt. Eine "petite soeur" (nyɛ́ỹ) der Gebärenden stellte den mit einer Tonscherbe verschlossenen Topf mit der Nachgeburt in das vorbereitete Loch. Die Tonscherbe, d.h. die Öffnung des Tontopfes, mußte nach unten zeigen. Anschließend schaufelten die Männer das Loch wieder zu und der Boden wurde eingeebnet, so daß diese Stelle nicht mehr erkennbar war.

Folgende Aussagen zur Behandlung der Nachgeburt erhielt ich von einer erfahrenen Geburtshelferin aus Tenado, Catherine Kaboré, geb. Kankouan, 55 Jahre alt:

Die Behandlung der Plazenta wird auf besondere Weise vorgenommen. Sie hat zwei Seiten - eine maternelle und

eine fötale. Nur an der fötalen Seite befindet sich eine
Membran. Man gibt die Plazenta in einen kleinen, extra dafür hergestellten Tontopf. In einer Ecke des Hofes wird
ein Loch vorbereitet, in dem die Plazenta begraben wird.
Die fötale Seite darf dabei nicht unten liegen, weil sonst
das Kind stirbt. (Die Begründung hierfür mag die Beachtung
eines Erdtabus sein.)

Eine alte Frau aus der Familie, die nicht mehr gebären
kann, oder eine nyéỹ der Gebärenden oder auch ein zufällig
anwesender nekɔbĭ übernimmt das Vergraben der Plazenta.

Die alte Frau hält den Tontopf vor sich mit beiden Händen, kniet sich vor das Loch, schüttet die Plazenta hinein
und stülpt den Tontopf darüber, so daß die Plazenta ganz
geschützt liegt und kein Wasser an sie herankommen kann.
Dieser wichtige Akt gleicht einem Begräbnis. Die Plazenta
ist der gestorbene Teil des Kindes, der es im fötalen Zustand ernährt hat. Jetzt hat ein Wechsel in eine neue Lebensform stattgefunden; das Kind lebt; die Plazenta, als
Lebensspender, ist nun abgestorben und wird begraben. [13]

Leonie Kanyala, Informantin aus Réo, Ortsteil Bessiel
II, berichtete zum Ritual des Begrabens der Plazenta noch
folgendes:

Der Tontopf mit der Nachgeburt muß mit beiden Händen
vorsichtig zu dem Loch getragen werden. Die Trägerin geht
rückwärts an das Loch heran, hält den Topf hinter ihrem
Rücken und vergräbt ihn so, ohne sich umzudrehen. Beim
Vergraben wird der Tontopf umgestülpt; in den nun an der
Oberseite liegenden Boden muß ein kleines Loch gebohrt
werden. Wird die Plazenta verkehrt herum begraben, kann
die entsprechende Frau nie mehr Kinder bekommen.

4.4. Die Behandlung der Nabelschnur

Wie die Plazenta, so erhält auch die Nabelschnur (wul) eine besondere Behandlung. [14] Auch darüber berichtete ausführlich die Informantin Leonie Kanyala:

Die Nabelschnur hat dem Kind das Leben ermöglicht. Sie ist ein Teil seines Körpers und darf nicht einfach weggeworfen werden. Ein Teil der Nabelschnur wird bereits zusammen mit der Plazenta in einen kleinen Tontopf gelegt. Der Rest der Nabelschnur verbleibt zunächst am Bauch des Kindes. Dieser Rest wird mit Hühnerexkrementen und Karitébutter behandelt und fällt dann nach einigen Tagen ab. Die abgefallene Nabelschnur wird mit einem langen, eingeschnittenen Strohstengel hochgenommen und fest daran geklemmt. Dieser Stengel mit der Nabelschnur wird nun an einen Holzbalken an der Decke des Hauses, in dem das Kind geboren wurde, aufgehängt. Ist das Kind außerhalb des Gehöftes zur Welt gekommen, so muß die Nabelschnur von einer alten Frau sorgfältig verwahrt und später an der Decke des Hauses seiner Mutter aufgehängt werden. Dieser "Akt" bedeutet, daß die Familie das Kind angenommen und nicht zurückgewiesen hat.

Cathérine Kaboré berichtete, daß die Nabelschnur von alten erfahrenen Frauen mit einem kleinen Hirsestengel, einer Klinge oder einem Messer durchtrennt wird. Eine andere traditionelle Methode sieht vor, die Nabelschnur mit Hühnerexkrementen und etwas Salz zu umschmieren; nach drei oder vier Tagen fällt sie dann ab.

Würde die Nabelschnur weggeworfen, so befürchtet man negative Auswirkungen auf die Persönlichkeit des Kindes. Solche Kinder werden einen "schlechten" Charakter haben und schwererziehbare Nichtsnutze sein.

Es gibt viele Kinder mit Nabelbruch. Die Lyela glauben, das geschehe durch Wind im Bauch des Kindes, der den Nabel herausdrückt.

4.5. Komplikationen bei der Geburt

Von Catherine Kaboré erhielt ich zu diesem Thema folgende Informationen:
Wenn sich die Geburt verzögert, bekommt die Schwangere einen Einlauf zur inneren Reinigung. Um den Geburtsvorgang zu fördern, soll sie ein paar Schritte gehen. Zwei Frauen fassen die Schwangere rechts und links unter die Arme und gehen langsam mit ihr auf und ab.

Wenn die Wehen beginnen, die Fruchtblase platzt und das Fruchtwasser austritt, kniet sich die Schwangere zwischen die ausgebreiteten Beine der Geburtshelferin, die hinter ihr sitzt. Eine andere Frau steht vor der Schwangeren und fordert sie auf, heftig zu pressen. Wenn die Gebärende nicht kräftig genug preßt, drückt man einen Holzlöffel (nènwœ) (mit dem das tô zubereitet wird) in ihren Mund bzw. in ihren Hals. Dadurch wird ein Brechreiz ausgelöst, der die Gebärende unwillkürlich zum intensiven Pressen veranlaßt. Man erzielt auf diese Weise einen wehenfördernden Effekt.

Wenn sich Schwierigkeiten mit der Nachgeburt ergeben, muß sich die Gebärende noch einmal hinknien, und die Geburtshelferin schlägt leicht auf ihr Hinterteil, wodurch sich die Plazenta normalerweise löst. Wenn das nicht der Fall ist, massiert und drückt ein zu Hilfe geholter Mann kräftig die Hüft- und Bauchgegend, während die Frau selber noch einmal kräftig pressen muß. Bei Erstgebärenden, die noch nicht richtig pressen können, braucht man oft solche Männerhilfe. Bei normal verlaufenden Geburten ist die Assistenz von Männern nicht notwendig. Für komplizierte Geburten gibt es allerdings offizielle Geburtshelfer und Spezialisten, alte Männer, die auch besondere traditionelle Medizinen mitbringen. Manchmal werden auch kleine Mädchen geholt, um durch Hüftmassage und sanftes Streichen über den Bauch der Schwangeren die Geburt zu fördern. Es sollen junge Mädchen sein, denn sie gelten als "rein" und unschuldig; das garantiert den guten Verlauf der Geburt.

Wenn die Gebärende große Schmerzen hat und die Geburt nicht vorangeht, so heißt das, daß die Frau mit jemandem im Streit lebt und dieser erst durch gegenseitiges Verzeihen bereinigt werden muß. Dazu wird der Streitgegner herbeigeholt. Die Gebärende nimmt viermal Wasser in den Mund und spuckt es viermal über ihrem eigenen Leib aus. Sie gesteht die Tat oder bekennt ihre Schuld; sie bereut und verzeiht ihrem Gegner. Damit ist sie in einem "reinen" Zustand, und erst dann kann die Geburt vonstatten gehen. 15)

Wenn die Frau während der Schwangerschaft mit einem anderen Mann Geschlechtsverkehr hatte, wird die Geburt ebenfalls problematisch werden. Wenn das Kind von einem anderen Mann gezeugt wurde, so kann die Frau bei der Geburt sterben. Das Unglück ist nur durch ihr Geständnis und ein sofort darauffolgendes Opfer vom Wahrsager abzuwenden.

Eyom Kanyala bestätigte mir die vorhergehenden Aussagen zur traditionellen Geburt. Zu den Vorkehrungen, die bei einer problematischen Geburt getroffen werden, gab sie mir noch folgende detaillierte Erklärungen an:

Wenn die Wehen der Schwangeren immer stärker werden, sich sehr lange hinziehen und der Muttermund sich nicht öffnet, so ist das ein Zeichen dafür, daß sich die Frau während ihrer Schwangerschaft nicht an die für Schwangere geltenden Verhaltensvorschriften gehalten hat. In diesem Fall muß folgendes Ritual stattfinden: Die Schwangere muß viermal Wasser in den Mund nehmen und es viermal über ihrem Leib ausspucken. Man erwartet von ihr ein Geständnis, ob sie Streit mit jemandem hatte, sich herumgetrieben hatte, anderen Männern nachgelaufen war oder schlimmstenfalls sogar Ehebruch begangen hatte. Um gebären zu können, muß sie erst ihre Tat gestehen bzw. sich bei den jeweiligen Personen entschuldigen (vgl. die Aussagen von Catherine Kaboré).

Von Eli Kanzié, einer über 60jährigen blinden Frau aus Tenado, erfuhr ich, daß in früheren Zeiten sogar Kaiserschnitte im Gehöft durchgeführt wurden. Diese Eingriffe nahmen meist männliche Spezialisten vor, die dazu ein traditionelles Messer verwendeten. Heute dagegen versucht man in solch einem Fall die Gebärende, wenn irgend möglich, zur Maternité zu bringen.

Um Fehl- und Frühgeburten (pũ vùr) zu verhindern, gab es nach Aussagen von Eli Kanzié eine heilige, geweihte Schnur. [16] Diese Schnur (nyini; lyẽ) konnte in jedem Dorf bei einem Wahrsager oder Fetischeur (cŏ-cébal) erworben werden. Die Schwangere mußte sich solch eine Schnur umlegen, sobald sie merkte, daß sich eine Frühgeburt ankündigte. Die Schnur wurde am Oberkörper, den Rücken herunterhängend, befestigt und sie bewirkte, daß das Kind erst zur Welt kam, wenn es voll entwickelt war. Kurz vor der Geburt konnte die Schnur wieder abgelegt werden; die Gefahr einer Frühgeburt war damit abgewendet. [17]

4.6. Ritual zur Verhinderung weiterer Schwangerschaften

Eyom Kanyala erwähnte in ihren Aussagen außerdem ein Ritual, welches durchgeführt wird, wenn weitere Schwangerschaften einer schon älteren Frau verhindert werden sollen. Allgemein sagen die Lyela, daß eine Frau keine Kinder mehr bekommen sollte, wenn sie Töchter bzw. Schwiegertöchter hat, die selbst schon gebären. Wird sie doch noch einmal schwanger, so muß ihre älteste Tochter kommen und auf das Dach ihres Hauses steigen. Von dort aus ruft die Tochter dreimal ihrer Mutter zu: "Mutter, ruhe Dich aus! Ich werde jetzt diese Arbeit für Dich tun!" Von dem Zeitpunkt an wird die Frau nicht mehr gebären. Diese Aufgabe übernehmen dann ihre Töchter und Schwiegertöchter.

4.7. Geburt im elterlichen Gehöft der Frau

Wenn eine Frau im Gehöft ihrer Eltern gebiert, so muß sie mit dem Neugeborenen zunächst im Hof ihrer Eltern bleiben. Erst wenn der Ehemann seinen Schwiegereltern reichlich tɔ̌ und einen großen Bock bringt, den er erst kurz vor deren Gehöft schlachtet, hat er ein Anrecht auf seine Frau und das neugeborene Kind (Informantin: Ezoulou Kanzié, Réo, Bessiel).

4.8. Regelung für Erstgeborene

Nach traditioneller Regel siedelt eine Frau gleich nach der Geburt ihres ersten Kindes (biyé) in das Gehöft ihrer Eltern über, um mit ihrem Kind solange dort zu leben, bis es laufen kann. Die Frauen des elterlichen Gehöftes unterstützen sie bei der Kinderpflege und sie selbst hilft bei den Arbeiten auf dem Feld und im Gehöft. Wenn die Frau nach gut einem Jahr in das Gehöft ihres Ehemannes zurückkehren darf, werden ihr Geschenke (Hirse, Schinußbutter, Pottasche, Soumbala [18]) mitgegeben. Sie wird von mehreren Frauen begleitet, die ihr beim Transport der Gaben helfen. Der Ehemann seinerseits muß seinen Schwiegereltern ein Schwein, reichlich tɔ̌ und ein Hüfttuch (kɛỹgɔ̀nɔ̀) für die Schwiegermutter schicken, damit er seine Frau und sein Kind wiederbekommt.

Diese traditionelle Regelung soll verhindern, daß eine Frau nach ihrem ersten Kind sofort wieder Geschlechtsverkehr mit ihrem Ehemann hat. [19] Bei den folgenden Geburten hält man eine so lange Abwesenheit der Frau nicht mehr für notwendig (Informantin: Ezoulou Kanzié).

4.9. <u>Zeremonie zur Bekanntgabe der Geburt des ersten Kindes</u>

Die Geburt des ersten Kindes einer Frau (<u>lul kolo</u>) wird ihren Eltern in zeremonieller Weise bekanntgegeben:
Ein Mitglied der Familie ihres Ehemannes bringt ein Küken ohne ein Wort der Erklärung zum Gehöft ihrer Eltern. Handelt es sich bei dem Neugeborenen um einen Jungen, so ist am Fuß des Kükens ein kleiner Bogen (<u>lwa</u>) befestigt; handelt es sich um ein Mädchen, so hängt ein aus kleinen Zweigen gearbeitetes Holztragegerät (<u>shɔ̃</u>) am Bein des Kükens. Indem der Überbringer das Küken fallen läßt, nimmt er sich gleichzeitig ein Huhn oder einen Hahn (je nach dem Geschlecht des Neugeborenen) aus dem Gehöft der Eltern, das er auf dem Rückweg verzehren muß. Nach dieser Zeremonie dürfen die Eltern ihre Tochter besuchen (Informantin: Ezoulou Kanzié).

4.10. <u>Amulette für Kinder</u>

Bei den Lyela wird jedes Kind gleich nach der Geburt durch ein Amulett geschützt. Dieser Brauch ist bis heute von allen modernen Einflüssen unberührt geblieben. Die Mütter gehen mit ihrem Kind zum Wahrsager oder zu einem Heiler, der ihnen sagen kann, welches Amulett für ihr Kind wirkungsvoll ist.
Ein bestimmtes Amulett schützt jeweils vor Krankheit, bösen Geistern, Hexerei, vor Neid und Mißgunst anderer Menschen oder vor Unglück. Es gibt auch Amulette, die zur Heilung von Krankheiten oder speziellen körperlichen Gebrechen dienen.
Eine reiche Auswahl von Amuletten findet sich bei Spezialisten auf den Märkten. Ich hatte Kontakt zu zwei Kinderheilerinnen in Kamedi und Kyon, die ein großes

Sortiment von Amuletten und traditionellen Medizinen anzubieten hatten.

Die Amulette werden aus Kupfer, Metall, Muscheln, Kaurischnecken, Tierhäuten, Tierzähnen, Tierkrallen, Federn, Holz oder bunten Perlen hergestellt; sie werden als Halsketten, Ohrringe, Hüftschnüre, Fußketten oder Armreifen getragen.

Ich habe während meines Aufenthaltes kaum einen Säugling gesehen, der nicht wenigstens ein Amulett trug; viele Kinder waren sogar mit mehreren Amuletten ausgestattet.

5. Die traditionelle Namengebung

Die traditionelle Namengebung [20] ist bis heute neben der Namengebung und Taufe nach christlichem Brauch erhalten geblieben; sie hat jedoch an Wertigkeit verloren. Heutzutage erhalten die Kinder in den meisten Familien sowohl einen christlichen als auch einen traditionellen Namen.

Die traditionelle Namengebung erfolgt bei Jungen am dritten Tag, bei Mädchen am vierten Tag nach der Geburt. Der Vater konsultiert gleich nach der Geburt seines Kindes den Wahrsager, damit dieser den richtigen Namen und den Ort der Namengebung bestimmt. Mit Hilfe verschiedener Orakeltechniken, wie z.B. das Mäuseorakel oder das Kaurischneckenorakel, tritt der Wahrsager mit der "Seele" (ywɔla) des Neugeborenen in Verbindung. Er wirft z.B. die Kaurischnecken auf den Boden und deutet nach ihrer Lage die Antwort der "Seele" auf seine Fragen. Ein nachfolgendes Hühneropfer bestätigt das Ergebnis, wenn das geschlachtete Huhn auf dem Rücken liegend verendet. Liegt das Huhn nicht auf dem Rücken, sondern auf dem Bauch oder auf einer Seite, so gilt das als Zeichen dafür, daß ein falscher Name gewählt wurde; das Orakel muß erneut befragt werden.

5.1. Eine Namengebungszeremonie im Hof Bationo

In der Familie Bationo, einer ca. fünf Kilometer von Sinkou entfernt wohnenden Klansektion meiner Gastfamilie, konnte ich am 6.6.1983 einer traditionellen Namengebungszeremonie beiwohnen.

Gleich nach der Geburt befragte der Vater des neugeborenen Mädchens einen Wahrsager und erfuhr von ihm, daß die "Seele" des Kindes vom Familienheiligtum kwálá [21] abstamme. Da es sich um ein Mädchen handelte, sollte es

dementsprechend den Namen Ekwala [22] erhalten und die
Namengebungszeremonie mußte am Familien-kwálá stattfinden.
Laut Aussagen einiger Informanten muß in solchen Fällen
das Kind zum kwálá getragen werden. Bei dieser Namengebungszeremonie war es jedoch so, daß der für die Opfer und Zeremonien zuständige Alte mit dem kwálá-Schrein in das Haus
der Mutter des Neugeborenen im Nebengehöft kam. Hier fand
am vierten Tag nach der Geburt des Kindes die Namengebung
statt.

Nach Aussagen von Ossontu Bationo, dem Verantwortlichen
für das kwálá und dessen Opferungen, hätte das kwálá schon
gleich nach Bestimmung des Namens an das Kopfende des Kindes gelegt werden müssen. Da aber dieses Kind in der
Maternité geboren wurde, konnte man nicht mehr ganz nach
traditionellen Vorschriften verfahren.

Der folgende Auszug aus meinem Tagebuch beschreibt den
Verlauf der Zeremonie:

> "Ich warte mit der Großmutter väterlicherseits (ná nãcɛ)
> des Kindes, einigen Frauen aus dem Hof und meiner Dol-
> metscherin vor dem Haus, bis wir hineingerufen werden.
> Die Zeremonie beginnt gegen 17.00 Uhr. Der Urgroßvater
> Ossontu Bationo und der Großvater (da nãcɛ) Badju
> Bationo des Kindes haben im Haus der Mutter des Neuge-
> borenen das kwálá in einer Ecke des Raumes auf den Bo-
> den gelegt und davor weiße Asche angehäuft. Die Mutter
> sitzt mit ihrem Kind im Arm schon in etwa zwei Meter
> Entfernung vor dem kwálá. Wir anderen setzen uns in
> einem Halbkreis vor das kwálá; eine Anzahl Kinder aller
> Altersstufen hat sich zum Zuschauen eingefunden. Zwei
> Hühnchen werden zur Opferung bereitgehalten; auch ich
> übergebe dem Alten, der neben Ossontu sitzt und die
> Opfertiere hält, meine mitgebrachte Opfergabe, ein
> Perlhuhn.
> Ossontu beginnt nun mit der Zeremonie; er spricht dazu:
> 'Das kwálá will, daß das Kind diesen Namen trägt; es
> heißt jetzt Ekwala Kantiono. Diese Opfertiere müssen
> dem kwálá gegeben werden'.
> Nach diesen Worten nimmt Ossontu die Hühner und das
> Perlhuhn und berührt mit jedem Tier einzeln das Neuge-
> borene. Damit soll ausgedrückt werden, daß das Opfer
> von dem Kind dargebracht wird. Nachdem Ossontu das
> Häufchen Asche vor dem kwálá auf dem Boden verstreut
> hat, nimmt er eine mit Wasser gefüllte Kalebasse und
> befeuchtet das kwálá.

'Ich rufe Dich mit diesen Händen und mit dieser Asche.
Heute abend ist eine Weiße unter uns; sie hat gebeten,
Dich sehen zu dürfen. Ich bitte Dich mit dieser Asche
um Vergebung; empfange mit diesem Wasser Segen und
Frieden. Nimm diese Hühner und dieses Wasser von Ekwala,
damit das Kind in Frieden und Gesundheit leben kann.
Die Mutter des Kindes ist die Frau des Sohnes unseres
Bruders. Diese Frau bittet das kwálá, ihr ein gesundes,
gutes Kind zu geben, das ihr bei der Arbeit helfen
kann.
Die Weiße ist auch eine Kantiono, es ist so, als käme
sie zu ihrem Onkel, und sie gibt Dir ein Perlhuhn.
Die Götter haben sie hierher geschickt, um das kwálá
der Bationo aufzusuchen'.

Ossontu opfert zuerst das kleine Huhn, hält es, nachdem
er ihm die Kehle durchgeschnitten hat, zum Ausbluten
über das kwálá und läßt es dann flattern. Das Tier
bleibt nicht auf dem Rücken liegen; - das Opfer wurde
offensichtlich vom kwálá nicht angenommen. Die beiden
Alten bereden die Angelegenheit. Sie vermuten, daß von
Ossontu bei der Zeremonie nicht alle wichtigen Worte
gesprochen wurden. Trotzdem werden einige Federn dieses
Tieres auf das blutige kwálá geklebt.
Das nächste Hühnchen wird in gleicher Weise geopfert,
und als es während des Flatterns kurz auf dem Rücken
zu liegen kommt, wird es von dem Alten schnell entschlos-
sen festgehalten. Er verkündet sodann, das Opfer sei
nun gelungen.
Die Rückenlage des Huhnes besagt, daß das Opfer angenommen wurde, und das kwálá somit das Mädchen als Kind
des kwálá anerkennt. Wieder werden einige Federn auf
das kwálá geklebt. Zum Abschluß wird mein Perlhuhn
geopfert; es muß über dem kwálá nur ausbluten (man läßt
es nicht flattern und klebt keine Federn auf das kwálá).
Die Opfertiere werden beiseitegelegt und anschließend
von vier Jungen im Alter von zehn bis vierzehn Jahren
zum Verzehr zubereitet.
Die Namengebungszeremonie ist damit abgeschlossen und
wir verlassen den Raum. Ossontu stülpt einen Korb über
das kwálá, legt einen Stein darauf (zum Schutz gegen
Katzen und andere Tiere, wie er mir erklärt). Das kwálá
soll bis zum nächsten Tag in diesem Raum bleiben, in
dem auch das Kind schläft. Morgen wird es von Ossontu
wieder an seinen üblichen Aufbewahrungsort ins Nebengehöft gebracht.
Das Mädchen Ekwala bleibt für sein ganzes Leben mit
dem kwálá eng verbunden und wird, auch wenn es einmal
in eine andere Familie einheiratet, diesem Familien-
kwálá regelmäßige Opfer bringen müssen".

5.2. Die verschiedenen Kategorien der traditionellen Namen

Neben den Namen, die die Herkunft der "Seele" des Kindes bezeichnen (siehe Anhang Nr. 5, S.242), gibt es noch eine Reihe von Namen ganz unterschiedlicher Herkunft.

Viele Kinder tragen einen Namen, der sich von den Umständen und Ereignissen während ihrer Geburt herleitet. <u>Beya</u> (Kind wurde an einem Markttag geboren, von <u>ya</u> - Markt) und <u>Bessana</u> (Kind wurde an dem Tag, an dem das Hirsebier, von <u>séỹ</u> - Hirsebier gebraut wurde, geboren) sind Namen dieser Art (siehe Anhang Nr. 5, S.243).

Ebenso kann der Name einer Person von Situationen und Ereignissen bestimmt sein, mit denen seine Mutter während der Schwangerschaft konfrontiert wurde. Wenn z.B. die Mutter als Schwangere einen Hund (<u>kuli</u>) unabsichtlich getötet hat, so soll das Kind <u>Bakuli</u> bzw. <u>Ekuli</u> (fem.) heißen. Selbst wenn die Mutter dieses Ereignis während ihrer Schwangerschaft schon vergessen hatte, wird der Wahrsager darauf hinweisen und den entsprechenden Namen, je nachdem was für ein Tier getötet wurde, für das Kind bestimmen (siehe Anhang Nr. 5, S.246). Namen solchen Ursprungs findet man oft erst heraus, nachdem das Kind schon einen anderen Namen bekommen hatte, der die "Seele" des Kindes aber noch nicht vollends zufriedenstellte. Es kommt häufig vor, daß auch der Wahrsager nicht sofort den richtigen oder vollständigen Namen eines Kindes findet. Infolgedessen weint das Kind viel und ist kränklich. Das ist ein Grund für die Eltern, noch einmal den Wahrsager zu befragen, der dann häufig die Ursache dieses Unwohlseins in einer falschen oder unzulänglichen Namengebung erkennt.

Besonders gravierend ist eine falsche Namengebung, wenn es sich bei dem Kind um die Reinkarnation eines Ahnen handelt und diese nicht erkannt wird. Das Kind wird solange weinen, bis eine erneute Befragung des Wahrsagers den Willen des Ahnen erkennen läßt. Wenn man diesem nicht Folge leistet und eine entsprechende Namengebung vornimmt, kann das Kind sterben. Entweder wird der Name des Ahnen übernommen oder der Name bezeichnet die Absicht, die der Ahne mit seiner Wiederkehr in diesem Kind verbindet.

In der Familie Bazié gab es z.B. ein Kind mit dem Namen <u>Batucilu</u>, d.h.: "Ich wurde wiedergeboren, um zu hören, was auf der Welt gesprochen wird" (von <u>bà</u> - kommen; <u>tú</u> - ankommen; <u>cî</u> - sagen; <u>lũ</u> - Welt). Es ist ebenso üblich, dem Wiedergeborenen keinen eigenen Vornamen zu geben, sondern nur den Klannamen (z.B. Bazié). Das Kind wird in so einem Fall dann "Ahne" (<u>nyena</u>) gerufen.

Einige Namen entstammen auch der religiösen Sphäre, wie z.B.: <u>Yisonega</u> - "Gott liebt uns alle" (von <u>yi</u> - Gott; <u>só</u> - lieben; <u>né</u> - uns; <u>ga</u> - alle), <u>Begnadeyi</u> - "Die Worte, die du sprichst, kommen nicht von Gott" (von <u>be</u> - Neg.; <u>nyœ</u> - Worte; <u>dè</u> - nicht; <u>yi</u> - Gott) oder <u>Zwoboryi</u> - "Alle, die neidisch sind, sollen zu Gott gehen und ihn bitten" (Ableitung unbekannt).

In einigen Namen werden allgemeine Lebensweisheiten zitiert, die sich aber ihrem Sinn nach auf den Namensträger beziehen: <u>Gyanbezwi</u> - "Man kann nicht aus einem alten Mann einen jungen Mann machen" (Ableitung im Anhang Nr. 5, S.247), oder <u>Nesouawu</u> - "Alles befindet sich in meinem Bauch" (Ableitung unbekannt).

Diese Art von Namen,"noms devises" (<u>zěỹ yila</u>), werden den Kindern nicht gleich bei der Geburt gegeben, sondern sie werden zu einem späteren Zeitpunkt bei entsprechendem Anlaß ihrem Geburtsnamen oder dem "nom sacré" (von einem Heiligtum abgeleiteter Name) hinzugefügt. [23]

Die zahlreichen verschiedenen Namensarten zeigen, welch große Bedeutung der Name im Leben eines Menschen bei den Lyela hat. Gewisse Namen verpflichten den Namensträger zur Durchführung eines Pubertätsrituals mit Kopfrasur. Diese

Zeremonie wird yó fɔ̀n oder ywǽ fɔ̀n genannt. Ihr müssen sich alle Jugendlichen mit folgenden Namen vor Aufnahme der ersten sexuellen Beziehungen bzw. vor der Heirat unterziehen:

Bali (fem. Eli) - Kinder von der Schmiede (lali);

Bazilou (fem. Ezilou) - Kinder vom Heiligtum Zhilou, wurden mit einem speziellen Medikament gewaschen;

Benyima (fem. Enyima) - Mutter wurde wenige Monate nach dem Tod eines Neugeborenen schon wieder schwanger und trug zu der Geburt noch die speziell in einem solchen Fall umgelegte Hüftschnur aus den Kernen der Nérê-Früchte;

Bemua (fem. Emua) - Kinder, die aus der schwarzen Volta (mú) kommen;

Balele (fem. Elele) - Kinder, die nach Zwillingen geboren wurden;

außerdem alle Zwillinge, gleichgültig welchen Namen sie tragen.

In mehreren Tabellen (Anhang Nr. 5) möchte ich aus der Vielzahl der traditionellen Namen nur einige als Beispiele aufführen, die aber das Schema der Namensbildung, die Bedeutung und den Ursprung der Namen verdeutlichen können.

Der Stamm des Namens gibt die Herkunft bzw. den inhaltlichen Ursprung des Namens an. An der Namensendung ist zu erkennen, um das wievielte Kind derselben Herkunft innerhalb einer Geschwisterreihe es sich handelt. Hierzu ein Beispiel:

Beya   erstgeborener Junge dieses Namens
Beyabye   zweitgeborener Junge dieses Namens
Beyama   drittgeborener Junge dieses Namens
Beyabwe   viertgeborener Junge dieses Namens.

In entsprechender Weise für Mädchen:
Eya; Eyabye; Eyama; Eyabwe

Die im Anhang angeführten Namen bezeichnen immer den erstgeborenen Namensträger.

6. Die Behandlung des Säuglings

6.1. Säuglingspflege

Bei den Lyela beschränkt sich die Pflege der Neugeborenen auf
1. die innere Reinigung: täglichen Einlauf;
2. die äußerliche Reinigung: tägliches Waschen;
3. die Hautpflege: tägliches Einfetten.

Diese Pflege des Säuglings (bìshɛ̀mɛ̀) übernimmt in den meisten Familien die Großmutter väterlicherseits bzw. die älteste Frau des Gehöftes. [24] Sie hat die Erfahrung in der Säuglingspflege und kann sich den Kleinstkindern in besonderem Maße widmen, da sie keine schweren Arbeiten mehr auf dem Feld oder im Gehöft zu verrichten hat. Ich hatte jeden Morgen Gelegenheit, die Pflege der Säuglinge zu beobachten.

6.1.1. Einläufe

Die innere Reinigung des Säuglings geschieht durch einen Einlauf, der ein- bis zweimal täglich von der Mutter oder Großmutter des Kindes durchgeführt wird. Zur Zubereitung der Einlaufflüssigkeit werden verschiedene Blätter, Wurzeln oder Baumrinden benutzt (siehe dazu Anhang Nr. 6). Baumrinden und Wurzeln werden gekocht und den daraus gewonnenen Sud verwendet man als Einlaufflüssigkeit. [25] Die Blätter werden auf einer speziell dafür hergerichteten Steinplatte mit Hilfe eines rollenförmigen Steines zu einem Brei zerrieben. Dieses Reiben war in unserem Gehöft die Aufgabe der acht- bis fünfzehnjährigen Mädchen. Der Brei wird anschließend in eine Kalebasse gegeben und mit ca. 220 ccm Wasser verdünnt. Die so bereitete Flüssigkeit nimmt die Mutter in ihren Mund und preßt sie in den Anus des Kindes. Dabei liegt das Kind bäuchlings auf ihren leicht angewinkelten Beinen. Manche Familien besitzen

heutzutage zum Einspritzen der Flüssigkeit einen kleinen
Gummiball mit einer Spitze. Damit die Einlaufflüssigkeit
nicht sofort wieder herausgepreßt wird, drückt man die
Hinterbacken des Kindes zusammen und schüttelt es kräftig.
Danach erfolgt die Stuhlentleerung. Diese Prozedur scheint
den Kindern, ihrem Schreien nach zu urteilen, sehr unangenehm zu sein. Trotzdem wird der Einlauf mit Selbstverständlichkeit regelmäßig durchgeführt. Meine Befragungen
zu den Hintergründen dieser Säuglingsbehandlung ergaben
lediglich, daß eine zweimal täglich durchgeführte innere
Reinigung für die Gesundheit der Kinder nötig und unerläß-
lich sei. Ich vermute, daß diese Handlung früher eine
jetzt in Vergessenheit geratene rituelle Bedeutung hatte,
weil die alten Frauen mir erklärten, mit dem Einlauf sei
auch eine Befreiung von "bösen Kräften" verbunden. Ge-
naueres konnte ich darüber nicht in Erfahrung bringen.
Der praktische Effekt des Einlaufs ist jedoch unumstrit-
ten: eine unkontrollierte Stuhlentleerung des Kindes, das
tagsüber auf dem Rücken der Mutter getragen wird, kann
damit weitgehend verhindert werden. [26)]

6.1.2. Waschen

Im Anschluß an den Einlauf und die Stuhlentleerung wird
der Säugling gewaschen. Man benutzt dazu eine große Schüssel mit warmem Wasser, ein Stück einfache Seife, einen
netzartigen Lappen und manchmal eine Kalebasse. Die Großmutter legt das Kind auf ihre nackten Oberschenkel und
schäumt es mit massierenden Bewegungen ein. Dann schöpft
sie mit der hohlen Hand oder mit der Kalebasse warmes Wasser aus der unter ihren Beinen stehenden Schüssel und spült
das Kind damit ab. Die linke Hand hält dabei das Kind mit
festem Griff unter einem Ärmchen, wobei es jeweils in die
Rücken- und Bauchlage gedreht wird. Augen, Nase und Ohren

werden besonders intensiv mit Daumen und Zeigefinger gesäubert. Der Nabel erfährt eine Extrabehandlung durch Überspülen mit sehr heißem Wasser. Dadurch soll die Heilung gefördert werden.

Abgetrocknet wird das Kind mit einem Tuch; ich habe jedoch auch beobachtet, daß Mütter mit ihren dicken Lippen über den Körper ihres Kindes gleiten und so die Feuchtigkeit aufsaugen, was für das Kind offensichtlich eine angenehmere Methode ist als das Trockenreiben. Während der gesamten Waschung fiel mir der intensive Körperkontakt zwischen Mutter und Kind auf. In jeder Phase bleibt das Kind in Berührung mit dem Mutterkörper und fühlt sich nie ohne sicheren Rückhalt dem fremden Element Wasser ausgeliefert. Es besteht eine harmonische Verbindung zwischen den massierenden Händen, dem Körper des Kindes und den bloßen Oberschenkeln der Großmutter bzw. Mutter.

6.1.3. Einfetten

Den Abschluß der täglichen Waschung bildet das Einfetten des Körpers mit Karitébutter, die die Haut schützt und pflegt. Hier machen sich schon Einflüsse der westlichen Zivilisation bemerkbar. Man mischt der Karitébutter zur Verfeinerung gerne etwas Zitronensaft und einige Tropfen Eau de Cologne bei. Das ist aber nur in den wenigen Familien, die die finanziellen Möglichkeiten dazu haben, der Fall.

Bei Kindern, die in den Wintermonaten geboren wurden, wird dieses Einfetten der Haut vor dem Baden vorgenommen, weil die Karitébutter eine Schicht bildet, die den Körper des Kindes vor Wärmeverlust auch während der Waschung schützt.

6.2. Körperkontakt

In der Entwicklungsphase des Kindes ist die Zeit des Stillens gleichzeitig die des engsten Körperkontaktes mit der Mutter. Sie hat ihr Kind Tag und Nacht bei sich, und wenn es auch nur für kurze Zeit der Obhut der Großmutter überlassen wird, so ist die Mutter doch stets in erreichbarer Nähe. So früh wie möglich wird sie das Kind auf ihren Rücken binden, damit sie ihren täglichen Arbeiten im Gehöft und auf dem Feld nachgehen kann, ohne sich von ihrem Kind trennen zu müssen. Trotz größter Strapazen bei Hitze, Wind und Staub sitzt das Kind festeingebunden auf dem Rücken seiner Mutter und fühlt sich dort sicher und geborgen.

Wenn der Säugling durch Weinen Hunger anmeldet, wird der Knoten des Tragetuches leicht gelockert, das Kind über die Hüfte der Mutter nach vorn geschoben und sofort gestillt. Das ist so einfach und praktisch, daß es in jeder Situation und bei jeder Arbeit vorgenommen werden kann. Die Kinder sind somit viele Monate lang sowohl tagsüber als auch nachts ganz nah mit ihren Müttern verbunden. Der ständige Körperkontakt vermittelt den Kindern das Gefühl der Sicherheit und Geborgenheit. Mutter und Kind bilden zu dieser Zeit eine feste Einheit.

6.3. Tragen

Damit die Mutter durch ihr Kind nicht in ihrer täglichen Arbeit behindert wird, bindet sie sich das Kind mit einem rechteckigen Tuch auf den Rücken. Dazu setzt sie das Kind seitlich, mit gespreizten Beinen auf ihre Hüften, schiebt es von dort aus nach hinten auf den Rücken und beugt sich im gleichen Moment nach vorn, damit es nicht herunterrutscht. In gebückter Haltung schlägt sie das rechteckige Tuch so über das Kind, daß nur sein Kopf herausguckt und knotet die beiden oberen Enden des Tuches über ihrer Brust zusammen. Dann schlägt sie das Tuch unter dem Gesäß des Kindes ein, daß es wie in einem Sack sitzt und nicht mehr herunterrutschen kann. Die unteren Enden des Tuches werden unter ihrer Brust fest verknotet. Die Füße des Kindes schauen rechts und links in Höhe ihrer Taille heraus. In dieser Stellung kann ein Kind über Stunden hinweg transportiert werden. Es ist an alle Bewegungen seiner Mutter gewöhnt, unempfindlich gegen stärkste Erschütterungen und gegen Lärm. Ich habe oft Kinder beobachtet, die fest auf dem Rücken ihrer Mutter schliefen, während sie Hirse stampfte oder zu lauter Trommelmusik tanzte.

Auffällig erschien mir die Art, wie man bei den Lyela die Säuglinge hochhebt. Während man bei uns mit beiden Händen den Oberkörper des Kindes umfaßt, werden die Säuglinge der Lyela hochgenommen, indem man mit einer Hand ihre beiden Handgelenke umfaßt und sie so mit über ihrem Kopf ausgestreckten Ärmchen hochzieht. Mit der anderen Hand wird der Kopf gehalten.

6.4. Stillen

Nach der Geburt beginnt die Mutter mit dem Stillen des Neugeborenen. Handelt es sich um ihr erstes Kind, so müssen zur Förderung eines guten Milchflusses ihre Brüste stark massiert werden. In hartnäckigen Fällen werden sogar mit Hilfe von Steinen die Brustmuskeln zerrieben. [27] (Die entsprechende Information erhielt ich von verschiedenen alten Frauen in meinem Dorf.) Diese Behandlung ist Aufgabe von erfahrenen Frauen.

W.A. aus meinem Gehöft, Mutter von vier Kindern, gebar ihr erstes Kind in Abidjan, und weil dort keine kundige Frau zur Stelle war, mußte sie diese Prozedur selbst an sich vornehmen. Man sagte mir allgemein, daß die Bearbeitung der Brustmuskulatur sehr schmerzhaft sei; aber noch heute sind viele Frauen von der Wirksamkeit dieser Behandlung überzeugt.

Nach meiner eigenen Beobachtung werden die Kinder bei den Lyela ohne geregelte Trinkzeiten, zu jeder Gelegenheit und so oft sie es wünschen, von ihrer Mutter gestillt. Das Stillen gilt auch als Mittel zur Beruhigung und zum Trösten des Kindes. Ich habe oft beobachtet, daß Mütter ihren Kindern die Brust geradezu aufdrängen, obwohl das Weinen eventuell einen ganz anderen Grund als Hunger oder Durst hatte. Auch während der Nacht, die der Säugling in den Armen seiner Mutter verbringt, darf er nach Belieben bei ihr trinken. Für die Mutter ist das sehr anstrengend und sie findet selber kaum Schlaf. Seinem Kind die Brust zu verweigern, scheint für die Mütter auch ein psychologisches Problem zu sein. Ein Kind darf nicht weinen, und man darf ihm keine Nahrung vorenthalten, wenn es danach verlangt. Dementsprechend kennen die Kinder natürlich weder regelmäßige Trinkzeiten noch irgendwelches Sichgedulden. Deshalb ist auch die Umstellung der Kinder auf feste Nahrung so problematisch; die Brust der Mutter ist allzu praktisch und bequem.

Etwa ab dem fünften Monat, wenn das Kind die ersten Zähne bekommt, versuchen die Mütter ihre Kinder zusätzlich mit Hirsebrei zu füttern; meiner Beobachtung nach zumeist mit wenig Erfolg. Ein weiterer Grund für die Schwierigkeiten bei der Umstellung auf feste Nahrung mag auch sein, daß die Frauen einfach keine Geduld haben, ihre Kinder, die anfangs Widerstand leisten, langsam mit immer neuen Versuchen an die andere Nahrung zu gewöhnen. Wenn es nicht sofort gelingt, geben die Mütter schnell auf und das Kind bekommt wieder die Brust und ist zufriedengestellt. Das Kind weiß also, daß es durchaus eine Chance hat, seinen Willen durchzusetzen, und es wird dieses "Spiel" so lange wie möglich fortsetzen.

Oft ist die Ernährung mit Muttermilch allein nicht ausreichend für ein Kind, besonders wenn die Mutter in einem schlechten Gesundheits- und Ernährungszustand ist. Deshalb sieht man so häufig Mütter mit erbärmlich unterentwickelten Säuglingen an ihrer Brust. Zwar trinken diese Kinder ausreichend, aber die Milch enthält nicht genügend Nährstoffe.

6.5. Der Einfluß der PMI

Die PMI (Protection maternelle et infantile), eine Einrichtung, die in Réo von der katholischen Mission betrieben wird, versucht, durch Aufklärung und aktive Hilfe (Verteilung von Lebensmitteln) die Still- und Ernährungsgewohnheiten von Mutter und Kind zu beider Wohl zu verändern.

Durch eine Gewöhnung an früheres Abstillen soll die Mutter entlastet werden, und die spätere Umstellung des Kindes auf feste Nahrung soll schneller und problemloser geschehen. Auch die Qualität der festen Nahrung müßte weitgehend verbessert werden, da Hirsebrei allein nicht den Bedarf an nötigen Vitaminen und Mineralstoffen deckt. Dazu wird den Müttern eine Suppe empfohlen, die reich an Vitaminen und Eiweiß ist und von jeder Frau leicht zubereitet werden kann.
Die Suppe enthält:
- Wasser mit Saft der Tamarindenfrucht (ein Glas)
- Mehl des Pennisetum ("petit mil", ein kleiner Löffel)
- etwas Zucker oder Salz
- Milch (ein kleiner Löffel)
Die Suppe soll später durch Zugabe von gekochtem Gemüse angereichert werden.

Das Kind darf zwar noch weiterhin bei seiner Mutter trinken, sollte aber langsam auf diese Nahrung umgestellt werden. Leider befolgen nur wenige Frauen im Busch diesen Rat. Das liegt häufig am Einfluß der alten Frauen, die

die Notwendigkeit der Zubereitung von spezieller Babynahrung nicht einsehen. Es bedeutet für sie nur Mehrarbeit und unnötigen Kostenaufwand. Der unterschiedliche Nährwert der verschiedenen Lebensmittel ist ihnen unbekannt, ebenso die Wirkung der jeweiligen Arten von Nahrungsmitteln auf die Entwicklung und das Wachstum des Kindes.
Der Erfolg der Aufklärung durch die PM I ist aus diesem Grund, besonders in weitab gelegenen Gehöften im Busch, noch sehr gering. Es gehört dort nach wie vor zum alltäglichen Bild, daß die Frauen ihre Kinder zu jeder Tages- und Nachtzeit und bei jeder Gelegenheit stillen. Durch das häufige Anlegen des Kindes wird der Milchfluß immer wieder angeregt und damit verlängert sich auch die Stillzeit.
Ich traf nur selten auf Mütter, die ihren Kindern eine spezielle Säuglingsnahrung zubereiteten. Wenn das der Fall war, handelte es sich immer um Familien, die Kontakte zur Elfenbeinküste hatten, in Stadtnähe lebten und Französisch sprachen, also schon "fortschrittlich" lebten und dachten.
Die hohe Säuglingssterblichkeit bei den Lyela ist sicherlich zum großen Teil auf die mangelhafte und unzulängliche Ernährung der Kinder zurückzuführen.

6.6. <u>Stillpflicht</u>

Es gibt verschiedene Gründe, warum ein Kind nicht von seiner Mutter gestillt werden kann und eine Stillmutter braucht:
1. wenn die Mutter stirbt,
2. wenn die Mutter keine oder zu wenig Milch hat,
3. wenn die Mutter überlastet (Mehrgeburten) oder krank ist.

Bei der Auswahl einer Stillmutter müssen bestimmte Regeln beachtet werden. Ich befragte zu diesem Thema folgende Personen und möchte ihre Erklärungen kurz zusammenfassen:

- drei Hebammen der Maternité in Tenado;
- Jelbwe Bayala, Gehöftherr in Bessielbia;
- Ezoulou Kanzié und Etio Suzanne Kanyala,
  etwa 60 Jahre alte Frauen aus Réo, Bessiel II;
- Jean-Louis Bassolé, Schreiber aus Réo;
- Eli Kanmouni, Frau aus meinem Gehöft.

Wenn eine Frau keine Milch hat oder bei der Geburt gestorben ist, muß ihr Ehemann zum Wahrsager gehen, um von ihm den Grund für das Ausbleiben der Milch bzw. für den Tod seiner Frau zu erfahren. Darüberhinaus muß er erfragen, welche Frau das Stillrecht für das Neugeborene hat bzw. welche Frau die Adoptivmutter sein soll.

Allgemein gilt die Regel, daß die Stillmutter entweder mit dem Vater oder mit der Mutter des Kindes blutsverwandt sein soll, d.h. folgende Personen kommen als Stillmutter in Frage:

- die Schwestern des Vaters oder der Mutter
- die Großmutter väterlicher- oder mütterlicherseits
- als Ausnahme die "petite soeur" [28] der Mutter, die nicht die leibliche Schwester, wohl aber eine "coépouse" der Mutter sein muß.

Ezoulou Kanzié fügte dem noch hinzu, daß auch eine Frau oder Tochter des Mutterbruders Stillrechte hat.

Das Alter der Stillmutter spielt keine Rolle. Hat sie selber noch kleine Kinder, wird sie sofort Milch haben. Handelt es sich um eine Frau, die selbst nicht mehr gebärt, kann man durch intensives Massieren ihrer Brüste mit warmem Wasser und Karitébutter erneut einen Milchfluß erreichen. Da jedoch die Milch von älteren Frauen nicht mehr sehr reichhaltig an Nährstoffen ist, muß man die Ernährung des Säuglings durch Kuhmilch, wenn in näherer Umgebung erhältlich, anreichern.

Ezoulou Kanzié brachte noch einen anderen Aspekt in die Erklärungen zur Frage des Stillrechts: das Vertrauensverhältnis. Selbst wenn eine Frau mit der Mutter des Kindes verwandt ist, mit ihr aber im Streit lebte oder lebt, darf sie auf keinen Fall deren Kind stillen. Durch das Stillen hätte sie die Möglichkeit, dem Kind eventuell aus Rachegedanken Böses anzutun.

Andererseits haben enge Freundinnen das Recht, auch bei nur kurzer Abwesenheit der Mutter gegenseitig ihre Kinder zu stillen. Demnach gilt für die Regelung des Stillrechts als wichtiger Punkt: Vertrauen geht vor Verwandtschaft. Man geht allerdings davon aus, daß innerhalb der engsten Familie stets Vertrauen zueinander besteht.

Weiter erfuhr ich von Ezoulou Kanzié und Etio Suzanne Kanyala, daß bei der Auswahl der Stillmutter bestimmte Sachverhalte unbedingt beachtet werden müssen: Eine Frau darf kein fremdes Kind stillen, wenn sie in Behandlung bei einem traditionellen Heiler ist bzw. wenn sie und ihr eigenes Kind mit speziellen traditionellen Medikamenten behandelt wurden. In solchen Fällen besteht die Gefahr, daß die Frau dem fremden Kind die Krankheit überträgt, gegen die sie selbst sowie ihr eigenes Kind durch das traditionelle Medikament geschützt wurde.

Folgende Krankheiten könnten bei Nichtbeachtung der Regel übertragen werden:
- Vogelkrankheit (kúmi) [29)]
- buckliger Rücken (kŏ)
- Keuchhusten
- Kind macht Saug- und Schluckbewegungen, ohne zu trinken (nyitommo)

Das Verbot gilt aber nur für das Stillen von Kindern, die noch nicht die ersten vier Zähne haben bzw. wegen einer dieser Krankheiten behandelt wurden. Jede Frau ist verpflichtet, darauf zu achten. Ältere Kinder, die bereits die ersten vier Zähne haben, sind für diese Art der Krankheitsübertragung nicht mehr anfällig.

Vor Kindern, deren Mütter bei der Geburt gestorben sind, soll niemals der Name der Stillmutter genannt werden. Da angenommen wird, das Kind habe seine Mutter bei der Geburt getötet, befürchtet man, es könne nun auch seine Stillmutter töten. In Anwesenheit des Säuglings wird deshalb immer gesagt, er sei mit Kuhmilch aufgezogen worden. Besonders in früherer Zeit hatten viele Frauen aus diesem Grund Angst vor der Bestimmung zur Stillmutter. Häufig wurden daher mutterlose Kinder vernachlässigt und waren folglich unterernährt. Man nahm sogar an, die Kuh, mit deren Milch ein Waisenkind (bètèlé) ernährt wurde, könne von ihm getötet werden. [30] Findet sich keine Stillmutter (aus welchem Grund auch immer) für das Kind, so ist an erster Stelle der Mutterbruder dafür verantwortlich, daß der Säugling mit Kuhmilch versorgt wird.

Jean-Louis Bassolé erklärte mir u.a. folgendes: Normalerweise fürchtet man, daß ein von einer dazu unbefugten Frau gestilltes Kind an deren Milch sterben kann. Wenn aber aufgrund widriger Umstände doch einmal eine dazu unberechtigte Frau ein Kind gestillt hat und es "erstaunlicherweise" an dieser Milch nicht gestorben ist, so folgert man, daß dieses Kind einen dickköpfigen und kaltblütigen Charakter haben wird und daß sich außerdem mehrere Wirbel im Haar an der Seite des Kinderkopfes bilden werden.

Die zahlreichen Regeln und Verhaltensvorschriften zeigen, welche Wichtigkeit dem Stillrecht beigemessen wird. Für die Lyela ist das Stillen demnach nicht nur ein einfacher Ernährungsvorgang, sondern sie glauben, daß beim Stillen auch andere Kräfte von der Stillmutter auf das Kind übertragen werden. Es handelt sich dabei vorwiegend um negative, schädliche Kräfte, vor denen durch die strengen Regeln des Stillrechts sowohl die Stillmutter als auch das Kind geschützt werden sollen.

Die Unterstützung der Missions- und PMI-Stationen gilt daher in besonderem Maße auch den Waisenkindern. Die Stationen helfen bei der Suche nach geeigneteren Stillmüttern, indem sie als Alternative zur Befragung des Wahrsagers rein praktische Erwägungen, von wem das Kind am besten ernährt werden kann, und christliche Motive der Nächstenliebe heranziehen.

Durch Verteilen von Trockenmilch und durch regelmäßige Gewichtskontrollen in Beratungsstunden helfen sie den Adoptivmüttern, die oft unterernährten Waisenkinder durchzubringen.

6.7. Entwöhnung

Gegen Ende des zweiten Lebensjahres sollte ein Kind völlig von der Mutterbrust entwöhnt werden. Die Entwöhnung des Kindes geht nur langsam und unter Schwierigkeiten für Mutter und Kind vonstatten. Ich habe diesen Prozess in zahlreichen Familien beobachten können.

Das Kind erlebt den Entzug der Mutterbrust als eine Art Schock. [31)] Es fühlt sich alleingelassen und zurückgestoßen. Zum ersten Mal in seinem Leben verweigert ihm die Mutter die Nahrung und es versteht nicht warum. Auch die Mutter leidet unter dieser Entfernung von ihrem Kind. Immer wieder konnte ich beobachten, daß Mütter dem Bitten ihres Kindes nachgaben und es doch wieder trinken ließen. In äußerst hartnäckigen Fällen griffen sie zu dem altbewährten Mittel, ihre Brust mit einem scharfen Gewürzpuder (piment) zu bestreichen.

Wenn eine Frau den Milchfluß zum Versiegen bringen will, was aber nur der Fall ist, wenn kein nächstes Kind folgt, trägt sie einen Brei aus tonhaltiger Erde und Wasser auf ihre Brüste auf. Das geschieht aber sehr selten, weil meist eine Schwangerschaft der anderen folgt.

Das Abstillen ist für ein Kind der erste Schritt zur Loslösung von der Mutter und gleichzeitig zum Übergang in die Gemeinschaft der Kinder. Diese Phase der Loslösung wird beim letzten Kind einer Frau besonders lange herausgezögert.

7. Die Kleinkindphase

Während die Säuglingsphase ganz unter dem Zeichen der engsten Mutter-Kind-Bindung steht, bedeutet die folgende Kleinkindphase eine schrittweise Eingliederung in den Familienverband und die Erweiterung des Bezugspersonenkreises. [32)]

Intensiven Einblick in diesen Lebensabschnitt der Kinder bei den Lyela gewann ich durch die Beobachtung des täglichen Lebens in meiner Gastfamilie und durch Besuche bei befreundeten Familien in der Umgebung. Über einen Zeitraum von dreizehn Monaten verfolgte ich das Heranwachsen von Kindern dieser Altersstufe, beobachtete ihre Stellung und die Beziehungen innerhalb der Familie, ihre physische und psychische Entwicklung.

7.1. Ablösung von der Mutter - Aufnahme der Beziehungen in der Familie

Mit eineinhalb bis zwei Jahren wird die ausschließliche Fixierung des Kindes auf die Mutter langsam abgebaut. Das Kind soll lernen, eine kurze Abwesenheit der Mutter ohne Angst zu überstehen. Es soll Vertrauen zu seiner Umwelt fassen und auch die übrigen Familienmitglieder als Bezugspersonen akzeptieren. Alle Familienmitglieder umsorgen und schützen das Kleinkind und behandeln es mit Nachsicht.

Die größte Zuwendung neben der mütterlichen erfährt das Kind von seiner Großmutter väterlicherseits, die immer ein waches Auge auf das Kind hat, und die auch einen großen Teil der Pflege mitübernimmt. Sie kann den Kindern im Gehöft viel Zeit widmen, weil sie keine Feldarbeiten mehr verrichten muß. In meiner Gastfamilie war die Großmutter diejenige, die sich um die Kinder kümmerte, wenn die anderen Familienmitglieder keine Zeit für sie hatten. Wenn die älteren Kinder zur Schule gingen und die Frauen auf dem Feld arbeiteten, blieb sie mit den drei- bis sechsjährigen Kindern im Hof, während die Ein- bis Zweijährigen von ihren Müttern noch auf das Feld mitgenommen wurden. Bei Arbeiten im Garten vor dem Gehöft versuchten die Mütter immer häufiger und für immer längere Zeitabschnitte auch schon die Ein- bis Zweijährigen im Hof zurückzulassen. Das ging eine Weile gut; sowie jedoch ein Kind zu weinen anfing, wurde es entweder sofort der Mutter in den Garten gebracht oder die Mutter wurde von der Großmutter zu ihrem Kind in den Hof gerufen. Ich habe nie erlebt, daß man ein kleines Kind weinen ließ; immer war die Mutter schnell zur Stelle. Nicht mehr die unmittelbare Nähe der Mutter, aber doch ständiges Verfügbarsein für ihr Kind bleiben bis zum dritten/vierten Lebensjahr selbstverständlich.

Eine ähnliche Funktion wie die der Großmutter im Hinblick auf die Kleinkinder hatte in meiner Gastfamilie die erste Frau des Gehöftherrn. Seine zweite Frau war ihre "petite soeur" (ny€ŷ), deren Kinder sie beaufsichtigte und von denen sie auch Großmutter (ná nãcɛ) genannt wurde.

Die nächsten Bezugspersonen für die Kleinkinder sind ihre direkten älteren Schwestern. In meiner Gastfamilie waren es die sechs- bis zehnjährigen Mädchen, die ihre jüngeren Geschwister in die Gemeinschaft der Kinder einführten und die dort eine Art Mutterrolle mit Verantwortung und engstem Körperkontakt übernahmen. Sie trugen ihre Geschwister auf dem Rücken oder auf der Hüfte mit sich herum. Es war ihre Pflicht, sie zu beschützen und bei guter Laune zu halten. Ich konnte oft beobachten, wie die Mädchen sich verzweifelt bemühten, einen weinenden Bruder oder eine weinende Schwester zufriedenzustellen. Wenn das nicht gelang, wurde das Kind wieder zur Mutter gebracht, die den Mädchen dann häufig Vorwürfe machte.

Eine besondere Rolle unter den Bezugspersonen der Kleinkinder kommt den älteren Brüdern zu. Sie sind nicht verantwortlich für das Wohl der jüngeren Geschwister. Nehmen sie sie jedoch hin und wieder in ihre Obhut oder spielen mit ihnen, so gilt das als etwas Besonderes. Die Kleinen haben bereits Respekt vor den älteren Brüdern und sind in ihrer Gegenwart sehr artig und gefügig, während die Mädchen, die doch ständig für das Wohl der kleineren Geschwister sorgen, sich oft mit ihrem Eigensinn plagen müssen. Brüder stehen in der Achtung der Kleinen eindeutig eine Stufe höher als Schwestern. Abends für eine Weile mit auf der Matte des großen Bruders liegen zu dürfen, gilt als besonderes Privileg. Jhislain, der jüngste Einjährige in meiner Gastfamilie, wies sogar seine Mutter zurück, wenn er bei seinem großen Bruder sein durfte. Ich habe oft beobachtet, daß, wenn ältere Brüder die jüngeren Geschwister fütterten, die Nahrung niemals zurückgewiesen wurde.

Die Väter treten als Kontaktpersonen der Kleinkinder selten in Erscheinung; tagsüber sind sie oft nicht im Gehöft anwesend, und die Abende verbringen sie vorwiegend im Kreise der Männer. Sie üben jedoch eine gewisse Autorität aus, die auch das kleine Kind schon spürt. Ihre bloße Gegenwart hat bereits Einfluß auf das Verhalten des Kindes; so genügt ihre Anwesenheit oder die einfache Erwähnung ihres Namens schon, um Schwierigkeiten bei der Aufnahme der festen Nahrung oder schlechtschmeckender Medizinen zu beseitigen.

Wenn die langsame Loslösung von der Mutter erfolgt und das Kind ganz in die Gemeinschaft der Kinder eingegliedert ist, wird es nicht mehr nur seinen leiblichen Eltern zugeordnet; die gesamte Familie ist nun für das Wohl des Kindes verantwortlich. Als "Väter" (_da_, pl. _dabá_) gelten alle Brüder des leiblichen Vaters und als "Mütter" (_ná_, pl. _nábá_) auch alle anderen Frauen des leiblichen Vaters, seine unverheirateten Schwestern sowie alle Frauen der Brüder des Vaters. Die Kinder der Brüder des leiblichen Vaters gelten zwar auch als Geschwister des Kindes, zu ihren leiblichen Geschwistern haben sie aber eine innigere Bindung.

7.2. Der "frühkindliche Freiraum"

Nach Auffassung der Lyela können Kinder im Kleinkindalter noch nicht zwischen Recht und Unrecht unterscheiden und dementsprechend auch nichts Böses tun. Bis zum Alter von etwa vier Jahren gibt es für sie weder Verbote noch Bestrafungen.

Ich konnte oft beobachten, wie der zweijährige Jhislain und auch David, drei Jahre alt, ihre Mütter mit der Faust oder mit einem Stock schlugen, weil sie ihnen die Brust verweigerten oder weil sie während einer Tätigkeit keine Zeit hatten, ihre Kinder auf den Schoß zu nehmen. Dieses Schauspiel erregte allgemeine Heiterkeit und war kein Anlaß zur Zurechtweisung der Kleinen. Im Falle Jhislains nahm das Ganze meist eine lustige, spielerische Wende. Seine Mutter schlug zum Spaß leicht zurück und alles endete mit einem scherzhaften Gerangel. Jhislain setzte letzten Endes doch seinen Willen durch und durfte bei seiner Mutter trinken.

Auch in der Obhut der älteren Schwestern können die Kleinkinder immer leicht ihren Willen durchsetzen. Was auch geschieht, es gibt keinen Anlaß für Bestrafungen. So können sich die älteren Geschwister auch nicht über das Verhalten der Kleinen bei den Erwachsenen beschweren, wenn beispielsweise mühsam gebasteltes Spielzeug von einem Kleinkind zerstört wurde. Zurechtgewiesen werden immer nur die Älteren, daß sie sich nicht richtig verhalten haben, denn wie schon erwähnt, gilt grundsätzlich, daß Kleinkinder kein Unrecht tun können.

Allen Aktivitäten der Kleinkinder wird größter Freiraum
gelassen. Man achtet allerdings sehr darauf, daß sie selbst
keinen Schaden nehmen. In unserem Gehöft wurde z.B. strengstens darüber gewacht, daß Kleinkinder niemals in die Nähe
eines Feuers oder eines Brunnens gerieten. Sie sind nie
ohne Beaufsichtigung.

7.3. Essen

Die Gewöhnung an feste Nahrung geht nur langsam und mühsam vor sich. Für die Mutter ist es besonders schwierig,
das Kind mit fester Nahrung zu füttern, weil es bei ihr
immer wieder trinken will. Daher beteiligt sich die ganze
Familie an der Fütterung der Kleinkinder. Sie werden dabei
auf den Schoß genommen und bekommen leicht in Soße getunkten Hirsebrei (tô) stückchenweise in den Mund geschoben.
Man freut sich allgemein, wenn Kinder guten Appetit haben.
Offensichtlich empfinden die Kleinen es als lästig, von
den Frauen gefüttert zu werden. Bei ihren Müttern interessieren sie sich weitaus mehr für das gewohnte und bequemere Trinken. Von älteren Brüdern oder besonders von Vätern
nehmen sie jedoch die Happen bereitwillig entgegen. Während die Kinder auf dem Schoß der Mutter oftmals mit den
Händen im Essen "matschen", würden sie sich ein solches
Verhalten in Gegenwart eines großen Bruders oder des Vaters
nicht erlauben.

Die Kinder werden zu reichlichem Essen erzogen. Mit Ermunterungen wie: Noch einen Happen für Vater, Oma o.ä.
versucht man, sie zum Essen der festen Nahrung zu bewegen.
Eßunlust eines Kleinkindes bietet Anlaß zu größter Sorge,
weil sie oftmals das erste Anzeichen für eine nahende
Krankheit darstellt.

7.4. Erziehung zur Sauberkeit

Mit etwa zwei Jahren werden die täglichen Einläufe nicht mehr regelmäßig vorgenommen. Die Kinder werden angehalten, ihre "Bedürfnisse" unter Kontrolle zu bringen bzw. ihrer Mutter Bescheid zu sagen. Man wendet bei der Erziehung zur Sauberkeit jedoch keine Strenge an, sondern behandelt diesen Bereich sehr natürlich. Passiert "es" doch einmal im Haus, so ist das kein Ärgernis. Das Kind wird nicht bestraft und braucht sich auch nicht zu schämen. Die Hunde werden gerufen, [32] und der Vorfall ist schnell wieder vergessen.

Ältere Kinder gehen, wie auch Erwachsene, zur Verrichtung des "großen Geschäftes" auf das Feld vor dem Gehöft; das Urinieren darf innerhalb des Gehöftes neben den Getreidespeichern erfolgen.

Vom dritten Lebensjahr an wird erwartet, daß die Kinder auch nachts trocken bleiben. Wenn dies bei älteren Kindern gelegentlich noch nicht der Fall ist, werden sie ausgelacht und verspottet.

7.5. Exkurs: Andere Literatur über die Kleinkindphase zum Vergleich

Anhand der Literatur wird offensichtlich, daß in zahlreichen Ethnien Afrikas die Stellung und die Behandlung des Kleinkindes innerhalb der Familie große Ähnlichkeiten aufweisen. Zu den sich äußerlich ähnelnden Gegebenheiten werden von zahlreichen Autoren und Wissenschaftlern jedoch unterschiedliche Theorien und Hypothesen aufgestellt.

Ich möchte im folgenden einige wesentliche Gesichtspunkte und Fragestellungen aus der Literatur zu diesem Thema nur insofern aufführen, als sie zu den Verhältnissen bei den Lyela in Bezug zu setzen sind.

Die Fragestellung nach der Bedeutung der frühen Kindheit für die Persönlichkeitsentwicklung des Individuums und den Grundcharakter einer Gesellschaft wird in der Literatur unterschiedlich behandelt.

Parin (1973) sowie Parin und Morgenthaler (1956:312) suchen für westafrikanische Ethnien den Nachweis zu erbringen, daß Charakterzüge, Haltung und Eigenschaften auf die seelische Verarbeitung der Erlebnisse während der Kindheit und der Adoleszenz zurückgehen.

Grindal (1972) bezeichnet die ersten drei Lebensjahre eines Kindes bei den Sisala in Nordghana als Periode der "indulgence". Er charakterisiert diese Phase folgendermaßen:
"...constant presence of human caretakers, watchfulness, concern for the child's condition, responsiveness to the immediate needs of the child, absence of corporal punishment and lack of stress upon achievement, responsibility and compliance" (1972:19).
Das gleiche Verhaltensmuster ist auch auf die Kleinkindphase bei den Lyela anwendbar.

Ebenso sprechen Barry, Bacon and Child (1957) von einer "overall infant indulgence" in der Kleinkindphase in zahlreichen Ethnien Afrikas, die besonders durch die Haushaltsform der erweiterten Familie bedingt sei.
Diese Haushaltsform besteht ebenso bei den Lyela, und die Art der Kinderbehandlung in der Familie hängt möglicherweise mit dieser speziellen Haushaltsform (extended family) zusammen.

Whiting et al. stellen folgende Hypothesen zur Entwicklung des Kleinkindes auf, die sich auf weltweit vergleichende Studien stützen: "Indulgence in infancy will tend to produce a) a trustful attitude toward others, b) general optimism and c) sociability" (1966:14). (Die Aussage entspricht weitgehend einer Freudschen Hypothese.)

Diese Theorie zur Persönlichkeitsentwicklung ist sehr wohl auch für die Lyela zutreffend.

Zur generellen Nachsicht Kleinkindern gegenüber bemerken McClelland (1961) und McClelland und Friedman (1952), daß Kinder mit Veranlagung zur Entfaltung von Selbständigkeit diejenigen sind, die in ihrer Kindheit ein strenges Unabhängigkeitstraining erfahren haben.
Dieses "Erziehungsziel" zur ausgeprägten Selbständigkeit und Unabhängigkeit wird bei den Lyela nicht angestrebt. Vielmehr sollen die Kinder auf ein Leben in der Gemeinschaft vorbereitet werden, das sehr viel mehr Abhängigkeit und Anpassung erfordert, als es Selbständigkeit, Unabhängigkeit und individuelle Entfaltung zuläßt.

Die frühe Kindheit als Zeit der Verwöhnung und die nachfolgende Entwöhnung als Schock für das Kind werden von Ritchie (1943) als besonders wichtig für die Persönlichkeitsentwicklung angesehen. In einer Untersuchung bei verschiedenen Ethnien Rhodesiens über den Zusammenhang zwischen Erziehungsmethoden und dem Verhalten des Erwachsenen stellt er fest:
"Because of the indulgent first year the child gains a feeling of omnipotence. After weaning he is overwhelmed by feelings of hostility and impotence because he can no longer have the attention and nurturance of the first year. The world is thus divided into two forces: a benevolent power which would give him everything for nothing (the mother, during the first year), and a malevolent force which would deprive him even of life itself (again the mother, due to the severe weaning). This high contrast in feelings of acceptance makes him dependent on a mother or mother-surrogate all his life. The individual personality is never liberated and brought under conscious rational control and self-realization is thus unknown..." (Ritchie:1943, zit. nach Evans:1970:36f).
Dieser These zu einer so "negativen" Persönlichkeitsentwicklung in der Kleinkindphase kann ich mich in Bezug auf die Lyela nicht anschließen. Hier erfolgen die Übergänge von Verwöhnung, Entwöhnung und Eingliederung in

die Gemeinschaft eher fließend und sie haben nicht die
von Ritchie beschriebene frustrierende Auswirkung auf
die Psyche des Kindes.

Geber (1956:25 Afrika allgemein), Erny (1972:109ff.
Afrika allgemein), Steawen und Schönberg (1970:232ff.
Yoruba) und Grohs (1972:32, Nordnigeria) stimmen weitgehend darin überein, daß die positive Wirkung der frühen
Verwöhnung durch die nachfolgende abrupte Entwöhnung des
Kindes aufgehoben wird. Diese Umstellung muß von dem Kind
als Frustration erlebt werden.

Nach Geber und Dean (1957:1063) kommt es als Folge der
Entwöhnung zu einer Stagnation der psycho-motorischen Entwicklung des Kindes; sie kann sogar, was die Reife anbetrifft, hinter die Zeit vor der Entwöhnung zurückfallen.

Ainsworth (1963:104) untersuchte das Mutter-Kind-Verhältnis in Uganda vor und während der Entwöhnung mit dem
Ergebnis: je größer die Verwöhnung, desto frustrierender
die Entwöhnung; je restriktiver die Erziehung von Geburt
an ist, desto unauffälliger wird sich die Entwöhnung vollziehen.

Zu diesem Themenkreis kann abschließend gesagt werden,
daß bei den Lyela die Stadien der Verwöhnung und Entwöhnung der Kleinkinder zwar vorhanden sind, sie aber meiner
Meinung nach keine negativen Folgen für die Entwicklung
der Kinder zeitigen. Die Erklärung hierfür mag darin liegen, daß erstens die Verwöhnung in gemäßigter Form vor
sich geht und kein übersteigertes "Omnipotenzgefühl" bei
den Kindern aufkommen läßt und zweitens, daß die Entwöhnung mit Milde und nicht abrupt gehandhabt wird. Auch
nach der Phase der Entwöhnung und der Loslösung von der

Mutter fühlen sich die Kinder in der Kindergemeinschaft und in der großen Gemeinschaft der "extended family" geborgen.

7.6. Die motorische Entwicklung

Generell lernen die Kinder das Laufen zwischen dem vierzehnten Monat und dem Ende des ersten Lebensjahres. Der Zeitpunkt hängt davon ab, inwieweit die Kinder in den verschiedenen Familien zum Laufen angeleitet werden. Aber auch hier ist die Entwicklung von Kind zu Kind verschieden.

In meiner Gastfamilie wurden die ersten Gehversuche der Kleinkinder schon mit vierzehn Monaten gefördert und von den Familienmitgliedern mit Interesse verfolgt. Für Jhislain wurde zum Laufenlernen sogar ein spezielles Gerät aus Holz angefertigt. Infolgedessen konnte er auch bereits mit fünfzehn Monaten allein laufen.Die kleine Irène fing erst mit sechzehn Monaten an zu laufen; auch sie wurde besonders von Mutter, Großmutter und älteren Schwestern angespornt. Die Schwestern ersannen sogar Tricks, um Irène das Laufen beizubringen; z.B. wurde ihr eine Heuschrecke (ein begehrtes Spielobjekt) aus einiger Entfernung auffordernd gezeigt. Irène wurde auf die Beine gestellt, losgelassen und mußte einige Schritte allein wagen, um die Heuschrecke ergreifen zu können.

In der motorischen Entwicklungsphase der Kinder ist die frühe Anregung zu rhythmischer Bewegung bemerkenswert. Sobald die Kinder laufen können, werden sie auch zum Tanzen animiert. Zu Trommeln, Klatschen und rhythmischen Gesängen sind die Kinder immer bereit, zu tanzen. Sie nehmen auch die Kleinsten dazu bei den Händen und ermuntern sie, mitzumachen. Dabei ist es erstaunlich zu sehen, welch spontanes, natürliches Gefühl für Rhythmus und Bewegung die Kinder entwickeln.

Die Jungen werden im Kleinkindalter von ihren älteren Brüdern und den Vätern bereits zu kleinen Ringkämpfen angeleitet. Solcherlei Vorführungen finden zur Erheiterung aller Familienmitglieder im Gehöft statt. Hier zeigt sich ein erster Ansatz zur geschlechtsspezifischen Erziehung. Ich habe niemals gesehen, daß Mädchen zu solchen Ringkämpfen angespornt wurden. Die Ringkämpfe haben bei den Lyela einen traditionellen Charakter und Hintergrund (siehe Kapitel 9.5). Sie spielen im späteren Leben der Jungen als Ausdruck ihrer Männlichkeit und Stärke eine große Rolle.

7.7. Die geistige Entwicklung

Im allgemeinen steht die geistige Entwicklung der Kinder hinter der motorischen Entwicklung zurück. In dieser Hinsicht fehlt den Kindern jegliche Anleitung. Selbst die Mütter reden wenig mit ihren Kindern. Der Kontakt von der Mutter zu ihrem Kind beschränkt sich auf die reine Bedürfnisbefriedigung des Kindes. Das Kind wird ernährt, durch Hautkontakt wird ihm Geborgenheit vermittelt und die Mutter ist stets in seiner Nähe, aber es erfährt keine Ansprache auf der Ebene des Intellektes. Die Behandlung der Kinder zielt einzig darauf hin, sie möglichst schnell lebenstüchtig zu machen. Die Kindererziehung ist praxisbezogen, die intellektuellen Fähigkeiten werden nicht gefördert und finden weniger Beachtung. Auch das Sprechenlernen wird nicht bewußt oder gezielt gefördert. Die Familienmitglieder haben zwar Spaß daran, wenn die Kinder beginnen, die ersten Worte nachzusprechen, aber sie geben ihnen keine Anleitung zu sinngemäßer Anwendung der Worte. Im Gegenteil, den Geschwistern bereitet es größtes Vergnügen, wenn Schimpfworte nachgesprochen werden, ohne daß

die Kleinkinder deren Sinn erfassen. Ein Grund für die
fehlende Anleitung zum Sprechen mag auch sein, daß die
Kinder im Alter der verbalen Aufnahmefähigkeit nicht mehr
den ständigen Kontakt zur Mutter haben, da diese schon dem
nachfolgenden Säugling ihre ganze Fürsorge widmet. Das
Kind verbringt die meiste Zeit des Tages in der Gemeinschaft der Kinder und kommt zum Sprechen letztlich durch
den natürlichen Nachahmungstrieb, der bei den Kindern der
Lyela aber sehr ausgeprägt ist.

In meiner Gastfamilie allerdings wurde den Kleinen relativ viel geistige Anregung geboten, da die älteren Geschwister die Schule besuchten und von dort Lieder, Singspiele, Kinderreime und bebilderte Lesebücher mitbrachten.
Die geistige Entwicklung der Kleinkinder ist in den einzelnen Familien unterschiedlich weit fortgeschritten und
hängt, abgesehen von individueller Begabung, auch weitgehend vom "Bildungsstand" der Familienmitglieder ab.

7.8. Exkurs: Andere Literatur über die motorische und geistige Entwicklung zum Vergleich

Untersuchungen über die motorische und geistige Entwicklung der Kinder in Afrika wurden hauptsächlich im Vergleich zu europäischen und amerikanischen Kindern durchgeführt. Ich möchte zu diesem Thema nur einen kurzen Einblick in die Literatur geben. Ich selbst habe während
meines Aufenthaltes in einer erweiterten Familie zwar
die geistige und körperliche Entwicklung der Kinder bei
den Lyela beobachtet, aber es lag nicht in meiner Absicht,
einen Vergleich mit der Entwicklung europäischer Kinder
anzustellen.

Geber und Dean (1956, 1957) unternahmen in Kampala
Untersuchungen zur motorischen Entwicklung der Kinder mit

dem Ergebnis, daß die Kinder in Kampala in der körperlichen Entwicklung bis zum zweiten Lebensjahr, d.h. bis zur Entwöhnung, in der Regel um vieles weiter sind als europäische und amerikanische Kinder.

Eine gegenteilige Meinung dazu vertritt Erny (1972:197). Seinen Untersuchungen zufolge entwickeln sich afrikanische Kinder langsamer als europäische Kinder; sie lernen z.B. erst später laufen. Für die Retardierung der physischen Entwicklung nach der Entwöhnung macht Erny Proteinmangel als Folge der unzureichenden Ernährung verantwortlich.

Zu den intellektuellen Fähigkeiten der afrikanischen Kinder meint Franke (1915:140), daß sie die europäischen Kinder an "Gelehrigkeit und Auffassungsgabe" übertreffen. Er hebt besonders das gute Gedächtnis der afrikanischen Kinder hervor, und die damit zusammenhängende Fähigkeit, zu imitieren. Ich möchte bemerken, daß Frankes Ansichten stark von der Kolonialzeit geprägt sind und inzwischen als veraltet gelten.

Durch ihre Untersuchung der motorischen und intellektuellen Entwicklung der afrikanischen Kinder mit Hilfe eines sogenannten Gesell-Tests kommt Geber zu dem Ergebnis, daß alle Voraussetzungen für eine "normale" Intelligenzentwicklung vorhanden sind: "Attention, imitation, mémoire, association, compréhension, raisonnement, jugement" (1956: 21f.). Weiter stellt Geber (1956 :28) schichtspezifische Unterschiede in der intellektuellen Entwicklung der afrikanischen Kinder fest: je ärmer die Familie, desto zögernder die Intelligenzentwicklung; je ärmer die Familie, desto früher und schneller die motorische Entwicklung.

Zum Thema "umweltspezifischer Fragewille" erwähnt Röhrs
(1971: 59-63), daß Neugier und In-Frage-Stellen bei afrikanischen Ethnien nicht gefördert werden und abstraktes
Denken nur begrenzt gelingt.

Erste Intelligenzvergleiche erfolgten bereits 1915 und
1916 (Evans 1970:9-27).

Endemann (1927) u.a. behaupten, Afrikanern fehle das
abstrakte Denken. Hierzu muß gesagt werden, daß die Methoden und Tests zur Untersuchung der geistigen Entwicklung
der afrikanischen Kinder häufig in Europa und für Europäer
entwickelt worden sind, so daß ihre sinnvolle Anwendung
auf afrikanische Ethnien sehr fraglich erscheint. Erst in
späteren Jahren entwickelten Pillner (1964) und Abiola
(1965) spezielle Intelligenztests für afrikanische Verhältnisse (zitiert nach Evans 1970: 9-27).

Die Frage nach unterschiedlichen Denkformen, ausgelöst
durch die kognitive Entwicklung im Kindesalter, ist bis
heute in der Literatur umstritten.

8. Beziehungen und Formierungen der Kinder im Familienverband

Innerhalb eines Familienverbandes bilden die Kinder zahlenmäßig den größten Personenkreis, dem man aufgrund seines äußeren Erscheinungsbildes leicht Gruppencharakter zusprechen könnte. Unter den Kindern bilden sich jedoch nur lose Formierungen nach Alter, nach Geschlecht, nach Verwandtschaftsgrad, die aber keine starre Form aufweisen, sondern sich verschieben, überschneiden und je nach Situation in Erscheinung bzw. in Funktion treten. Von daher stellt die Gesamtheit der Kinder eines Gehöftes keine Gruppe im soziologischen Sinne dar. Es bilden sich jedoch verschiedene Interessengemeinschaften wie Spielgruppen, Arbeitsgruppen und die Gruppe der Schulkinder.

8.1. Die Altersrangfolge

Die Altersrangfolge ist ein Grundprinzip der Sozialstruktur der Lyela, das sich bereits im Zusammenleben und im Verhältnis der Kinder zueinander ausdrückt. [34] Die altersmäßige Einstufung der Kinder ist die Grundlage einer strengen Hierarchie. Die jeweils älteren Geschwister werden von den jüngeren respektiert. Jene gelten als Vorbilder und ihren Anweisungen muß Folge geleistet werden. Die Verantwortung für die jüngeren Geschwister korrespondiert mit dem Gehorsam, den die älteren von den jüngeren verlangen. Die Kleinkinder wachsen langsam in die Rangordnung hinein und müssen lernen, sich anzupassen und sich den Regeln dieser Rangordnung entsprechend zu verhalten. Das heißt, ab dem dritten Lebensjahr stehen sie nicht mehr wie bisher gewohnt im Mittelpunkt und ihre Bedürfnisse werden nicht mehr sofort befriedigt, obwohl sie von den älteren Geschwistern noch beaufsichtigt und umsorgt werden. Durch das Beisammensein mit anderen Kindern wird das Interesse an der Umwelt, d.h. an den Aktivitäten des täglichen Lebens, geweckt, und es entsteht der Wunsch und das Bestreben, es den älteren Geschwistern gleichzutun. Ihr Gesichtskreis erweitert sich; als "stille Beobachter" dürfen sie mit den anderen Kindern den Aktivitäten und Ereignissen des Hoflebens zusehen. Bei allen Festen, rituellen Handlungen und besonderen Ereignissen (z.B. Beerdigungen, Opferhandlungen, Hochzeiten, Krankenbehandlungen, Streitereien etc.), die ich bei den Lyela miterlebt habe, fiel mir auf, daß in den Gehöften Kinder aller Altersklassen die Vorgänge mit großem Interesse und mit Ernst verfolgten. Die Erwachsenen kümmerten sich nicht weiter um die Kinder; ihre Anwesenheit wurde als selbstverständlich hingenommen. Ich habe selten erlebt, daß den drei- bis sechsjährigen Kindern, denen noch keine bestimmten Funktionen bei Opfern und ähnlichen Anlässen zukam, das Zuschauen verboten wurde oder daß sie als störend empfunden und weggescheucht wurden. Allerdings bemühte sich auch niemand darum, ihnen einen Vorgang oder eine Handlung zu erklären, und die Kinder stellten ihrerseits auch keine Fragen. Sie blieben respektvoll im Hintergrund; ihre Anwesenheit wurde kaum registriert. So werden die Kinder durch Dabeisein, Zuschauen und Zuhören mit den traditionellen Regeln und Bräuchen im Alltagsleben vertraut.

Für die eigenen Aktivitäten gelten immer die nächstälteren Geschwister als direkte Vorbilder. An ihren Verhaltensweisen orientieren sich die Jüngeren, denn so zu werden wie sie ist ein greifbares Nahziel. Die Überlegenheit der Älteren wird selbstverständlich akzeptiert, und die jüngeren Geschwister müssen ihnen gehorchen. Auch hier zeigt sich wieder das für die Sozialstruktur der Lyela allgemein gültige Grundprinzip: Der Ältere besitzt das absolute Vorrecht.

Während meines Aufenthaltes in Sinkou führte ich u.a.
ein spezielles Kindertagebuch, um Alltagsleben und besondere Aktivitäten der Kinder aufzuzeichnen. Der folgende
Ausschnitt aus diesem Tagebuch (Aufzeichnung vom 21.12.1983)
soll einige der eben angesprochenen Aspekte aus dem Alltagsleben der Kinder veranschaulichen:

"Unser Gehöft ist wie leergefegt, alle Kinder sind in
der Dämmerung zum Nachbargehöft gelaufen; irgendetwas
scheint dort loszusein. Am Ort des Geschehens stelle
ich fest, daß ein größeres Opfer stattgefunden hat,
u.a. wurde ein Hund geopfert. Wie ich es schon bei
vielen Opfern erlebt habe, sind auch hier fast zwanzig Kinder versammelt, die dem Opfergeschehen still
und gespannt gefolgt sind und die jetzt größte Aktivität entfalten. Die zwölf- bis fünfzehnjährigen Jungen der Familie, in der das Opfer dargebracht wurde,
bereiten die Opfertiere auf dem Feuer zu. Sie gehen
mit Eifer und Ernst an die Arbeit, wobei sie von den
umstehenden jüngeren Kindern offensichtlich bewundert
werden. Die Jungen bereiten ein Feuer neben dem Opferplatz vor. Die sechs- bis zehnjährigen Kinder dürfen
helfen, kleine Zweige und Äste zusammenzutragen. Das
Aufschichten übernehmen die zwölfjährigen Jungen; sie
machen das sehr geschickt und sorgfältig. Ein sechsjähriger Junge wird geschickt, um mit einem Strohhalm Feuer von der Feuerstelle der Frauen zu holen.
Dieser Auftrag scheint für ihn eine Auszeichnung zu
sein, man sieht wie stolz der Kleine losrennt. Der
Junge, der das Holz gestapelt hat, übernimmt den
brennenden Strohhalm und zündet damit das Feuer an.
Die gerupften, ausgenommenen Hühner werden über dem
Feuer auf einem Rost unter Aufsicht von zwei fünfzehnjährigen Jungen gebraten. Die ganz Kleinen sitzen
in der Hocke um das Feuer herum und beobachten alles
genauestens. Die sieben- bis neunjährigen Jungen werden etwas abseits plötzlich aktiv. Ein Stückchen
weiter entfernt haben sie ein eigenes kleines Feuer
in Gang gesetzt. Vier Jungen sind irgendwie in den
Besitz der Gedärme der Opferhühner gekommen. Sie
hocken nun um ihr kleines Feuer herum, drücken oberflächlich den Kot aus den Därmen, hängen diese anschließend wie Ketten über kleine Stöckchen und halten sie dann über die Glut. Die jüngeren Kinder in
dieser Gruppe (d.h. die "unteren Ränge") müssen das
Feuer durch Blasen und Heranschaffen von kleinen
Zweigen in Gang halten. Unterdessen wird von den
achtzehnjährigen Jungen der geopferte Hund zerlegt
und ausgenommen. Ein paar kleine Jungen, etwa sechs
Jahre alt, denen noch keine Därme zustehen, finden

sich ein, um eventuell weggeworfene Teile aufzusammeln. Sie werden auch tatsächlich fündig und spießen beglückt Nase und Geschlechtsteile des Opferhundes auf ihre Stöckchen, rennen damit zu dem kleinen Feuer und reihen sich dort in den Kreis der "Darmbräter" ein. Das Verteilen des Bratgutes übernimmt der neunjährige älteste Junge aus dieser Gruppe. Seine Aufteilung wird widerspruchslos anerkannt; jeder ist auch mit dem kleinsten Stückchen zufrieden. Niemand geht leer aus. Untereinander gibt es weder Neid noch Streit. Die Kinder des Gehöftes meiner Gastfamilie sind jedoch nur Zuschauer und bekommen nichts von der Delikatesse ab. Sie finden das aber nicht schlimm, sondern selbst erständlich, weil sie ja nur Besucher sind und nicht zur Familie gehören. Wenn in ihrem Gehöft demnächst ein Opfer stattfindet, werden sie die Akteure sein, und dann dürfen die Nachbarskinder nur zuschauen. Das heißt aber nicht, daß Nachbarskinder immer nur Zuschauer sind. Gibt es einmal größere Mengen Nahrung in einem Gehöft zu verteilen, dann werden selbstverständlich auch die anwesenden Nachbarskinder berücksichtigt. Man ist grundsätzlich immer zum Teilen bereit. Die direkten Familienangehörigen haben jedoch Vorrang; wenn sie ihren Anteil bekommen haben, richtet sich die restliche Zuteilung nach dem Alter, wobei die Älteren mit einem größeren bzw. besseren Anteil bedacht werden".

Allerdings ergaben sich auch oft Konfrontationen und Auseinandersetzungen mit Nachbarskindern außerhalb des Gehöftes. In solchen Fällen hielt immer der gesamte Kinderverband eines Gehöftes zusammen. Dieses Zusammengehörigkeitsgefühl hatte Vorrang vor Einzelfreundschaften, Altersgruppen, Spielgruppen, Arbeitsgruppen u.a.m.; Gemeinschaften, die übergreifend von Gehöft zu Gehöft sehr wohl bestanden.

Die zehnjährige Pulcherie hielt beispielsweise aufgrund des gemeinsamen Schulbesuchs eine enge Freundschaft mit einem gleichaltrigen Mädchen aus der Nachbarschaft. Als zwischen den Kindern der beiden Gehöfte ein Streit entbrannte, in den alle verwickelt waren (Ursache war die mutwillige Verletzung eines Hundes), reihten sich beide Mädchen selbstverständlich in die steinewerfende

Kindergruppe ihres Gehöftes ein und stellten vorübergehend
die Solidarität mit der Gruppe über die persönliche Freundschaft. Das hinderte sie jedoch nicht daran, am nächsten
Tag den engen Kontakt wieder aufzunehmen und ihre alte
Freundschaft fortzuführen.

8.2. Beziehungen zu Geschwistern

In jeder Familie besteht eine starke Bindung zwischen
Geschwistern. Sie ist innerhalb der Gruppierungen nach
Alter, Geschlecht oder Freundschaft nicht immer auszumachen, tritt aber in gewissen Situationen plötzlich zutage.
Kinder der gleichen Mutter haben eine besonders enge Beziehung zueinander. Auch unter den Kindern im Gehöft meiner Gastfamilie bestand eine enge Bindung der direkten
Geschwister untereinander (d.h. der Kinder einer Mutter).
Mir wurde das zu Beginn der Maisernte bei der Verteilung der ersten Maiskolben deutlich. Diese Maiskolben waren sehr begehrt und ihre Anzahl war beschränkt. Claude,
der älteste Junge im Gehöft, fünfzehn Jahre alt, übernahm
die Oberleitung beim Rösten und beim Verteilen der Kolben.
Als die Verteilung begann, sah ich zu meinem Erstaunen,
daß drei der sieben- bis neunjährigen Mädchen wegrannten,
um ihre Geschwister herbeizuholen. Sie schoben sie durch
die im Kreis herumstehenden Kinder nach vorn und waren
sehr besorgt, daß jeweils ihr eigenes Geschwister bei der
Verteilung nicht übersehen wurde. Es war ihnen wichtig,
daß ihre jüngeren Geschwister in einem stärkeren Maße berücksichtigt wurden, als ihre Freundinnen und Altersgenossinnen. Die geschwisterliche Fürsorge hatte offensichtlich Vorrang gegenüber Freundschaft und Zusammengehörigkeitsgefühl mit den Gleichaltrigen. In dem Bemühen um
Begünstigung ihrer Geschwister zeigten die Freundinnen
untereinander sogar Konkurrenzverhalten. Das ist nur ein

Beispiel, an dem die engen Geschwisterbindungen offensichtlich werden. Ähnliche Situationen, in denen das Zusammengehörigkeitsgefühl von Kindern der gleichen Mutter durch gegenseitige Fürsorge deutlich wurde, erlebte ich noch häufig im Alltagsleben innerhalb des Gehöftes.

Grundsätzlich habe ich die Erfahrung gewonnen, daß die geschwisterliche Bindung die stärkste und vorrangigste Bindung im Leben der Lyela ist. Der Bruder eines Mädchens bleibt auch nach ihrer Verheiratung eine enge Kontaktperson. In seiner Rolle als Mutter-Bruder (ná-nɛbɔ́) übernimmt er in starkem Maße Verantwortung und Sorgerecht auch für ihre Kinder.

Wenn die in meinem Gehöft lebende W.A., zweite Frau von M.B., 28 Jahre alt und Mutter von vier Kindern, Nahrungssorgen oder persönliche Probleme hatte, so machte sie sich, ihr jüngstes Kind auf dem Rücken tragend, auf den stundenlangen Weg zu ihrem Bruder, der in Goundi lebte. Dort fand sie in jedem Fall Hilfe, Beratung und Unterstützung für ihre Sorgen. Bei ihrer Rückkehr brachte sie jedesmal Lebensmittel mit, war erleichtert und offensichtlich wieder frohen Mutes. Auch als ihr jüngstes Kind schwer erkrankte, machte sie sich, als sie keinen Rat mehr wußte, mit dem kranken Kind auf den Weg zu ihrem Bruder, wo sie auch in diesem Fall Beistand und Hilfe fand.

Dies mag als Beispiel dafür gelten, daß die geschwisterliche Bindung stärker und intensiver ist als die eheliche Beziehung. Diese enge und dauerhafte Geschwisterbindung ist meines Erachtens einer der wichtigsten Faktoren in den Sozialbeziehungen der Lyela.

8.3. Die Eingliederung in den Familienverband

Anhand der folgenden schematischen Darstellung soll die langsame Eingliederung des Kindes in den Familienverband und die Aufnahme der verschiedenen Beziehungen zu Familienmitgliedern verdeutlicht werden.
Ich habe hierzu die Kindheit in fünf Phasen eingeteilt, wobei ich bemerken muß, daß eine dieser Einteilung entsprechende Klassifizierung bei den Lyela nicht so präzise zu finden war.

1. <u>Säuglingsphase</u> / Stillphase
2. <u>Kleinkindphase</u> / Entwöhnung
3. <u>Kleinkindphase</u> / Eingliederung in die Kindergemeinschaft; Altersgruppe: vier bis sechs Jahre
4. <u>Kindphase</u> / beginnende Geschlechtertrennung; Altersgruppe: sechs bis zehn Jahre
5. <u>Jugendzeit</u> / Geschlechtertrennung; Pubertät; Altersgruppe: zehn bis fünfzehn Jahre

Dargestellt wird der "Weg" des Kindes innerhalb der Familienstruktur und seine Beziehungen und Bindungen je nach Intensität in der jeweiligen Entwicklungsphase (—— enge Beziehung, ----- lockere Beziehung). Auf die formale Art der Beziehungen, ihre Wertung und Auswirkungen, wird hier nicht eingegangen. Für eine schematische Darstellung ist dieser Bereich zu vielschichtig und oft auch nicht zu verallgemeinern. Ebenso werden die Beziehungen zu Personen außerhalb der Familie in diesem Schema nicht detailliert dargestellt.

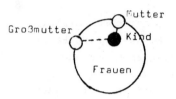

1.Phase; 1 - 2 Jahre

Engste Mutter-Kind-Bindung; lose Bindung zur Großmutter väterlicherseits(die Großmutter übernimmt einen Teil der Pflege und Versorgung des Kindes).

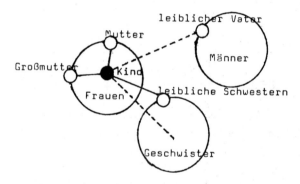

2.Phase; 2 - 3 Jahre

Enge Mutter-Kind-Bindung lockert sich zugunsten der Bindungen zur Großmutter und zu den leiblichen Schwestern. Beziehungen zu den anderen Kindern des Gehöftes (Geschwister) bilden sich allmählich. Eine erste Beziehung zum leiblichen Vater als Auto=ritätsperson entsteht.

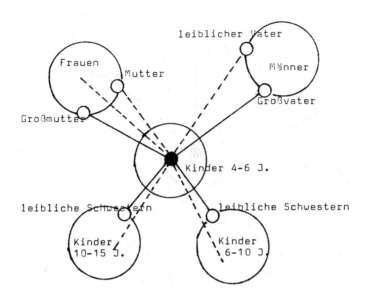

3.Phase; 4 - 6 Jahre

Die Eingliederung in die Gemeinschaft der Kleinkinder ist vollzogen. Es entstehen Beziehungen zu den älteren Geschwi= stern, wobei die Bindung zu den älteren leiblichen Schwe= stern sehr stark ist. Die Bindung zur Großmutter ist inten= siver als die zur leiblichen Mutter. Ebenso ist die Bindung zum Großvater enger als die zum leiblichen Vater.

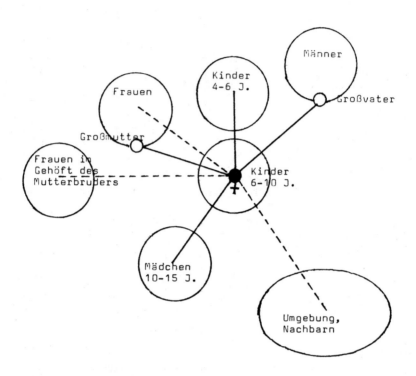

4.Phase; 6 - 10 Jahre (Mädchen)

Aufnahme in die Gemeinschaft der 6 - 10jährigen Kinder mit
dem Beginn der geschlechtlichen Arbeitsteilung.
Weiterhin enge Bindung an die Großeltern (väterlicherseits).
Starke Bindung an die älteren Schwestern und an die jüngeren
Geschwister. Lockere Beziehung zu allen Frauen des Gehöftes
durch erste Arbeitspflichten im Haushalt. Es entstehen die
ersten Beziehungen zur Außenwelt (Nachbarn, evt.Schule)
und zur Lineage der Mutter (Gehöft des Mutterbruders).

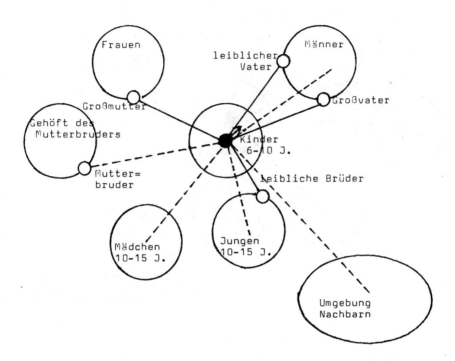

<u>4.Phase; 6 - 10 Jahre</u> (Jungen)

Aufnahme in die Gemeinschaft der 6 - 10jährigen Kinder mit Beginn der geschlechtlichen Arbeitsteilung.
Weiterhin enge Bindung an die Großeltern (väterlicherseits).
Persönliche Beziehung zum leibl. Vater **entsteht**, ebenso eine lockere Beziehung zu dessen Brüdern. Es besteht eine Bindung zu allen älteren Geschwistern, insbesondere eine enge Be= ziehung zu den älteren leiblichen Brüdern. Es entstehen erste Verbindungen zur Außenwelt (Nachbarn, Freunde, evt. Schule) und die Beziehung zum Mutterbruder.

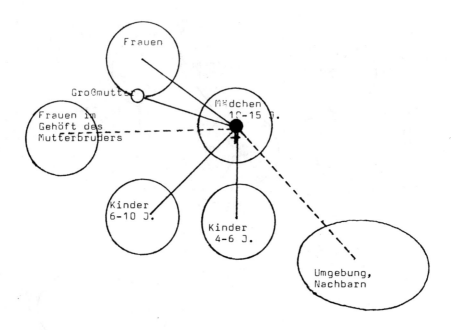

5.Phase; 10 - 15 Jahre (Mädchen)

Es besteht weiterhin eine intensive persönliche Beziehung zur Großmutter. Durch Mitarbeit verstärkt sich die Bindung an die Frauen des Gehöftes. Die Bindung an die jüngeren Geschwister wird stärker durch deren Beaufsichtigung. Die Beziehungen zur Außenwelt sind weniger stark ausgeprägt als bei den Jungen in diesem Alter.

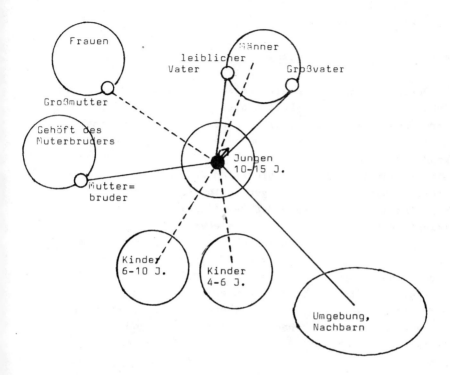

5.Phase; 10 - 15 Jahre (Jungen)

Es besteht eine intensive Verbindung zum leiblichen Vater und zum Großvater. Die langsame Eingliederung in den Kreis der Männer des Gehöftes beginnt. Die Verbindung zum Mutter= bruder wird stärker. Zur Großmutter besteht weiterhin eine lose persönliche Beziehung. Die Bindungen an die jüngeren Geschwister sind nur sehr locker. Die Verbindungen zur Außen= welt werden vielschichtiger und intensiver.

9. Kinderspiele

9.1. Kinderspiele im Alltag

Obwohl die Kinder in afrikanischen Gesellschaften schon frühzeitig zu den Tätigkeiten des Vaters bzw. der Mutter herangezogen werden, habe ich während meiner Feldforschung bei den Lyela festgestellt, daß das Spiel einen besonders großen Raum im Leben der Kinder einnimmt und daß ihm sogar eine wesentliche Erziehungsfunktion zukommt. [35] Das Spiel stellt einen äußerst wichtigen Faktor in der Entwicklung des Kindes dar. Innerhalb des Gehöftes ist das Kinderspiel selbstverständlich in das Alltagsleben integriert.

Zum täglichen Bild des Hoflebens, das sich mir von meiner inmitten des Hofes gelegenen Hütte aus bot, gehörten immer eine Gruppe oder einzelne Kinder, die mit ihrem Spiel beschäftigt waren. Spielende Kinder bildeten in jedem Gehöft ein nicht zu übersehendes Element und zogen deshalb meine besondere Aufmerksamkeit auf sich. Sie gaben dem Alltagsleben im Gehöft eine lebhafte, aufgelockerte Atmosphäre.

9.2. Arbeit und Spiel

Spielgruppen finden sich innerhalb und außerhalb des Gehöftes spontan zusammen. Im Alltagsleben mischen sich für die Kinder Arbeit, Pflicht und Spiel; diese Bereiche sind nicht voneinander zu trennen. Die Kinder haben die außergewöhnliche Fähigkeit, auch ernsthafte Arbeit durch spielerische Handhabung aufzulockern. Dadurch ergeben sich fließende Übergänge vom Spiel zur Arbeit, aber auch von der Arbeit zum Spiel.

So werden z.B. Tätigkeiten wie das Sammeln von Brennholz
oder Kariténüssen zu fröhlichen Gemeinschaftsausflügen. Ich
habe selbst oftmals an solchen Sammelaktionen der neun- bis
zwölfjährigen Mädchen teilgenommen. Der Weg war beschwerlich und weit, das Sammeln mühsam und zeitaufwendig und die
zu tragenden Lasten auf dem Rückweg sehr schwer. Trotzdem
fanden die Mädchen immer wieder Anlässe zu Späßen, Versteckspielen, Neckereien und lustigen Sing- und Klatschspielen, so daß für mich die Tatsache, daß es sich hier
eigentlich um Kinderarbeit handelte, in den Hintergrund
trat.

Ähnliches gilt für die Jungen beispielsweise beim Viehhüten, das den sechs- bis fünfzehnjährigen Jungen aufgetragen werden kann. Beim Hüten des Viehs entwickeln sie
eine erstaunliche Phantasie. Sie erfinden Spiele und Spielzeug aus den einfachen Mitteln, die die karge Umwelt ihnen
bietet. Zum Beispiel basteln die Hirten Steinschleudern
aus Ästen, "Gewehre" aus Ästen und Zweigen, die in ihrer
gewachsenen Form dem Gegenstand ähneln, Figuren und kleine
Behälter aus Lehm, Musikinstrumente aus Holz oder altem
Blech, Hüte aus Stroh und vieles andere mehr.

9.3. Altersgemäßes Spielen

Das Zusammenfinden zu Spielgruppen und die Organisation
innerhalb eines Spiels erfolgen nach Alter, Geschlecht
und Spielart.

Die zwei- bis dreijährigen Kinder werden langsam in
die Kindergemeinschaft eingeführt, indem sie unter der Obhut ihrer älteren Geschwister zunächst als Zuschauer zu
den jeweiligen Spielen mitgenommen werden. In den Rollen-
und Situationsspielen sind sie als Darsteller und Statisten sehr geschätzt.

Mit drei bis vier Jahren entwickelt das Kind neben seiner Zuschauer- und Statistenrolle im Spiel der älteren Geschwister erstmals Initiative zum eigenständigen Spielen. Dabei handelt es sich nicht um Bewegungsspiele. Obwohl das Kind schon laufen kann, sitzt es auf dem Boden und beschäftigt sich mit allen greifbaren Gegenständen, mit Sand, Steinen, Stöckchen, Insekten u.a.m..

Mit vier Jahren beginnt allmählich das Spielen zu mehreren Kindern, d.h. die Kinder suchen die Gesellschaft anderer Kinder, spielen aber noch keine gemeinsamen, organisierten Spiele. Nebeneinandersitzend spielen sie mit Steinen, Sand, Stöckchen, alten Dosen und allem, was für sie auffindbar ist, und die erste Kommunikation unter Gleichaltrigen bahnt sich an.

Dabei konnte ich beobachten, daß sich hier bereits erste Ansätze zur Geschlechterformierung zeigen. Wenn z.B. eine Gruppe von gleichaltrigen Jungen und Mädchen mit gleichem Spielmaterial zusammensitzt, so zeigt sich nach einiger Zeit die Tendenz, daß die Jungen ein größeres Interesse für ihre Geschlechtsgenossen und deren Spiel entwickeln als für das Spiel der Mädchen.

Auffällig war für mich, daß die Phantasie im Spiel und die Handhabung des Spielmaterials bei Mädchen und bei Jungen deutlich in verschiedene Richtungen geht. Bei Jungen verlagert sich die Spielaktivität mehr in Richtung Werkeln, Klopfen, Zusammensetzen, Kaputthauen und Zerkleinern. Außerdem entwickeln sie eine große Phantasie, sich alles Auffindbare als Fahrzeuge vorzustellen, die sie unter Nachahmung von Motorengeräusch in Bewegung setzen.

Die Mädchen hingegen legen Steinchen auf Blätter, rühren in Dosen Sand mit Wasser an, mischen und schichten Blätter und legen Stöckchen und andere kleine Dinge aneinander. Diese spielerischen Aktivitäten weckten in mir eine Assoziation zu fraulichen Tätigkeiten im Bereich von Haushalt, Küche, Lebensmittelzubereitung und Markt. Grundsätzlich bin ich der Ansicht, daß die Spiele der

Mädchen und Jungen schon in diesem Alter richtungweisend sind für ihre späteren, geschlechtsspezifischen Tätigkeiten und Aufgaben. Diese Spiele sind zwar noch keine bewußten Situationsspiele, zeigen aber bereits eine geschlechtsspezifische Tendenz. Das Spielverhalten ist in diesem Alter offensichtlich noch keine Folge von Erziehung oder bewußter Anleitung durch Erwachsene.

Erst für die Gruppe der Fünf- bis Zehnjährigen bietet sich die ganze Palette der Kinderspiele an. In diesem Alter sind die Kinder "Pendler", die sich mal hier, mal dort den Spielen anschließen, wobei sich ihre Rollen, ihre Aufgaben sowie ihr Ansehen nach der Konstellation der jeweiligen Spielgruppe richten. Stoßen sie zu einer jüngeren Spielgruppe, so übernehmen sie dort sofort die Führung und werden von den Kleinen selbstverständlich als Autorität anerkannt. Sie beeinflussen den Spielverlauf, denn für die Kleinen sind sie schon allein durch ihr Alter ein nachahmenswertes Vorbild.

Innerhalb der jüngeren Kindergruppe und unter Gleichaltrigen sind die Fünf- bis Zehnjährigen auch schon fähig, eigene Spiele zu erfinden und anzuregen. Gesellen sie sich zu einer Spielgruppe älterer Kinder, so stehen sie zunächst zurückhaltend am Rande und müssen auf die Erlaubnis, mitspielen zu dürfen, warten.

Diese Spiele der Älteren sind organisierte Spiele, die bei den Teilnehmern eine gewisse Kenntnis der Spielregeln voraussetzen. Die Spielregeln werden nach meiner Beobachtung den Jüngeren nicht erklärt, sondern diese müssen versuchen, die Spielregeln beim Zuschauen zu ergründen. Wer die Erlaubnis zum Mitspielen erhält, dann aber die Spielregeln nicht beherrscht, wird unter dem Spott aller Anwesenden aus dem Spiel gewiesen.

Dieses hierarchische Verhalten ist bei den Mädchen weniger ausgeprägt als bei den Jungen. Die Autorität der Älteren existiert zwar auch bei den Mädchen, kommt aber nicht so stark zum Ausdruck. Sie verhalten sich den Kleinen gegenüber sehr tolerant und entgegenkommend, selbst wenn das Spiel wegen der Unfähigkeit der Jüngeren nicht mehr ganz nach den vorgeschriebenen Regeln abläuft.

Zum Spielverhalten der Jungen möchte ich folgendes Beispiel geben:

In meinem Gehöft war ein zwölfjähriger Junge in den Besitz eines Kartenspiels gelangt, mit dem er mit seinen gleichaltrigen Freunden ein Spiel spielte, dessen Sinn und Regeln mir trotz eifriger Erklärungsversuche der Spieler verborgen blieben. Die kleineren Jungen standen bewundernd, etwas neidisch schauend und mit großer Ausdauer um die Kartenspielergruppe herum, wurden aber von den älteren Spielern keines Blickes gewürdigt. Sie warteten nur auf den Moment, wo diese keine Lust mehr hatten und den Platz verließen, um sich dann sofort der Karten zu bemächtigen und, genau wie zuvor die Älteren, ein "flottes" Kartenspiel zu mimen, welches jeglicher Regeln entbehrte, dafür aber von erstaunlicher Dauer und Intensität war. Diese Kartenrunde wurde nun wiederum von den ganz Kleinen, den Drei- bis Vierjährigen bewundert, die jedoch keine Chance zum Mitspielen hatten und sich mit ihrer Zuschauerrolle selbstverständlich begnügten. Ihr Interesse galt weniger dem Spiel als vielmehr den einzelnen bunten Karten. Ihre große Chance kam erst nach mehreren Wochen. Ich sah den dreijährigen David und den vierjährigen Frederick zufrieden zusammen in einer Ecke des Hofes sitzen. Sie waren damit beschäftigt, den wenigen übriggebliebenen "zerfledderten Karten" den Rest zu geben, indem sie die Karten mit Lehm und Spucke bis zur Unkenntlichkeit verschmierten.

Durch die Kinder, die die Schule besuchen, werden neue Sing-, Klatsch- und Kreisspiele vornehmlich französischen Ursprungs in die Spielpalette eingebracht. Diese Spiele finden hauptsächlich bei den sieben- bis dreizehnjährigen Mädchen Anklang und werden mit großer Ausdauer unermüdlich und tagtäglich wiederholt. Die Jungen werden durch die Schule mehr zu sportlichen Wettspielen und zum Ballspielen angeregt. So bringt das Schulalter auch auf dem Gebiet der Spiele eine deutliche Geschlechtertrennung mit sich.

9.4. Situations- und Rollenspiele

Im Tagesablauf der Kinder nehmen Anwesenheit bei allen Ereignissen und Beobachten des Alltagsgeschehens einen großen Raum ein. Diese Eindrücke müssen verarbeitet werden und finden ihren Niederschlag in den Nachahmungs-, Rollen- und Situationsspielen, die von Jungen und Mädchen aller Altersstufen mit größter Phantasie und mit bestem Imitationsvermögen gespielt werden.

Diese Rollenspiele halte ich für die wichtigsten überhaupt, weil sie Einblick geben in die Art und Weise, wie die Kinder sich selbst durch ihr Spiel auf das Erwachsenenalter und damit auf ihre späteren geschlechtsspezifischen Aufgaben vorbereiten. Sie üben praktisch im Spiel das Leben der Erwachsenen. Das Kind lernt und verarbeitet auf diese Weise unbewußt Verhaltensnormen, -regeln und -vorschriften. Es setzt sich im Rollenspiel mit möglichen Problem- und Konfliktsituationen auseinander. Im Situations- und Rollenspiel spiegeln sich soziale Verhaltensmuster wider. Damit wird schon im Kleinkindalter auf unbewußte Weise die Stellung und Rolle der Geschlechter innerhalb der Gesellschaft als etwas Selbstverständliches akzeptiert.

Ich hatte während meines Aufenthaltes bei den Lyela einige Schwierigkeiten bei der Beobachtung und dem Verständnis dieser Spiele. Da ich die Dialoge oft nicht verstehen konnte, jedoch den Spielverlauf durch Zwischen-

fragen nicht stören wollte, konnte ich sie nur im groben
Ablauf erfassen. Zu diesem Themenbereich war mir die Mitarbeit von Valentin Bazié aus Goundi, achtzehn Jahre alt,
besonders wertvoll. Er beschäftigte sich intensiv mit dem
Spiel der Kinder in seinem Dorf und Gehöft und konnte mir
interessante Schilderungen sowie wichtige Aufschlüsse zum
Verständnis der Spiele geben.

Im Anhang (Nr. 7) möchte ich einige anschauliche Beispiele zu diesen Situations- und Rollenspielen aufführen.
Die Auswahl der Spiele ist so getroffen, daß sie sowohl
an der Tradition orientierte Spiele zeigt als auch solche,
in denen sich der Einfluß der westlichen Zivilisation auf
die Kinder schon stark bemerkbar macht. Die aufgeführten
Beispiele umfassen folgende Themenbereiche: Mutterschaft;
Familie; Essenszubereitung; Verwandtschaft; Sozialbeziehungen; besondere Ereignisse; Diebstahl; List, Scherz; Tradition; Einfluß der Moderne.

Die Beispiele veranschaulichen, wie sich die heutige
Lebenssituation der Lyela, d.h. das Aufeinanderstoßen von
Tradition und modernen Einflüssen, im Spiel der Kinder
niederschlägt. Sie verarbeiten so die Eindrücke, die im
Alltagsleben auf sie einwirken. Die Spiele im Ganzen zeigen eine deutliche Ausrichtung auf eine Art von Lebensbewältigung, die mehr durch kleine Tricks und scherzhafte
List als durch brutales Durchsetzungsvermögen im Zusammenleben erreicht wird.

In diesem Zusammenhang möchte ich darauf hinweisen, daß
auch in vielen Erzählungen der Lyela, vor allem in denen
aus dem Hasen-Zyklus, List und Schlauheit höher bewertet
werden als körperliche Stärke.

9.4.1. Auswertung der Rollenspiele

Ich möchte im folgenden auf einige Ansatzpunkte zur Analyse der im Anhang aufgeführten Rollenspiele hinweisen und Tendenzen hinsichtlich des Sozialverhaltens und der Konfliktverarbeitung der Kinder aufzeigen, die in zahlreichen Spielen erkennbar werden.
Die Themenstellung der Spiele zeigt eine Trennung zwischen Mädchen- und Jungenspielen. Die aufgeführten Spiele Nr. 1 bis Nr. 10 sind dem Komplex der Mädchenspiele zuzuordnen. Hier zeigt sich eine Spezialisierung auf die Darstellung von Situationen aus den Bereichen Familie, Mutterschaft und Essenszubereitung; Aufgabengebiete, die im Erwachsenenalter auf die Mädchen zukommen. Es ist jedoch nicht so, daß in diesen Spielen nur Mädchen die Akteure sind. Wenn männliche Rollen zu besetzen sind, dürfen auch Jungen mitspielen; Initiatoren und Hauptakteure sind aber Mädchen. Diese Rollenspiele zeigen den Familienalltag, in dem sich traditionelle Lebensformen und moderne Einflüsse mischen, aus der Sicht der Kinder.

Im Spiel Nr. 5 werden moderne Einflüsse in der Darstellung des Familienlebens insofern deutlich, als der Vater mit einer Mobilette bzw. einem Auto (dargestellt durch einen Hirsestock) von seiner Arbeitsstelle nach Hause gefahren kommt. Bemerkenswert ist auch, daß er sich nach dem Essen mit seiner Ehefrau unterhält. Diese Kommunikation zwischen Ehepartnern ist in traditionell lebenden Familien nicht üblich.
Hinter diesem Spiel verbirgt sich der Wunsch der Mädchen nach Einehe und moderner Lebensführung.

Das Spiel Nr. 10 zeigt die Verhaltensweisen von Mädchen untereinander. Ein jedes will sein eigenes Hirsebier brauen, um sich als beste Bierbrauerin herauszustellen. Ehrgeiz und Konkurrenzverhalten sind erkennbar; Neid und

Eifersucht gipfeln in Beschimpfungen und der Drohung, sich gegenseitig das Hirsebier auszuschütten. Von kooperativer Arbeit kann nicht die Rede sein.

Dieses Spiel läßt vermuten, daß in polygamen Gesellschaften hinter der Zusammenarbeit von Frauen nicht immer wirkliche Gemeinsamkeit und Eintracht, sondern oft auch Konkurrenzverhalten und der Wunsch nach Einzelleistung und Anerkennung stehen.

Die (wirkliche) Mutter spornt den Ehrgeiz der Mädchen durch Lob an und weist auf die Möglichkeit hin, später als Ehefrauen durch Brauen guten Hirsebieres zusätzlich Geld zu verdienen, um damit ihren Ehemännern und Kindern helfen zu können. Hier wird den Kindern durch die Mutter ein Teil der traditionellen Frauenrolle als erstrebenswertes Ziel vor Augen geführt. In den meisten Fällen halten sich jedoch die Erwachsenen aus den Spielen der Kinder heraus.

Das Spiel Nr. 1 läßt erkennen, daß auch Ereignisse wie Schwangerschaft und Geburt Bereiche sind, in die die Kinder im traditionellen Leben miteinbezogen werden und daß Mutterschaft ein wichtiger Punkt in der Vorstellungswelt der Mädchen ist. Sieben- bis achtjährige Mädchen verfügen schon über detaillierte Kenntnisse bezüglich der Behandlung von Schwangeren und Neugeborenen. Spiele, die Geburt und Mutterschaft zum Thema haben, sind neben den Spielen der Essenszubereitung die beliebtesten bei den Mädchen.

Die Jungenspiele sind sowohl von den Themen als auch von der Darstellung bestimmter Charakterzüge her weitaus reichhaltiger als die Spiele der Mädchen. Ihre Spiele sind nicht nur ein Nachahmen alltäglicher Tätigkeiten, wie z.B. das Spiel der Essenszubereitung bei den Mädchen, sondern ihre Rollenspiele haben oft eine moralische Aussage. In humorvoller Art werden Konflikte und listige Verhaltensweisen dargestellt, die als Lehre zur Lebensbewältigung

angesehen werden können. Die dargestellten kurzen Episoden
sind von erstaunlicher Lebensnähe und Aussagekraft.

Spiel Nr. 11 zeigt zum Beispiel nicht nur die verwandt-
schaftliche Beziehung vom Neffen zum Mutterbruder, sondern
gleichzeitig den Grad der Vertrautheit zwischen beiden.
Dem Nutzungsrecht des Neffen (siehe dazu auch Spiel Nr. 18)
entspricht die Pflicht des Onkels zur Hilfeleistung.
Der Mutterbruder stellt gleichzeitig eine Autorität dar,
die den Jungen bei aller Hilfsbereitschaft entschieden zur
Eigeninitiative auffordert. Das kleine Beispiel der vom
Mutterbruder erbetenen und anschließend wieder verlorenen
Ziege zeigt in einfacher Form das Bild dieser speziellen
verwandtschaftlichen Beziehung Mutterbruder - Neffe bei
den Lyela.

Im Spiel Nr. 12 wird eine Vater-Sohn-Beziehung durch
die Darstellung eines traurigen Ereignisses deutlich gemacht. Der kranke Vater vertraut seinem Sohn, und dieser
kommt der Verpflichtung zur Hilfeleistung nach, indem er
seinen Vater ins Krankenhaus bringt. Er unterliegt dann
aber den Versuchungen des Vergnügens, indem er anstelle
der Medizin Hirsebier für sich selbst kauft und verschul-
det damit den Tod seines Vaters. Die anfangs intakt schei-
nende Beziehung zwischen Vater und Sohn offenbart ihre
Zwiespältigkeit in der Reaktion des Sohnes, der kein Schuld-
gefühl hat, nicht um den Vater trauert, sondern nur nach
seinem Erbe trachtet.
In diesem Spiel versteckt sich der Generationskonflikt
zwischen einem vertrauensvollen Vater und seinem Sohn, dessen Streben nach materiellen Gütern die inneren Werte der
Vater-Sohn-Beziehung verdrängt.

Im Spiel Nr. 13 wird anhand eines Weberlehrlings wiederum die innere Haltung eines Jungen gegenüber seinem Vater,
gegenüber der Arbeit und gegenüber seinem Meister darge-

stellt. Vater und Weber sind bemüht, dem Jungen eine solide traditionelle Ausbildung zu vermitteln, während der Junge offensichtlich neuzeitlichen Einflüssen unterworfen ist und die Autorität der Älteren ablehnt. Er macht sich über seinen Meister lustig und drückt sich mit fadenscheinigen Gründen vor der Arbeit.
Das Spiel läßt offen, ob die Sympathien der Kinder auf seiten des fürsorglichen Vaters und des Meisters liegen oder mehr dem "frechen" Jungen zuneigen, der sich anmaßt, den Meister und die Arbeit zu kritisieren und sich letzten Endes der Autorität der älteren Generation nicht beugt. Während meiner Feldforschung erfuhr ich von zwei Schmieden, daß sie ähnliche Probleme mit ihren Söhnen hatten, die das Handwerk des Vaters nicht übernehmen wollten.

Die Häufigkeit und Intensität, mit der Ereignisse wie Tod (Nr. 14), Totenfeiern (Nr. 31, 32), Hexerei (Nr. 36), Orakelbefragung (Nr. 35) und Maskenfest (Nr. 33) in den Spielen nachgeahmt werden, zeigen, wie sehr die Kinder von traditionellen Bräuchen beeindruckt sind. In diesen Spielen werden die traditionellen Regeln und Verhaltensvorschriften erstaunlich genau befolgt.

Die Jungenspiele, besonders die Hirten- und Jagdspiele, finden meist außerhalb des Gehöftes im Gelände statt und sind somit der Einflußnahme der Erwachsenen mehr entzogen, als die Mädchen mit ihren Spielen. Wenn jedoch ein Erwachsener zufällig bemerkt, daß im Spiel Tabus der Tradition nicht geachtet werden (z.B. durch einen im Spiel ausgesprochenen Fluch, siehe S.199) oder wenn ernste Ereignisse, die man fürchtet, wie z.B. der Tod eines Familienmitgliedes (Nr. 14) im Spiel dargestellt werden, so werden die Kinder darauf hingewiesen, daß sie mit diesen Dingen nicht leichtsinnig umgehen sollen; Spiele solcher Art werden ihnen verboten. Ein im Spiel ausgesprochener

Fluch kann sich auf die ganze Familie unheilvoll auswirken. In meinem Gehöft konnte ich feststellen, daß deshalb die Spiele mit verbotenem Inhalt (wie Hexerei, Fluch und Tod) heimlich gespielt wurden.

Auch bei ernsthaften Streitigkeiten und handfesten Prügeleien, die manchmal am Ende der Spiele entstehen (Nr. 41, 42), greifen die Erwachsenen häufig ein, um den Frieden wieder herzustellen. Ich habe es in meinem Gehöft aber auch erlebt, daß ein so beigelegter Streit unter den schlichtenden Erwachsenen der jeweiligen Partei wieder entbrannte und aufgrund von unterschwellig bestehenden persönlichen Unstimmigkeiten zu einem lautstarken Familienkrach eskalierte.

Die Spiele Nr. 22 bis 27 zeigen eine Tendenz zum Überlisten anderer, um sich selbst einen Vorteil zu verschaffen. Dabei ist festzustellen, daß die Anwendung von Tricks zur Übervorteilung des anderen nicht negativ bewertet wird, sondern als spaßig, gewitzt und schlau gilt. Diese Spiele führen dahin, daß der Betroffene, meist der Jüngere, oft auch in Wirklichkeit "den Kürzeren zieht". Daher enden diese Spiele häufig mit Feixen auf der einen und Weinen auf der anderen Seite. Solche Spiele sind eine Art Lebenstraining. Sie enthalten sowohl die Lehre, sich nicht überlisten zu lassen, als auch einen Hinweis auf die Möglichkeit, durch die Anwendung von List und Raffinesse etwas zu erreichen und zudem noch die Lacher auf seiner Seite zu haben.

Diebstahl ist dagegen, im Vergleich zur angewandten List, auch im Spiel ein Vergehen, welches als "böse" angesehen wird und auch in den Darstellungen der Kinder eine Strafe nach sich zieht. In den Spielen Nr. 17 bis 21 geht es um verschiedene Diebstähle, die in allen Fällen aufgedeckt und in denen die Täter auf eine dem Vergehen angemessene Weise bestraft werden.

Moderne Einflüsse nehmen einen breiten Raum in den Spielen der Jungen ein. Die Themen der Spiele reichen von Steuerzahlung (Nr. 37), Wanderarbeit (Nr. 37), Besuch des Präsidenten (Nr. 38), Verkehrskontrolle (Nr. 39), Reise nach Abidjan (Nr. 40), Krieg gegen die Franzosen (Nr. 41) und Boxkampf (Nr. 42) bis hin zur kirchlichen Hochzeit (Nr. 43, 44).

Das Geldverdienen durch Wanderarbeit (im Spiel Nr. 37) ermöglicht es dem Sohn, seinem Vater zu helfen, seine Würde und Autorität wieder herzustellen und ihn vor den Demütigungen des neuen Steuersystems (der Vater kniet vor dem Beamten) zu bewahren. Das Spiel zeigt, wie die Kinder auf der einen Seite die althergebrachte Würde und Autorität der Alten erhalten sehen wollen, die durch die Neuzeit in Frage gestellt werden, andererseits reizt auch die Möglichkeit des Geldverdienens in der Stadt.

In der Darstellung des Präsidentenbesuches (Spiel Nr. 39) zeigt sich die Einstellung der Dorfbewohner zu den Regierungsvorschlägen des Präsidenten. Alle freuen sich über die versprochene Einrichtung einer Schule, eines Krankenhauses und eines Staudammes. Das Spiel läßt erkennen, welch positive Vorstellung die Kinder von einem neuen Präsidenten haben.

Die Spiele Nr. 41 und 42 lassen Anzeichen von aufkommendem Patriotismus erkennen. Bei dem Boxkampf und der kriegerischen Auseinandersetzung kämpfen die Einheimischen gegen die Franzosen. Das alte Feindbild aus der Kolonialzeit scheint noch existent zu sein. Der sportliche und auch der soldatische Kampf tendieren zum Sieg der

Einheimischen, enden jedoch vorzeitig durch aufkommende
Aggression, die den spielerischen Charakter des Kampfes
vergessen läßt und zu einer ernsthaften Schlägerei aus-
artet. In beiden Fällen beendet die (wirkliche) Mutter
die Auseinandersetzung, indem sie die Kinder beschimpft
und verjagt bzw. die beiden feindlichen Boxer im Haus ein-
schließt.
In diesem Spiel erkennt man den Aufbau von Aggressionen
und deren sofortige Unterdrückung durch das Einschreiten
Erwachsener (evtl. als Erziehungsmaßnahme einzuordnen).

Der Einfluß der Neuzeit auf die Kinder zeigt sich unter
anderem auch darin, daß sie die Darstellung einer christlichen Hochzeitsfeier einer traditionellen Hochzeit in
ihren Rollenspielen vorziehen (Nr. 43, 44). Es muß dahin-
gestellt bleiben, ob nur die äußere Form einer kirchlichen
Hochzeit die Kinder mehr beeindruckt, ob es der Einfluß
der Mission ist, oder ob sich bereits eine innere Abkehr
von der Tradition anbahnt.

Die starke Aussagekraft dieser Rollenspiele läßt eine
detailliertere psychologisch-soziologische Auswertung
wünschenswert erscheinen. Um jedoch profunde Ergebnisse
zu erzielen, wären ausweitende Nachforschungen notwendig,
die über den Rahmen der vorliegenden Arbeit hinausgehen.

9.5. Ringkämpfe

Ein wichtiges Ereignis im Leben der Kinder und Jugendlichen sind die Ringkämpfe (zerh), durch die die Kinder
sportlichen Einsatz, Kampf- und Teamgeist erlernen und
einen Sinn für Wettkampf und physischen Leistungswillen
entwickeln.
Ich möchte in diesem Kapitel nicht auf alle Details,

die genauen Regeln, den präzisen Ablauf und alle traditionellen Hintergründe der Ringkämpfe eingehen, sondern mich auf einen allgemeinen Überblick beschränken, soweit er zum Verständnis des Einflusses der Ringkämpfe auf die Kinder vonnöten ist.

Einmal im Jahr, im Monat Oktober, ist die Zeit der traditionellen Ringkämpfe, die unter den jungen Männern aller Dörfer ausgetragen werden. Diese Ringkämpfe haben zwar nicht mehr den vollen Traditionsgehalt früherer Zeiten, wo sie dem Kampf und der Selbstverteidigung dienten, sie zeigen aber, obwohl sich die Wertigkeiten verschoben haben, in ihrem äußeren Ablauf noch Anlehnung an die Tradition. Sie fallen somit als Kriegs- und Kampfdarstellungen auch in den Bereich der Rollenspiele. Die Kämpfe selbst haben an Wichtigkeit und Ernsthaftigkeit verloren; das Ereignis gleicht mehr einem Volksfest, das Gelegenheit zu sportlichem Wettkampf, zum Vergnügen, zur Geselligkeit und zum Kennenlernen der Jugendlichen untereinander bietet. Die Ringkämpfe sind ein fester Bestandteil im Jahreszyklus. Schon Wochen vorher verbreitet sich eine Spannung, die in augenfälliger Weise auch die Kinder und Jugendlichen erfaßt.

Je mehr es auf den Monat Oktober zuging, desto öfter sah ich in Sinkou innerhalb und außerhalb des Gehöftes, in dem ich wohnte, Gruppen von Kindern zusammenstehen, in deren Mitte zwei Ringkämpfer ihre Kräfte maßen. Diesen Ringkämpfen schienen feste Regeln zugrundezuliegen, die mir nur insoweit klar wurden, als zum Siege nötig zu sein schien, daß der Gegner mit beiden Schultern die Erde berührt haben mußte. Obwohl es nur ein Spiel war, wurde das Ganze mit solcher Ernsthaftigkeit und Fairness ausgetragen, daß mir klar wurde, daß es sich hier nicht nur um eine Rangelei zum Ablassen kindlicher Aggressionen handelte, sondern daß das Geschehen einen tieferen Sinn haben mußte. Es ist bekannt, daß bei den Lyela diese traditionellen Ringkämpfe stattfinden, aber es war interessant für mich zu beobachten, daß schon die Kinder in so intensiver Form in diesen Brauch einbezogen und von der Kampfatmosphäre erfaßt wurden.

In der letzten Phase des zunehmenden Mondes im Oktober beginnen die offiziellen nächtlichen Wettkämpfe. Man wählt die Zeit nach der Ernte, weil die Kämpfer dann relativ gut ernährt und demnach in guter körperlicher Verfassung sind. Außerdem sind die Erntearbeiten weitgehend abgeschlossen, die Menschen haben Zeit und die Lufttemperaturen sind erträglich. Der kriegerische Symbolgehalt der Ringkämpfe zeigt sich nur noch an den von jedem Teilnehmer mitgebrachten Holzhacken, die nach jedem Kampf wie Waffen, begleitend zu den Hetz-, Lob- und Anfeuerungsgesängen, geschwungen werden.

Die Kämpfe werden jeweils zwischen den jungen Männern zweier Dörfer ausgetragen. Zur Bestimmung von Ort und Zeitpunkt befragt ein Wahrsager das Orakel und die Alten der Dörfer müssen verschiedene Opfer darbringen, um einen guten Verlauf der Ringkämpfe zu sichern. Außerdem setzt man alle magischen Mittel ein, um den Sieg zu erringen. Dabei handelt es sich um "Fetische", magische Ringe (zã-cèbé) und andere Schmuckstücke zur Kraftübertragung, sowie traditionelle Medizinen, mit denen die Kämpfer gestärkt werden. Gesänge mit aggressiven Texten sollen den Gegner einschüchtern und gleichzeitig den Kampfesmut des eigenen Kämpfers steigern. Der Ringkampf steht unter Aufsicht von alten, erfahrenen Ringern und unterliegt strengen Regeln. Bei der Zusammenstellung der jeweiligen Gegner wird auf gleiche körperliche Stärke geachtet. Die Hauptkämpfe der jungen Männer finden ab etwa 22.00 Uhr statt; die Zeit davor gehört den Kindern.

Zur Zeit der Ringkämpfe zog ich mit den Kindern meines Gehöftes allabendlich bei Anbruch der Dunkelheit gegen 19.00 Uhr zu den Kampfplätzen, die unterschiedlich weit

vom Dorf gelegen waren, aber jeweils einen Fußmarsch von
mindestens zwanzig bis dreißig Minuten erforderten. Diese
abendlichen Unternehmungen nahmen immer einen ähnlichen
Verlauf. Hierzu ein Auszug aus meinem Tagebuch:

"Die Beteiligung der Kinder ist groß; nur kranke, sehr
erschöpfte oder bestrafte Kinder bleiben zu Hause.
Etwa zwanzig bis dreißig Mädchen und Jungen im Alter
von sechs bis zwölf Jahren sammeln sich vor den Gehöften des Dorfes in kleinen Gruppen zum gemeinsamen
Abmarsch. Jeder Junge hat eine Holzhacke oder wenigstens ein in ähnlicher Form gebogenes Stück Holz ge-
schultert, während die Mädchen zwar ohne Requisiten,
jedoch angetan mit ihren besten Kleidern, als Zuschauer,
aber auch um selbst gesehen zu werden, dem Kampfplatz
zustreben. Unterwegs wird geflötet, getrommelt und
gesungen, was die Jungen schon in kämpferische und
die Mädchen in festliche Stimmung versetzt.
Auf dem Kampfplatz sind die Kinder aus den anderen
Dörfern bereits versammelt. Es bilden sich kleine
Begrüßungsgruppen; die Mädchen finden sich kichernd
und tuschelnd zusammen, und sporadisch flammen die
ersten Kämpfe der Jungen auf. Die Zusammenstellung
der Kämpfer ergibt sich nach Stärke, Alter, Dorf- und
Gehöftzugehörigkeit und liegt in den Händen der zwölf-
bis fünfzehnjährigen Jungen, deren Entscheidungen be-
dingungslos anerkannt werden. Sie übernehmen auch die
Schiedsrichtertätigkeit bei den Kämpfen, wobei die
gleichen Regeln mit gleicher Strenge wie bei den offiziellen Kämpfen angewandt werden. Auch hier hat, wie
bei den "Großen", jeder Kämpfer seine "Lobby", die
mit lautstarkem Gegröle, Gesängen mit Schmähtexten und
Anfeuerungsrufen ihren Kandidaten unterstützt und den
Gegner psychisch niedermacht. Traditionsgemäß wird
der Sieger nach jedem Kampf auf den Schultern im Kreis
herumgetragen; die Holzhacken werden geschwungen, es
wird getrommelt, gepfiffen, gesungen und getobt. Das
Ganze nimmt kriegstanzähnliche Formen an; die Atmosphäre
ist geladen mit Erregung und Kampfgeist.
Die Mädchen halten sich aus diesem Getöse heraus; sie
bleiben am Rande des Geschehens, vergnügen sich mit
Sing- und Klatschspielen und Seilchenspringen und tun
recht uninteressiert. Sie verhalten sich damit genau
wie ihre älteren Geschlechtsgenossinnen, die während
der Hauptkämpfe in Gruppen umherflanieren und Desinteresse mimen, während sie doch die Aufmerksamkeit der Jungen auf sich lenken wollen.
Die Ringkämpfe der Kinder stehen nicht unter der Leitung der Erwachsenen, die erst zu Beginn der offiziellen Kämpfe der jungen Männer erscheinen. Bis zu diesem

Zeitpunkt gehört das gesamte Terrain den Kindern für ihre eigenen Kampfspiele. Wenn gegen 22.00 Uhr die Hauptkämpfe beginnen, werden die Kinder zu interessierten Zuschauern, die sich auf den besten Plätzen auf dem Ringplatz drängeln, um ihre Vorbilder - die großen Ringer - zu bewundern und von ihnen zu lernen. Dabei wird über den Verlauf der einzelnen Kämpfe diskutiert und nicht mit sachkundigen Kommentaren gespart. Am Rande des Geschehens bahnt sich jedoch unterschwellig ein anderes Thema an: Das erwachende Interesse der Dreizehn- bis Siebzehnjährigen für das andere Geschlecht. Die Jungen produzieren sich im Kampf und durch stolzes und "männliches" Auftreten, während die Mädchen durch schicke Kleidung und durch auffälliges Gehabe und Gekicher mit ihren Freundinnen versuchen, die Aufmerksamkeit der Jungen auf sich zu ziehen. Im Zuge der neuzeitlichen Einflüsse bleibt es aber nicht bei diesem gegenseitigen Interesse; es kommt in einigen Fällen in der Nacht, im Anschluß an die Ringkämpfe, im Busch heimlich zu frühen sexuellen Kontakten. Das sind jedoch noch Ausnahmen. Die große Anzahl der Kinder unter fünfzehn Jahre verläßt gegen 23.00 Uhr den Platz und geht gemeinsam, in kleinen Gruppen, in ihr Gehöft zurück".

9.6. Inaktivität

Es soll hier aber nicht der Eindruck erweckt werden, daß die Kinder bei den Lyela allzeit fröhlich und aktiv sind. Es gibt auch ausgedehnte Phasen, in denen Kinder allein und über eine beachtlich lange Zeit in einer Ecke des Hofes sitzen oder liegen und "stumpf" vor sich hindösen. Ich kann nur Vermutungen über mögliche Gründe für diese Verhaltensweise anstellen. Drückt sie Entspannung, Apathie, Unlust, vorübergehende Antriebsschwäche oder mangelnde Intelligenz aus? Sicherlich ist diese Inaktivität auch eine Folgeerscheinung des heißen Klimas und der oftmals mangelhaften Ernährung. Die Kinder selbst empfinden das "Herumhängen" jedoch, meinem Eindruck nach, nicht als einen unangenehmen Zustand, da sie dabei häufig vor sich hinsummen und sich einfach nur der körperlichen Entspannung hingeben. Ich meine, in dieser Verhaltensweise schon eine Hinwendung des Kindes zu einer Form des Ertragens der schweren Lebensbedingungen sehen zu können. Dieses Verhalten folgt der allgemeinen Tendenz, sich den unabänderlichen Härten des Lebens im Busch anzupassen.

Unseren pejorativ besetzten Begriff "Langeweile" gibt es weder bei den Erwachsenen noch bei den Kindern der Lyela. Der Zustand der "Inaktivität" wird allgemein als angenehm und sogar als erstrebenswert angesehen. Ich habe niemals ein Kind quengeln hören, weil es unbedingt beschäftigt oder angeregt sein wollte. Es ist durchaus möglich, daß es sich hier um eine natürliche Anpassung an die harten Lebensbedingungen handelt, da der physische Kräfteverbrauch unter den gegebenen klimatischen Verhältnissen sehr hoch ist. Die extrem hohen Temperaturen erfordern einen schnelleren und intensiveren Wechsel zwischen angespanntem körperlichen Kräfteverbrauch und Entspannung. Obwohl die Lyela auch größere Erholungszeiten, z.B. nach der Ernte, kennen, teilen sich Arbeit und Erholung im Alltag jedoch in kleine Phasen auf. Die Phasen der Inaktivität sind dementsprechend zwar kurz aber sehr intensiv.

10. Arbeiten der Kinder

Reicher Kindersegen ist bei den Lyela nicht nur im Hinblick auf die Altersversorgung und den Fortbestand der Familie erstrebenswert, sondern stellt auch aus wirtschaftlicher Sicht ein nicht zu unterschätzendes Arbeitskräftepotential dar. Jede Familie profitiert vom Einsatz der Kinder, insbesondere der Mädchen, bei den täglich anfallenden Arbeiten. [36)]

10.1. Erste Handreichungen und Tätigkeiten

Bereits im Alter von vier Jahren werden die Kinder zu ganz einfachen, noch nicht regelmäßigen Arbeiten in den verschiedensten Bereichen herangezogen. Diese Tätigkeiten kann man jedoch noch nicht als wirklichen Arbeitseinsatz bezeichnen; es sind vielmehr kleine Handreichungen, die dem Spiel- und Nachahmungstrieb der Kinder entgegenkommen und die von ihnen mit Eifer und freiwillig ausgeführt werden.

Die Drei- bis Vierjährigen werden zum Beispiel von den Frauen im Gehöft aufgefordert, eine Kalebasse oder einen Handbesen aus Gräsern herbeizubringen. Sie werden bereits angehalten, beim Entschalen von Erdnüssen oder beim Schlagen der Hirse zu helfen. Die Fünfjährigen führen auch schon gern kleine Botengänge aus (eine detaillierte Aufstellung der Kinderarbeiten siehe im Anhang Nr. 8). Alle diese Tätigkeiten unterliegen noch keinem Zwang und werden mehr unter dem Aspekt des "Helfen-Dürfens" als "Helfen-Müssens" gesehen. Die Motivation für diese Aktivitäten ist das Bedürfnis der Kinder in diesem Alter, mitzumachen und gelobt zu werden. Letzteres geschieht in reichem Maße, sowohl durch die älteren Geschwister als auch durch die

Erwachsenen. Das Lob steigert den Arbeitseifer der kleinen Kinder und vermittelt ihnen das Gefühl, daß Arbeiten und Helfen etwas Gutes ist.

Der sechzehn Monate alte Jhislain aus unserem Gehöft wurde oft von seiner Mutter aufgefordert, eine Erdnuß zu holen und sie einer bestimmten Person zu bringen. Dadurch machte er die positive Erfahrung, einer Aufforderung nachzukommen, jemandem etwas zu bringen und dafür gelobt zu werden. Solche kleinen Handreichungen werden bei jeder Gelegenheit angeregt, und mit zunehmendem Alter der Kinder werden die Anforderungen gesteigert; z.B. vom Bringen einer leeren Kalebasse bis zum Herbeiholen einer mit Wasser gefüllten Kalebasse.

Die ersten Arbeitseinsätze der drei- bis vierjährigen Kinder konnte ich gut beobachten, weil sich diese Altersgruppe noch hauptsächlich unter Aufsicht im Gehöft aufhielt. Nach der Hirseernte gab es eine gute Gelegenheit, die Kleinkinder zu einer Arbeit anzuhalten, die gleichzeitig einen reizvollen spielerischen Effekt hatte. Zur Gewinnung der Hirsekörner mußten die geernteten Hirsedolden mit Stöcken geschlagen werden; eine Arbeit, die von den Frauen ausgeführt wurde. Hierbei halfen ihnen die drei- bis vierjährigen Kinder gerne. Sie wurden mit Stöcken ausgestattet und durften kräftig mit auf die Dolden schlagen. Das machte ihnen Spaß und weckte ihren Sinn für Gemeinschaftsarbeit. Auch an der Feldarbeit ließ man die Kleinkinder schon teilnehmen. Sie erhielten, wenn sie wollten, kleine, extra für Kinder gefertigte Holzhacken und durften auf dem Stück Feld, welches direkt am Gehöft gelegen war, genau wie die Erwachsenen die Erde auflockern.

In meinem Gehöft bildeten Jhislain, sechszehn Monate alt, David, drei Jahre, Bubye, vier Jahre und Buma, sechs Jahre alt, sogar schon eine kleine Arbeitsgruppe (Arbeitsgruppen siehe Kapitel 10.4.). Sie hackten gemeinsam, nebeneinander wie die Erwachsenen, auf dem Maisfeld vor dem Gehöft ernsthaft und ausdauernd und mit wirklichem Krafteinsatz.

Sechs- bis achtjährige Kinder können auf Wunsch auch ein kleines Stück Feld oder Garten zugewiesen bekommen, das sie dann selbständig bepflanzen und bearbeiten dürfen und über dessen Erträge sie frei verfügen können.
Auch beim Steineschleppen oder beim Heranschaffen von Sand oder Erde können sich die Kleinkinder schon nützlich machen. Mit kleinen Gefäßen beginnen sie, das Transportieren auf dem Kopf zu üben. Zunächst versuchen sich alle Kinder, Jungen wie Mädchen, in dieser Transportart, die eigentlich den Frauen vorbehalten ist. Später, etwa ab dem sechsten Lebensjahr, tragen nur noch die Mädchen Lasten auf dem Kopf. Hier bahnt sich die erste geschlechtsspezifische Arbeitsteilung an.

10.2. Arbeit als Pflicht

Die Zeit der spielerischen, unregelmäßigen Tätigkeiten geht allmählich vorbei; mit dem sechsten Lebensjahr beginnt eine Hinwendung der Jungen zu den Arbeiten der Männer und der Mädchen zu den Arbeiten der Frauen. Die vormals eher spielerischen Tätigkeiten der Kinder dieser Altersklasse werden jetzt zur Pflicht. Die Jungen werden von ihren älteren Brüdern und den Männern des Gehöftes, insbesondere von ihrem Vater, in den spezifischen Männerarbeiten unterwiesen, während die Mädchen hauptsächlich zur Hilfe im Haushalt von ihren älteren Schwestern, Tanten und Müttern herangezogen werden.

10.3. Altersgemäße Zuordnung der Arbeiten für Mädchen und für Jungen

Im Anhang (Nr. 8) findet sich eine detaillierte Aufstellung der Arbeiten der Mädchen und Jungen von vier bis sechzehn Jahren. Diese Aufstellung zeigt, wie den Kindern mit zunehmendem Alter größere Tätigkeitsbereiche zugeordnet werden. Aus der Aufstellung geht ebenso hervor, daß die Mädchen schon vom sechsten Lebensjahr an einen weitaus größeren Arbeitsbereich zugewiesen bekommen und auch früher zu Routinearbeiten herangezogen werden als die Jungen. Während viele der Jungenarbeiten auf Kinder und Jugendliche beschränkt bleiben, bewältigen die Mädchen schon als Kinder und Jugendliche die Frauenarbeiten, die sie auch im Erwachsenenalter verrichten werden.

10.3.1.1. Traditionelle Arbeitszuordnung der Mädchen

Mädchen werden allgemein früher zu ernsthaften, harten Arbeiten herangezogen als Jungen, weil die meisten der täglich anfallenden Routinearbeiten im Gehöft traditionsgemäß als Frauen- und Mädchenarbeiten festgelegt sind. Sämtliche Frauen des Gehöftes können den Mädchen Arbeiten auftragen, aber jedes Mädchen hat zudem eine weibliche Bezugsperson, der es speziell zugeordnet ist, d.h., der es voll zur Verfügung steht. Eine traditionelle Institution bei den Lyela ist die Zuordnung eines Mädchens zu einer Verwandten oder befreundeten Frau der Familie als sogenannte "petite soeur" (siehe Kapitel 15.2). Das kann schon im Alter von sechs Jahren geschehen und bedeutet für das Mädchen häufig die Loslösung von seiner Mutter und Familie sowie die völlige Abhängigkeit von dieser

"Tante", d.h., es muß sämtliche Arbeiten für sie verrichten. So ist für die Mädchen die Zeit der unbeschwerten Kindheit oft nur kurz; sie werden schon früh an Arbeit, Pflichterfüllung, Unterordnung und Anpassung gewöhnt und sind bereits mit sechzehn Jahren fähig, das volle Arbeitspensum einer Lyela-Frau zu leisten und selbständig einen Haushalt zu führen.

10.3.1.2. Die Arbeiten der Mädchen

An erster Stelle der täglich anfallenden Hausarbeiten steht für die Mädchen das Wasserholen; eine Arbeit, an der sich alle Mädchen des Gehöftes beteiligen. Mit acht Jahren ist ein Mädchen stark genug, um einen großen Eimer mit Wasser zu tragen. Die Mädchen müssen den Tagesbedarf der ganzen Familie decken, indem sie das Wasser Eimer für Eimer mit einem Seil aus dem vor dem Gehöft gelegenen Brunnen hochziehen, den gefüllten schweren Eimer auf dem Kopf ins Gehöft tragen und ihn dort in die Vorratsbehälter entleeren. Diese Arbeit fällt zwei bis drei Mal am Tage an und erfordert erhebliche körperliche Kräfte. Je mehr Mädchen in einem Gehöft leben, umso besser verteilt sich diese anstrengende Arbeit.

Eine andere täglich und regelmäßig anfallende Tätigkeit der Mädchen ab sechs Jahren ist das Fegen der Innenräume und des Gehöftes. Abfälle jeglicher Art werden auf den Boden geworfen; den größten Teil fressen die herumlaufenden Tiere; was übrig bleibt, wird morgens und abends zusammengekehrt und aus dem Gehöft gefegt. Dazu benutzen die Mädchen einen aus getrockneten Gräsern zusammengebundenen Handbesen.

Auch beim Essenkochen werden die Mädchen eingespannt. Nach dem allmorgendlichen Hirsestampfen und dem Transport der gestampften Hirse zur Mühle müssen sie beim Blätterzupfen helfen, Erdnüsse oder Gewürze für die Soße zerstoßen, Zutaten, wie z.B. getrocknete Gemüse oder getrockneten Fisch aus der Vorratskammer oder vom Dach holen und mit kleineren Handreichungen bei der weiteren Zubereitung des Essens helfen. Dabei sollen sie gleichzeitig die einzelnen Arbeitsvorgänge verfolgen, damit sie lernen, selbständig ein Essen zu kochen.

Blechnäpfe ausspülen, verrußte Kochtöpfe mit Sand scheuern, Tontöpfe, die sogenannten "Canari", für das Trinkwasser reinigen und auffüllen gehören ebenso zu ihren Tätigkeiten wie das Wäschewaschen am Brunnen.

Neben all diesen Arbeiten besteht für die Mädchen als zusätzliche Belastung die selbstverständliche Pflicht, ihre jüngeren Geschwister zu beaufsichtigen. Bedenkt man, daß viele der Mädchen darüberhinaus vom sechsten oder siebten Lebensjahr an auch noch die Schule besuchen, so sollte man meinen, die Belastung für die Mädchen dieses Alters sei zu groß. Es ist jedoch so, daß bei den Lyela die Frauen allgemein und traditionsgemäß während ihres gesamten Lebens ein großes Arbeitspensum zu bewältigen haben, und darum werden die Mädchen schon recht früh in diesen großen fraulichen Arbeitsbereich miteinbezogen. Dazu kommt noch die saisonbedingte Feld- und Gartenarbeit; die Mitarbeit der jungen Mädchen bei Aussaat und Ernte ist selbstverständlich, wobei die Feldarbeit oftmals in Arbeitsgruppen geleistet wird (siehe auch Anhang Nr. 10).

10.3.1.3. Der Handel der Mädchen

Mädchen werden schon ab sechs Jahren von ihren Müttern zum Markt mitgenommen, um beim Tragen und beim Verkaufen der Ware zu helfen. Es gibt auch zehnjährige Mädchen, die schon einen selbständigen Handel mit Nahrungsmitteln betreiben. Dieser Handel erfordert einen gewaltigen Arbeitsaufwand, der in den meisten Fällen in keinem Verhältnis zum erzielten Gewinn steht. Der Handel mit verderblichen Nahrungsmitteln (z.B. mit Nyangong = Zwiebelblätterbällchen, kleinen Kuchen u.ä.) ist häufig sogar ein Verlustgeschäft. Wenn die Ware nicht rechtzeitig verkauft werden kann, muß sie verschenkt oder selbst verzehrt werden.

Das Geschäft mit Produkten, die die Kinder selbst in der Natur sammeln können (z.B. Holz, Kariténüsse, Früchte, Wasser), deren Beschaffung also keine Geldmittel erfordert, ist weniger risikoreich, denn hier wird nur die eigene Arbeitskraft investiert. Erstaunlicherweise bleiben die meisten Mädchen bei ihrer einmal begonnenen Wirtschaftsweise, auch wenn diese sich als unrentabel erwiesen hat. Befragungen zu diesem Thema gaben mir keinerlei Aufschluß über ein Nachdenken der Mädchen im Hinblick auf die Einträglichkeit ihrer Arbeit. Sie betrieben in vielen Fällen ihren Handel ohne jeglichen Geschäftssinn, und selbst deutliche Mißerfolge und Verlustgeschäfte hielten sie nicht von der Fortsetzung ihrer Arbeit in gewohnter Weise ab. Offensichtlich stellen die Mädchen auch keine Überlegungen darüber an, ob man durch Wechseln des Ausgangsproduktes vielleicht mehr Geld verdienen könnte. Ich hatte bei einigen Mädchen den Eindruck, daß das stundenlange Laufen zum Markt mit der Ware, das Sitzen auf dem Markt und der Rückweg sich als Tätigkeit verselbständigten und daß die Mädchen den eigentlichen Sinn dieser Arbeit, nämlich die Ware mit Gewinn zu verkaufen, aus den Augen verloren haben. Die Mädchen ziehen offensichtlich den langen

Hin- und Rückweg und das Sitzen auf dem Markt ohne Beaufsichtigung dem Aufenthalt im Gehöft vor, wo sie dauernd von den Frauen zu den täglich anfallenden Arbeiten herangezogen werden. Sie fühlen sich frei, machen die Hin- und Rückwege gemeinsam mit anderen Mädchen aus den Nachbargehöften und sind den ganzen Tag unbehelligt von häuslichen Pflichten. Durch den Anmarsch und den Aufenthalt auf dem Markt sehen und hören die Mädchen zudem noch etwas vom Leben außerhalb des Gehöftes. Unter diesem Aspekt wird auch ihre Gleichgültigkeit gegenüber dem erzielten Verkaufsgewinn verständlicher. Wie überall, gibt es auch hier in der Veranlagung der Kinder erhebliche Unterschiede, die sich auf ihre Geschäftstüchtigkeit auswirken. Im Anhang (Nr. 9) gebe ich Beispiele zu diesem Thema, die die Handelstätigkeit einiger Mädchen veranschaulichen mögen.

10.3.2.1. Die Arbeiten der Jungen

Mit Beginn des sechsten Lebensjahres interessieren sich die Jungen in zunehmendem Maße für die Tätigkeiten ihrer Väter und Onkel. Sie dürfen dann schon den Vater auf der Jagd begleiten, mit den Männern zur Feldarbeit gehen und bei Handwerksarbeiten Handreichungen übernehmen. Im Prinzip dürfen sie bei allen Arbeiten und Tätigkeiten der Männer dabeisein und ihnen zusehen. Soll ein Junge den Beruf bzw. das Handwerk seines Vaters erlernen (z.B. Schmied, Wahrsager, Heiler, Maurer), dann beginnt für ihn schon mit sechs bis acht Jahren die allmähliche Unterweisung in diesem Beruf. Im Gegensatz zu den Mädchen, die ohne vorhergehende Anleitung oder Lehrzeit sofort zu harten körperlichen Arbeiten herangezogen werden, bleibt den Jungen viel länger ein Freiraum zum Beobachten und freiwilligem Mitwirken. Sie werden in diesem Alter noch nicht voll als

Arbeitskraft genutzt und auch nicht regelmäßig in den täglichen Arbeitsablauf innerhalb des Gehöftes eingespannt. Die Tätigkeiten der Männer, und damit auch die zu erlernenden Arbeiten der Jungen, sind weniger arbeitsintensiv und nicht so regelmäßig auszuführen wie die Mädchenarbeiten, die weitgehend auf großem physischem Einsatz und auf erheblicher Leistungskraft beruhen, oft sehr zeitaufwendig sind, routinemäßig verrichtet werden und kaum eine Lehrzeit erfordern. Nach traditionellem Muster wachsen die Jungen langsam in den Beruf bzw. in das Handwerk des Vaters hinein. Insbesondere die Berufe des Wahrsagers, des Heilers und des Schmiedes erfordern eine lange, intensive Lehrzeit. Je älter der Junge ist, umso weiter und verantwortungsvoller ist sein Aufgabenbereich, der ihm als Gehilfe des Vaters übertragen wird.

Der größte Teil der Männer bei den Lyela geht keiner speziellen handwerklichen Arbeit nach. Ihre Tätigkeit beschränkt sich auf die Feld- und Gartenarbeit. Traditionsgemäß bleibt daher auch der größte Teil der Jungen eines Gehöftes ohne spezielle Ausbildung und arbeitet saisonbedingt, mehr oder weniger intensiv, auf dem Feld oder im Garten und geht nebenher auf die Jagd. Ab dem sechsten Lebensjahr begleiten die Jungen ihre Väter oder die älteren Brüder auf das Feld und in den Garten. Sie werden so, anfangs durch Zuschauen und dann durch ständig ansteigenden eigenen Arbeitseinsatz, in ihren späteren Aufgabenbereich, selbständige Feldbestellung und eigenen Gartenanbau, eingewiesen.

10.3.2.2. Der Handel der Jungen

Obwohl der Handel bei den Lyela von je her vornehmlich das Ressort der Frauen und Mädchen ist, findet sich auf den Märkten auch eine größere Anzahl handeltreibender Jungen. Es ist jedoch auffällig, daß Jungen nicht mit den einfachen Grundnahrungsmitteln und mit selbstzubereiteten Kuchen und "Kleinigkeiten" handeln, sondern mehr neuzeitliche Produkte anbieten, wie z.B. Zigaretten, Streichhölzer, Bonbons, Kolanüsse, Tabak, Reis, Gemüse, Petroleum und alte Kleidung. Die Jungen entwickeln einen größeren Ideenreichtum bezüglich ihres Warenangebotes als die Mädchen. Sie sind weniger auf nur eine Ware fixiert und wechseln gegebenenfalls, wenn sie merken, daß sich ein anderer Artikel besser verkauft. Wenn sie mit Grundnahrungsmitteln handeln, dann betreiben sie diesen Handel mit größeren Mengen als die Mädchen. Eine neue Handelsart, in der nur Jungen tätig sind, ist der Zwischenhandel. Das mag sich daraus erklären, daß Mädchen nach traditionellem Vorbild von ihren Müttern zum Handeln angeleitet werden, während die Jungen unter dem Einfluß der Neuzeit selbständig zum Handel als Erwerbsmöglichkeit kommen und von daher auch mehr Initiative und Geschäftstüchtigkeit entwickeln. (Im Anhang Nr. 9 finden sich hierzu einige Beispiele.)

10.4. Arbeitsgruppen

Die große Feldbestellung, vor allem die Aussaat und das Jäten, erfordert zeitweise einen verstärkten Arbeitseinsatz. Zu diesem Zweck und zur Arbeitserleichterung bilden Männer und Frauen Arbeitsgruppen mit besonderer Organisation und Arbeitsweise. Dieses Arbeitsgruppenmodell wird auch schon von Kindern und Jugendlichen übernommen. Die Kinder- und Jugendarbeitsgruppen sind nach Altersklassen zusammengestellt und weisen eine festgelegte Struktur auf. Die Gruppen bestehen aus zehn bis dreißig Kindern. Sie unterstehen einem "Chef", in dessen Händen die gesamte Organisation der Gruppenarbeit liegt (Terminfestlegung, Absprache mit dem Feldbesitzer, Verwaltung des Geldes) und der von einem "Sous-Chef" vertreten werden kann. Die Gruppe hat einen Spaßmacher, genannt "Hyäne" (yùlú), der die Gruppe durch Flöten zu schnellem, gleichmäßigem Arbeitstakt anspornt, sie mit Späßen in Stimmung hält und für die Verpflegung und Wasserversorgung sorgt. Zu Beginn der Feldbearbeitung steckt er einen mit einem geschnitzten Hyänenkopf verzierten Grabstock in die Erde des betreffenden Feldes. Ein vorher auf diesem Hyänenkopf gebrachtes Hühnchenopfer soll für einen guten Verlauf der Arbeit sorgen; die Knochen des Opfertieres werden an diesen Stock gehängt. Einige Gruppen besitzen eine Fahne, die ein dazu bestimmter Fahnenträger zum Zeichen der Bearbeitung des Feldes in die Erde steckt. Außerdem gibt es einen speziellen Stuhlträger für den Stuhl des "Chefs" der Arbeitsgruppe.

Kinderarbeitsgruppen traditioneller Art arbeiten unter der Leitung von Erwachsenen auf den Feldern ihrer Eltern oder als Nachbarschaftshilfe auf den Feldern befreundeter oder verwandter Familien. Eine neue Art der Gruppenarbeit sind die völlig selbständigen Arbeitsgruppen, die auch von Jugendlichen geleitet werden. Sie werden bei Bedarf von Feldbesitzern angefordert und arbeiten gegen Bezahlung. Im Vergleich zu den Erwachsenenarbeitsgruppen sind die Kindergruppen billiger; dafür arbeiten sie allerdings auch langsamer. Den Arbeitserlös teilen die Gruppenmitglieder nach Beendigung der Arbeitssaison untereinander auf oder sie veranstalten davon ein gemeinsames Fest. Die Bildung von selbständigen Arbeitsgruppen ist normalerweise den Jungen vorbehalten. Ich habe jedoch in der Gegend zwischen Sinkou und Réo auch zwei Mädchengruppen dieser Art kennengelernt. Es handelte sich aber um Ausnahmen, denn normalerweise gehen die Mädchen gemeinsam mit ihren Müttern oder Tanten aufs Feld bzw. schließen sich deren Arbeitsgruppen an. (Im Anhang Nr. 10 finden sich zwei Beispiele für Mädchenarbeitsgruppen.)

11. Sonderstellung von Kindern

11.1 Zwillinge

Wie bei vielen afrikanischen Ethnien wird auch bei den Lyela die Geburt von Zwillingen (nècílse) als ein außergewöhnliches Ereignis angesehen. [37] Hier gilt eine Zwillingsgeburt jedoch nicht generell als unglückbringend; man fürchtet zwar Böses, durch spezielle Maßnahmen kann es jedoch zum Guten gewendet werden.

Zwillinge kommen aus der Welt der Buschgeister, die die Zwillinge mit einer bestimmten Absicht in die jeweilige Familie geschickt haben. Die Verbindung von Zwillingen mit den Buschgeistern bleibt ihr Leben lang bestehen.

Zwillinge verfügen über außergewöhnliche Kräfte, die sich unheilbringend auf ihre Familie auswirken können. Das bedeutet, daß jede Zwillingsgeburt zunächst Angst und Besorgnis auslöst und die Familie solange beunruhigt, bis geklärt ist, woher und mit welcher Intention die Zwillinge in die betreffende Familie gekommen sind.

Jede Zwillingsgeburt wird als etwas Bedrohliches empfunden, weil sie nicht dem Normalen entspricht. Solche von der Norm abweichende Geschehnisse werden in traditionellen Stammesgesellschaften, so auch bei den Lyela, immer dem übernatürlichen Bereich der Geister- und Ahnenwelt zugeordnet, und sie erfordern demzufolge eine große Anzahl von rituellen Praktiken und speziellen Verhaltensweisen.

Ein erstes Kriterium für unheilbringende Zwillinge ist zunächst der Zeitpunkt ihrer Geburt. Zwillinge als Erstgeburt gelten als schlecht und unglücksbringend. Man nennt sie calsɛ. Zwillinge, die nach der Erstgeburt zur Welt kommen, gelten als weniger gefährlich und heißen nècílse.

Marie Kantiono berichtete mir, daß eine Frau in ihrem Gehöft calsɛ geboren hätte, von denen eines kurz nach der Geburt starb. Die Mutter wurde daraufhin verrückt. Man sah das Geschehen als Folge ihrer Erstgeburt von Zwillingen an. Calsɛ und nècílse erfordern unterschiedliche rituelle Handlungen und Opfer.

11.1.1. Wahrsager für Zwillinge

Nach der Geburt von Zwillingen muß sich der Vater der Kinder sofort zum Wahrsager für Zwillinge begeben. Dieser spezielle Wahrsager hat die Fähigkeit, den Kontakt mit den "Seelen" (ywǽlse) [38] der Zwillinge aufzunehmen und sie zu fragen, woher sie kommen und mit welcher Absicht sie gekommen sind.

Zur Kontaktaufnahme mit den "Seelen" der Zwillinge bringt der Wahrsager ein Hühnchenopfer unter zusätzlicher Verwendung von Milch, Honig, Sesam, Pennisetum ("petit mil") und Bohnenbeignets (kleine Kuchen in Kugelform). Diese Zutaten sind speziell für Zwillingsopfer vorgesehen, und sie sind obligatorisch für alle folgenden Opfer im Leben der Zwillinge. Durch das Ausstreuen dieser Nahrungsmittel werden die "Seelen" der Zwillinge herbeigelockt, um dann selber zu sprechen und die Fragen des Wahrsagers zu beantworten. Im Anschluß an das Ritual erteilt der Wahrsager dem Vater Auskunft über die Herkunft der Zwillinge, ihren Namenswunsch, ihre Absichten und Wünsche, und er gibt den Eltern genaue Anweisungen, wie sie sich den Zwillingen gegenüber zu verhalten haben.

11.1.2. Herkunft der Zwillinge

Die "Seelen" der Zwillinge halten sich vor der Geburt als Buschgeister an verschiedenen Orten auf. Wenn sich Zwillinge sehr ähneln (eineiige Zwillinge), so sagt man, daß sie vom gleichen Ort herkommen; wenn ihr Äußeres differiert, kommen ihre "Seelen" von unterschiedlichen Plätzen. Sie können, wie auch die "Seelen" von Einzelkindern, beispielsweise von einem Sumpf oder Gewässer, einem Baum, einem Berg, einem Fluß oder von einer Schmiede kommen. Dieser Herkunft der "Seele" entsprechend wird der Name des Kindes bestimmt. Zwillingsseelen können sich aber auch in Tierkörpern aufhalten. Deshalb sollten schwangere Frauen stets gut zu umherstreunenden Tieren sein, d.h. ihnen zu essen und, wenn sie sich in Brunnennähe aufhalten, auch zu trinken geben, da sich sonst die in den Tieren verborgenen "Seelen" an ihnen rächen, indem sie als böse Zwillinge zur Welt kommen und ihren Eltern Unheil bringen.

Kantiono Ebu aus Goundi berichtete mir dazu: Während ihrer Schwangerschaft hatte sie unbedacht einen Hund getötet. Bald danach gebar sie Zwillinge, die beide kurz nach der Geburt starben. Der Wahrsager fand heraus, daß die Zwillingsgeburt und der nachfolgende Tod der Zwillinge die Rache des Hundes war. Offensichtlich waren die "Seelen" der Zwillinge in diesem Hund verborgen. Nach dem Tod der Zwillinge wurde der Schmied gerufen. Er modellierte einen kleinen Hund aus Ton, auf dem er anschließend ein Hühneropfer darbrachte, um die Seelen der Zwillinge im Körper des Hundes um Verzeihung zu bitten, andernfalls würden alle folgenden Kinder der Frau ebenfalls sterben. Der traditionelle Zwillingsspeicher, der kurz nach der Geburt für die Zwillinge gebaut worden war (vgl. hierzu Kapitel 11.1.4. über "Zwillingsspeicher"), wurde auch nach ihrem Tod weiterhin regelmäßig mit Erntegaben ver-

sehen, um die Zwillingsseelen zufriedenzustellen. [39)]
Die Sorgepflicht für den Speicher wurde erst der Mutter
der Zwillinge und später dem nächstgeborenen Kind übertragen, das den Namen Balele - der nach den Zwillingen
Geborene - erhielt.

11.1.3. Die besondere Stellung und Behandlung von Zwillingen

Unheilbringende Zwillinge, meist unterschiedlichen Geschlechts, stellen eine ständige Gefahr für die Eltern
dar; sie können Tod und Krankheit über die Familie bringen. Ihre Seelen fordern zahlreiche Opfer, und auch die
Zwillinge selbst müssen stets mit besonderer Aufmerksamkeit bedacht werden, weil man ihre übernatürlichen Kräfte
fürchtet. Alle Familienmitglieder sind daher bestrebt,
die Bedürfnisse der Zwillinge zu befriedigen. Die Informanten Joanny Bazyomo (Réo), Jean-Louis Bassolé (Réo)
und Bassila (Réo) bestätigten, daß Zwillinge unterschiedlichen Geschlechtes als besonders kompliziert gelten. Ihre
Eltern müssen daher stets in engem Kontakt mit dem Wahrsager bzw. mit den "Seelen" der Zwillinge bleiben. Wird
eine von den "Zwillingsseelen" geforderte Opferhandlung
von den Eltern versäumt, so können sowohl die Eltern als
auch die Zwillinge krank werden oder sterben.

In Zwillingen werden häufig Ahnen oder Alte wiedergeboren. Durch die besondere Stellung und Behandlung von
Zwillingen werden auch die Bedürfnisse und Forderungen
der so Wiedergeborenen in besonderem Maße beachtet.

Vornehmlich in den ersten zwei Lebensjahren gelten
Zwillinge als gefährlich und zugleich gefährdet, weil
sich erst nach und nach herausstellt, ob man eine ihren
Ansprüchen gemäße Behandlungsweise gefunden hat.

Folgende Maßnahmen müssen für alle Zwillingspaare getroffen werden:

Unmittelbar nach ihrer Geburt muß der spezielle Wahrsager für Zwillinge aufgesucht werden, damit die "Seelen" der Zwillinge ihre Wünsche äußern können und somit die Namengebung erfolgen kann.

Der Wahrsager erfährt durch die Befragung der Seelen, mit welchen Pflanzen und Heilmitteln die Zwillinge behandelt werden wollen. Von diesen Heilmitteln muß auch regelmäßig etwas in die Zwillingsspeicher gelegt werden.

Wenn die Zwillinge krank sind, kann der Wahrsager von ihren "Seelen" erfahren, was der Grund für ihre Krankheit ist und welche Person welche Art von Opfer für ihre Heilung bringen soll.

Bei der Geburt von Zwillingen müssen die Eltern für sich und für die Zwillinge besondere doppelte Armreifen anfertigen lassen. Normalerweise soll die ältere Schwester des Vaters diese Armreifen beschaffen. Die Zwillinge tragen diesen Schmuck ihr Leben lang.

In Informantengesprächen erfuhr ich außerdem von folgenden Verboten:

Man darf diemals auf den Kopf eines Zwillings schlagen, sonst wird man von einem Skorpion gebissen.

Man soll niemals schlecht über Zwillinge sprechen, sie könnten sich rächen.

Zwillinge dürfen nie getrennt voneinander aufgezogen werden, wenn ihre Mutter während oder kurz nach der Geburt gestorben ist. Einzeln aufwachsend bringen sie ihre Umgebung, besonders ihre Adoptiveltern, in Gefahr.

11.1.4. Zwillingsspeicher

Zwillinge beanspruchen einen kleinen, speziellen Speicher, der sofort nach ihrer Geburt angefertigt und in ihrem Geburtshaus aufgestellt werden muß; er gilt als heilig. Die "Seelen" der Zwillinge bestimmen durch Vermittlung des Wahrsagers, welche Frau den Speicher herstellen soll. Der Speicher besteht entweder aus zwei miteinander verbundenen runden Tontöpfen oder aus einem großen, in der Mitte geteilten Topf. Die Außenseite des Speichers zeigt zwei Tonreliefs, die die Zwillinge darstellen. Von jeder Ernte wird ein kleiner Teil in diese Speicher gestreut, bevor die Zwillinge selbst davon essen dürfen. Mit dieser Gabe will man die "Seelen" der Zwillinge zufriedenstellen, um zu verhindern, daß sie den Zwillingen Schaden zufügen.

Eine andere Erklärung dazu erhielt ich von Eli Kantiono. Sie sagte, daß die Nahrung in den Speichern für die Buschgeister bestimmt sei, von denen die Zwillinge kommen. Werden die Buschgeister nicht zufriedengestellt, so können sie die Zwillinge zurückholen (was deren Tod bedeutet) oder sie auch geistig krank machen.

Laut Valentin Bazié darf niemand die Hand in die heiligen Speicher von Zwillingen legen. Wer es dennoch tut, läuft Gefahr, von einem Skorpion gestochen zu werden oder zu sterben. Gleiche Folgen treten bei der Vernachlässigung der Speicher bzw. der "Zwillingsseelen" auf.

11.1.5. Jahresfest für Zwillinge

Für Zwillinge muß außerdem ein jährliches Fest mit dem ersten Hirsebier der neuen Ernte veranstaltet werden, das mit speziellen Opferungen verbunden ist. Eltern und Zwillinge dürfen vor diesem Fest nicht von dem Hirsebier trinken.
Am 25.12.1983 konnte ich in der Familie Bama in Zoula an solch einer Zeremonie teilnehmen. Hierzu ein Auszug aus meinem Tagebuch:

Nahezu fünfzig Personen sind im Gehöft der Familie Bama zusammengekommen und sammeln sich in dem Raum, in dem der Zwillingsspeicher aufgestellt ist. Vor dem Speicher stehen drei Kalebassen, gefüllt mit gegorenem Hirsebier (sɛ́ỹ), ungegorenem Hirsebier (sɛ́ỹbĭ) und Trester. Neben dem Zwillingsspeicher sind die Geschenke der Familie aufgestapelt: drei verschiedene Hirsesorten und Geld.
Die Zwillinge halten je ein Hühnchen in der Hand und übergeben es dem Gehöftältesten, der das Opfer ausführen wird. Zunächst gießt er etwas Hirsebier und Wasser auf die Speicher, dann durchtrennt er dem ersten Hühnchen die Kehle und läßt es auf dem ersten Teil des Speichers ausbluten. Anschließend läßt er es flattern; wenn es auf dem Rücken liegend verendet, ist es vom Zwillingsschrein angenommen. Die Anwesenden "trillern" und klatschen Beifall. Der Alte rupft dem Huhn einige Federn aus und klebt sie auf den blutigen Zwillingsspeicher. Mit dem Opferhuhn des zweiten Zwillings verfährt er ebenso. Zum Abschluß der Zeremonie trinken die Zwillinge als erste von dem bereitgestellten Hirsebier. Danach trinken der Gehöftälteste, die Eltern der Zwillinge und dann alle Anwesenden aus der zweiten Kalebasse. Von einem Zwillings-Wahrsager aus Goundi, Bazilou Bazié (ca. 70 Jahre alt), erfuhr ich, daß in das Hirsebier dieser Zeremonie vor dem Trinken ein spezielles Medikament für Zwillinge gegeben wird. Nur der Wahrsager der Zwillinge kann dieses Mittel in der Natur finden und es verarbeiten. Er geht allein in den Busch und wird dort durch die Stimmen der "Seelen" der Zwillinge zu der betreffenden Pflanze geführt. Er darf niemandem den Namen der Pflanze nennen, aber die Eltern von Zwillingen können sich von ihm das Medikament (cœm) holen und es auch bei Krankheit zur Heilung der Zwillinge benutzen.

Damit ist die Zeremonie beendet; das Wohlergehen und
die Gesundheit der Zwillinge sind für ein Jahr gesichert. Nach dem Tod der Zwillinge wird dieses Fest
nicht mehr gefeiert, wohingegen die Zwillingsspeicher,
solange die Eltern oder das nächstgeborene Kind noch
leben, weiterhin versorgt werden.

Der Verlauf dieser Zeremonie wurde mir von der Familie
Bazié in Goundi bestätigt, die ein solches Fest auch jährlich für ihre Zwillinge durchführt.

11.1.6. Pubertätsritual mit Rasur

Zwillinge (sowie einige Kinder mit speziellen Namen;
siehe dazu Kapitel 5 "Traditionelle Namengebung") müssen
sich zur Geschlechtsreife einem Pubertätsritual mit
Rasur (yó fɔ̀n) unterziehen. Frühzeitiger Geschlechtsverkehr vor der Durchführung dieses Rituals kann Krankheit
und Tod bringen.

Am 12.6.1983 konnte ich einer solchen Zeremonie in der
Familie Bassolé in Réo beiwohnen. Außerdem erhielt ich
eine Beschreibung des Rituals von einem Informanten aus
der Familie Bazié in Goundi.

Üblicherweise findet die Zeremonie vor der Heirat statt,
weil mit der Eheschließung normalerweise auch der erste
Geschlechtsverkehr verbunden ist. Die Zeremonie erfordert
neben einer großen Opferhandlung mit verschiedenen Opfer-
tieren auch eine Kopfrasur. In den meisten Fällen wird
das nächstgeborene Kind gleich in das Ritual miteinbezogen.

Um festzustellen, ob der bzw. die Betreffende noch unberührt ist, wird nach einer vorhergehenden diesbezüglichen Befragung ein spezielles Hühnchenopfer dargebracht.
Fällt das Huhn nicht auf den Rücken, so heißt das, daß
schon Geschlechtsverkehr stattgefunden hat. Das aber ist

eine Schande für die Familie des Jugendlichen, und sie muß eine Buße zahlen (bei Zeremonien vor einer Heirat an die Familie des zukünftigen Ehemannes, sonst an den Alten, der das Opfer durchführt).

Die Familie des Zwillings nimmt an der gesamten Zeremonie teil; es werden verschiedene Opfertiere, Kolanüsse, Hirsebier, die nötigen Zutaten für ein spezielles Zwillingsopfer (Sesam, Honig, Milch, Pennisetum) und Geld mitgebracht. Ein Alter der Familie führt die Opfer aus. Der Zwilling muß von dem bereitgestellten Hirsebier trinken, das wiederum das spezielle Medikament für Zwillinge enthält. Nach Beendigung der Opferhandlungen wird der Zwilling, auf einer Matte sitzend, unter einem Baum vor dem Gehöft rasiert. Während der Rasur wird immer wieder mit dem Zwillingsmedikament vermischtes Hirsebier über seinen Kopf gegossen. Die Rasur soll von den Frauen der Brüder des Zwillings ausgeführt werden, die dafür eine Summe Geldes von 6000 bis 10 000 F (Währungsangaben siehe Anhang Nr. 9) von der Familie des zukünftigen Ehemannes fordern. [40]

Von meinem Dolmetscher und Informanten Valentin Bazié erhielt ich die Auskunft, daß das gesammelte Geld dem Zwilling geschenkt wird, indem die Familienangehörigen es vor ihn in eine auf der Matte aufgestellte Kalebasse legen.

11.1.7. Der Tod von Zwillingen

Wenn beide Zwillinge sterben, so weiß man, daß sie in böser Absicht zur Welt gekommen waren, und man fürchtet ihre Wiedergeburt, die neues Unglück bringen kann. Um das zu verhindern, muß die Mutter nach dem Tod ihrer Kinder das Gehöft verlassen und bei ihren Eltern wohnen, denn die Zwillinge werden sie suchen, um wiedergeboren werden zu können. Außerdem streut man Asche in das Haus der Mutter der Kinder. Findet man am nächsten Morgen Fußspuren in dieser Asche, so kann die Mutter sicher sein, daß die Zwillinge sie suchen, und sie muß ihrem Haus mindestens einen Monat lang fernbleiben. Sind keine Fußspuren in der Asche zu sehen, so bleibt die Mutter nur vier Tage außerhalb des Gehöftes. Bei ihrer Heimkehr nach diesen vier Tagen ist der Wahrsager für Zwillinge anwesend. Er hat ein spezielles Medikament mitgebracht, welches er in ein vor dem Haus der Mutter entzündetes Feuer gibt, das die Zwillinge von ihrer Wiederkehr abhalten soll.

Wenn nur ein Zwilling gestorben ist, so muß man den noch lebenden Zwilling gut verstecken, weil der tote ihn sonst zu sich holen wird. Das heißt für die Mutter, daß sie ihr Kind während eines Monats ständig auf dem Rücken tragen muß. Außerdem soll sie nicht an einem Ort verweilen, sondern muß umherwandern und ihren Aufenthaltsort so oft wie irgend möglich wechseln.(Die Informationen erhielt ich von Bazilou Bazié, Wahrsager für Zwillinge in Goundi.)

Am Beispiel der Zwillingsgeburten wird deutlich, daß die Lyela Ausnahmeerscheinungen, für die sie keine natürliche Erklärung finden, der Geister- und Ahnenwelt zuordnen. Das heißt, sie sehen in von der Norm abweichenden Geschehnissen eine bedrohliche Einwirkung höherer, übernatürlicher Mächte, denen sie durch rituelle Handlungen, vorgeschriebene Verhaltensweisen und ständiges Bemühen um das Wohlwollen dieser Mächte zu begegnen suchen.

11.2. Wiedergeburt eines Ahnen

Eine ähnliche Sonderstellung wie Zwillinge nehmen Kinder ein, in denen man die Wiedergeburt eines Ahnen (nyena kwã) erkennt. Solche Fälle werden vom Wahrsager erkannt, der die Seele des neugeborenen Kindes befragt, der Antwort entsprechend den Namen bestimmt und den Eltern Hinweise gibt, wie sie sich diesem Kind bzw. diesem Ahnen gegenüber verhalten sollen. Jeder Ahne hat einen besonderen Grund für seine Rückkehr in die Familie, und dementsprechend stellt er Forderungen für sein neues Leben. [41]
Im folgenden hierzu einige Beispiele:
1. Dimanche Bassono
Seine Geburt galt zunächst als normal, so daß es nicht nötig schien, einen Wahrsager aufzusuchen. Als der Säugling aber ständig krank war und weinte, entschloß sich sein Vater, einen Wahrsager um Rat zu fragen. Dieser erkannte, daß der Junge der wiedergeborene Nantjulu, der Bruder des Vaters war und daß das Kind auch dessen Namen tragen mußte. Von da an war Dimanche gesund und zufrieden. Er wurde besonders von seiner Großmutter väterlicherseits geliebt und verwöhnt, denn Nantjulu war ihr frühverstorbener jüngerer Bruder.

2. Frederick Bationo
In Frederick wurde sein Großvater väterlicherseits wiedergeboren. Die Familie stellte schon im Kleinkindalter eine große Ähnlichkeit in Aussehen, Mimik und Charakter fest. Bei der Befragung seiner "Seele" durch den Wahrsa-

ger erfuhren seine Eltern, daß er ein traditionelles Gewand tragen wolle wie sein Großvater zuvor. Als Kleinkind sprach er plötzlich seine Tante als Schwiegertochter an, ohne daß ihm vorher jemand erklärt hatte, daß es sich um die Frau eines Sohnes seines Großvaters handelte. Frederick wirkte erwachsener und reifer als andere Kinder in seinem Alter. Viele alte Leute des Dorfes, die noch seinen Großvater kannten, riefen ihn "Vater von Paul" (Paul war sein leiblicher Vater); seine Ähnlichkeit mit ihm war für alle Leute offensichtlich. [42]

3. Pata Bazié

Pata verkörperte die Wiedergeburt des alten Bayom Bazié. Man erkannte sofort, daß es sich um eine Wiedergeburt handelte, denn das Kind hatte schon bei seiner Geburt die gleichen Narben auf der Haut wie Bayom, der ein Jäger war. Außerdem sprach das Kind schon früh in gleicher Weise wie der Alte; es kannte sämtliche traditionelle Regeln und nannte die ältesten Frauen des Gehöftes seine Ehefrauen (anstatt Großmütter). Der alte Bayom besaß früher einmal einen starken Fetisch, der aber nicht mehr wirkte und verloren gegangen war. Eines Tages fragte Pata seinen Vater, ob er schon ein Opfer auf diesem Fetisch dargebracht habe. Der verneinte, und sein Sohn zeigte ihm, an welchem Platz der Fetisch des Bayom versteckt war. Durch dieses Ereignis war die Familie noch sicherer, daß es sich bei Pata um den wiedergekehrten Bayom handelte. Das Kind wurde respektiert wie ein Alter und alle seine Wünsche wurden erfüllt.

4. Jhislain Bationo

Sein Vater erfuhr beim Wahrsager, daß Jhislain den wiedergeborenen Badjou Bationo, den Großvater väterlicherseits, verkörpere. Erst als Jhislain den Namen Badjou erhielt, mit dem er aber niemals angesprochen wurde, hörte er auf zu weinen. Er erhielt ein traditionelles Gewand und einen Armreifen zum Zeichen der Wiedergeburt. Jhislain, den ich als kleinen Jungen im Alter von vierzehn Monaten im Gehöft in Sinkou erlebte, wurde respektiert wie ein Alter. Alle Wünsche wurden ihm erfüllt. Wenn im Gehöft ein Tier geschlachtet wurde, bekam er die Leber und das Blut, den Anteil des Ältesten. Er erfuhr mehr traditionelle Heilbehandlungen durch die Großmutter als die anderen Kinder der Familie.

5. Zwillinge der Familie Bazié
Yombye gebar ein Zwillingspaar unterschiedlichen Geschlechts, in dem zwei Alte aus der Familie Bazié wiedergeboren wurden, die folgende Wünsche durch den Wahrsager kundtaten:
Das Mädchen forderte den Namen "Eboubye Banyœjirh" (d.h.: die Worte der Menschen haben sich verändert). Außerdem wünschte sie einen traditionellen Pagne (weibl. Gewand, Rock) und einen kleinen Hirsemörser aus Ton, so wie früher die Großmutter einen aus Holz besessen hatte. Der Junge wollte Babou Batucilu genannt werden (d.h.: ich will hören bzw. ich wurde geboren um zu hören, was die Menschen sprechen). Außerdem forderte er ein traditionelles Gewand, Pfeil und Bogen und eine Lanze, wie sein Großvater sie besessen hatte.
Der Vater erfüllte die Wünsche der Zwillinge, und so war nichts Böses mehr zu befürchten. [43] Im Beisein des Jungen durfte niemals Schlechtes gesprochen werden, er hätte sonst krank werden oder sterben können.

6. Zwillinge der Familie Bama
Es gibt auch Fälle, in denen nur ein Zwilling einen wiedergeborenen Alten verkörpert. In der Familie Bama erfuhr der Vater vom Wahrsager, daß einer seiner Zwillinge der wiedergeborene Großvater väterlicherseits sei, der noch einmal auf die Welt gekommen sei, um gut zu essen. Dieser Zwilling würde der Familie nichts Böses tun, wenn man ihm regelmäßig genug zu essen gäbe. Anders aber der andere Zwilling. Er sah seinem leiblichen Vater so ähnlich, daß, nach dem Glauben der Lyela, eine Doppelexistenz ein und derselben Person bestand . Das bedeutete große Gefahr für beide. Der Vater hatte Angst vor seinem Sohn. Er ging ihm aus dem Weg; auch bei der Feldarbeit hielten sich Vater und Sohn niemals nebeneinander auf. Beide durften sich nicht in der Türschwelle begegnen und sich niemals in die Augen schauen.
Mit zehn bis zwölf Jahren muß der Sohn das väterliche Gehöft verlassen und weiter bei seinem Mutterbruder aufwachsen, denn sein Vater fürchtet, durch ihn getötet zu werden.

Valentin Bazié berichtete mir von anderen Fällen wiedergeborener Ahnen aus Goundi, die folgende Absichten und Wünsche äußerten:
Alle Wiedergeborenen forderten über den Wahrsager ein traditionelles Gewand und einen speziellen Schmuck. Sie wollten außerdem z.B. traditionelles Handwerkszeug besitzen oder Zigaretten und Tabak rauchen, gut und reichlich essen, eine spezielle Soße mit Fleisch regelmäßig essen, nur von einer bestimmten Frau im Gehöft Essen und Wasser gereicht bekommen, besonders respektiert werden, niemals geschlagen, beleidigt oder beschimpft werden.
  Auch von anderen Informanten erfuhr ich, daß Wiedergeborene immer etwas wünschen und fordern, was ihnen in ihrem vorherigen Leben gefehlt hat.

Joanny Bazyomo (Réo, 63 Jahre) berichtete mir, daß Ahnen auch wiedergeboren werden, um noch wichtige Riten und Opfer zum Wohle und zum Fortbestand ihrer Familie durchzuführen, bzw. nachzuholen, besonders wenn sie glauben, daß keiner ihrer Nachkommen befähigt ist, diese speziellen rituellen Pflichten und Aufgaben in traditioneller Weise zu erfüllen. Oft handelt es sich bei solchen Wiedergeborenen um früh Verstorbene, die ihr traditionelles Wissen ihren Nachkommen nicht mehr vollständig weitergeben konnten. Durch ihre Wiederkehr haben sie die Möglichkeit, die Familie vor Unheil (als Folge der Nichtbeachtung und Vernachlässigung der Tradition) zu bewahren, indem sie alles Versäumte nachholen.

Bei häufig nacheinander auftretender Kindersterblichkeit geht man davon aus, daß in dem erstgeborenen Kind ein Ahne wiedergeboren und nicht erkannt wurde. Daher bekam das Kind den falschen Namen, die falsche Behandlung und es starb. Der Ahne versuchte daraufhin, auch in dem nächsten Kind wiedergeboren und von seinen Angehörigen erkannt zu werden. Wenn er von ihnen als Ahne erkannt ist und das Kind am Leben bleibt, wird es mit einem körperlichen Merkmal (Narbe, kleiner Einschnitt im Ohr) versehen, damit es bei eventuellem Tod und nochmaliger Geburt an diesem Zeichen sofort wieder erkannt werden kann.

12. Hexerei und Fetische

Der Glaube an Hexerei und Fetische ist in jedem Kind tief verwurzelt, weil es mit der dauernden Bedrohung durch diese unheimlichen Mächte aufwächst. Auch in der Erziehung wird den Kindern sehr wirkungsvoll mit bösen Hexen gedroht. Diese Furcht reicht bis ins Erwachsenenalter und kann auch durch Christianisierung, Schule und Aufklärung nicht ganz abgebaut werden.

Die Lyela stehen auch heute noch unter dem starken Einfluß des Hexenglaubens, da alle Lebensbereiche mehr oder weniger mit diesem Phänomen verflochten sind. [44] Speziell im Umgang miteinander auf psychischer Ebene in Verbindung mit Gefühlen wie Neid, Eifersucht, Mißgunst und Angst, ist die Hexerei eine gefürchtete Kraft. Wenn man bedenkt, daß alle anderen traditionellen Wert- und Glaubensvorstellungen an Geltung und Wirkung verlieren und einer modernen, westlich beeinflußten Lebenseinstellung weichen, so ist es bemerkenswert, daß der Glaube an die Hexerei nicht nur erhalten geblieben ist, sondern sich in seinen Auswirkungen sogar noch intensiviert hat. Die heutzutage trotz Christianisierung und Zivilisationseinflüssen noch bestehende starke Bindung an die Hexerei und die große Furcht vor deren Macht mag aber auch als Zeichen wachsender Verunsicherung gelten.

Der Schutz und die Geborgenheit innerhalb des Familienverbandes gehen durch die Abwanderung in die Städte immer mehr verloren, und der Einzelne ist durch eine mehr oder weniger exponierte Position dem Neid und der Mißgunst anderer in besonderem Maße ausgesetzt. Ich konnte feststellen, daß gerade die an der "zivilisierten" Elfenbeinküste arbeitenden und zu ihren Familien zurückgekehrten Familienmitglieder und deren Kinder von furchterregenden Fällen von Hexerei zu berichten wußten oder selbst davon betroffen waren. Die Wechselwirkung zwischen Hexenglaube und Zivilisation zeigt sich insofern deutlich, als ein gesteigerter Bedarf an Fetischen zum Schutz gegen Hexerei besteht und demzufolge ein reger Handel mit diesen Fetischen betrieben wird.

Um die Haltung und Einstellung der Lyela zur Hexerei zu verstehen, möchte ich die wichtigsten Punkte verschiedener Interviews zu diesem Thema zusammenfassen.
Hauptinformanten waren:
- Bapio N'do, ca. 50 - 60 Jahre alt, Fetischeur aus Goundi;
- Liaoue Bationo, ca. 70 Jahre alt, Erdherr aus Réo;
- Balua Bayala, ca. 60 Jahre alt, Fetischeur aus Bonyolo;
- Ezouma Kando, eine Hexe, die durch ein Geständnis vor dem Fetisch ihren Mitmenschen nicht mehr gefährlich ist und die sich jetzt mit magischen Heilmethoden speziell bei Kinderkrankheiten befaßt.

Allen Informantenaussagen nach sind Hexer (cɔ̀lɔ̀, pl. cǎlsɛ) rein äußerlich nicht als solche zu erkennen. Sie leben unerkannt in den Familien und treiben nachts ihr Unwesen. Sie fressen Menschenfleisch, indem sie ihre Opfer nach der Vorstellung der Lyela von innen her nach und nach verzehren, die dadurch immer kränker und schwächer werden. Wenn schließlich auch die "Seele" gegessen ist, muß das Opfer sterben.

Es gibt geborene und angelernte Hexer: Geborene Hexer heißen cǎlsɛ; sie kommen schon als Hexer auf die Welt und suchen ihre Opfer in der eigenen Patrilineage. Sie treffen sich nachts zu Hexenversammlungen und gehen auf Suche nach Menschenfleisch. Ein cɔ̀lɔ̀ trägt nachts vier brennende Strohhalme im Mund; dieses Licht in der Nacht ist das typische Zeichen für umherschweifende Hexer. Sie selbst scheuen das Licht und können den Mond verdunkeln. Ein cɔ̀lɔ̀ kann die "Seele" eines Menschen fangen und sie in ein Tier verwandeln. Die betroffene Person existiert weiter, aber sie wird krank, denn ihre "Seele" befindet sich in dem Tier. Der cɔ̀lɔ̀ pflegt und füttert das Tier in einem Versteck (z.B. in einem hohlen Baumstamm), bis er es eines

Tages auffrißt; in dem Moment stirbt die Person. Ein cɔ́lɔ́ kann eine Person unfruchtbar machen, indem er ihre "Seele" in ein männliches bzw. weibliches Tier transformiert und dessen Eierstöcke bzw. Hoden vernichtet. Ein cɔ́lɔ́ kann seine Fähigkeiten an einen Sohn und eine Tochter weitergeben. (Die Informantin Ezouma Kando hat eine Tochter, die auch eine Hexe ist.)

Es gibt auch "gute cǎlsɛ", die kein Menschenfleisch essen. Sie schützen ihre Familie vor anderen cǎlsɛ, weil sie die Gabe haben, fremde Hexer zu erkennen. Die angelernten Hexer oder Zauberer heißen shyœrœ. Sie wurden durch die Behandlung mit einem von den cǎlsɛ gemischten Medikament zu Hexern. Hexer können auch Menschen und Tiere vergiften und die Ernte verderben. Jeder Mensch ist gefährdet, ein Opfer der Hexerei zu werden, deshalb versucht man, sich dagegen zu schützen. Es gibt verschiedene Möglichkeiten, Hexer zu erkennen:

- Hexer werden von einem Fetisch angegriffen und müssen vor ihm gestehen, wieviele Menschen sie schon gegessen haben.
- Der Wahrsager befragt die Seele des Toten, welche Hexe ihn getötet habe.
- Vermutet man in einer Familie einen Hexer, so muß jedes Familienmitglied ein Medikament (birha - "Warheitsdroge") einnehmen; der Hexer wird sich weigern, es zu trinken, denn für ihn wäre der Trunk tödlich.
- Eine besondere Kalebassenart mit pockiger Oberfläche dient zur Entlarvung eines Hexers, denn einem Hexer ist es unmöglich, eine solche Kalebasse zu berühren.

12.1. Kinder als Hexer

Ein Kind kann schon vor seiner Geburt ein Hexer (cɔ̄lɔ̄) sein. Während der Schwangerschaft verläßt das Kind nachts den Mutterleib, um sich mit den erwachsenen Hexen und Hexern zu treffen und mit ihnen Menschenfleisch zu essen. Es kann noch nicht selbst Menschen töten bzw. fangen und wird darum von den erwachsenen Hexern zum Mitessen eingeladen und in die Hexerei eingeführt. Morgens kehrt es in den Mutterleib zurück. Die Eltern eines solchen Kindes müssen keine Hexer sein, denn Hexerei ist nicht erblich.

Nach einer normalen Geburt kann nur ein Fetisch (z.B. ein <u>tugali</u>) [45] erkennen, ob es sich bei dem Kind um einen Hexer handelt. Wenn es nicht entdeckt wird, streift es mit zunehmendem Alter nachts umher, um sich jetzt selbst Menschenfleisch zu suchen. Die Opfer merken anfangs nicht, daß sie von einem Hexer oder von einer Hexe angefallen wurden; sie werden von innen ausgezehrt, werden dadurch schwach und krank und sterben letztlich. Ein Wahrsager kann die "Seele" des Toten befragen, ob Hexerei die Ursache seines Todes war.

Hexenkinder erkennt man auch daran, daß sie vom <u>tugali</u>-Fetisch angegriffen und dadurch krank werden. Die Eltern gehen in solch einem Fall mit ihrem Kind zu einem Fetisch-Besitzer. Dort muß es vor dem Fetisch bekennen, welche Menschen es schon gegessen hat. Wenn das Kind noch nicht sprechen kann, verabreicht man ihm ein spezielles Medikament gegen Hexerei, so daß es für seine Mitmenschen ungefährlich wird. Eine der Frauen von Bapio N'do gebar solch ein Hexenkind. Es wurde früh vom <u>tugali</u> erkannt und konnte so keinen Schaden mehr anrichten. Das Kind starb mit ca. zwei Jahren an einer Krankheit. Meistens werden die Hexer aber erst im Erwachsenenalter vom Fetisch entlarvt.

12.2. Kinder und Fetische

Um die Kinder vor Hexerei, Vergiftungen, Krankheit und Unglück zu schützen, gehen die Mütter mit ihren Kindern zu einem Fetisch-Besitzer und bringen dort dem Fetisch ein Opfer dar. Bapio N'do, Besitzer des großen, aus Ghana eingeführten und speziell gegen Hexerei wirkenden Fetisch tugali, berichtete mir, daß die Mütter aus der Umgebung regelmäßig zu ihm kommen, um ihre Kinder dem tugali anzuvertrauen, es zu befragen und ihre Kinder durch es schützen zu lassen. Bapio N'do muß das tugali vorher befragen, ob es bereit ist, dieses Kind zu beschützen. Wenn es einverstanden ist, verspricht die Mutter im Namen ihres Kindes dem tugali ein Schaf, ein Huhn oder ein Perlhuhn. Wenn ihr Kind laufen kann, muß es wiederkommen und dem tugali das versprochene Tier opfern. Mit zunehmendem Alter begreift das Kind, daß das tugali sein Beschützer ist. Mit sechs bis sieben Jahren kann es schon ohne Begleitung zu ihm gehen. Mit acht Jahren besitzen manche Kinder bereits ein eigenes kleines tugali, das die Eltern ihnen beim Fetisch-Besitzer haben anfertigen lassen. Solch ein tugali für Kinder nennt man dunje. Manche Erwachsene besitzen auch ein dunje, weil es billiger ist als die großen tugali. In Ausnahmefällen gibt Bapio N'do die dunje auch ohne sofortige Bezahlung ab; z.B. wenn ein Kind schwer krank ist und das tugali sagt, das Kind müsse ein eigenes dunje bekommen. Haben die Eltern nicht das nötige Geld, so besteht für das Kind die Verpflichtung, die Schuld im Erwachsenenalter zu begleichen. Im Zuge der Neuzeit wird das tugali von Kindern und Jugendlichen häufig auch um gute Schulnoten gebeten.
Andere Fetische, wie z.B. einen heiligen Topf oder einen heiligen Schwanz (nebila), dürfen Kinder noch nicht

besitzen, denn die Regeln dieser Fetische sind sehr kompliziert und können von Kindern nicht eingehalten werden. Solche Fetische könnten für Kinder somit gefährlich werden. Frauen dürfen generell keine Fetische besitzen.

Geister, Hexen und Fetische sind für die Lyela übernatürliche, gefährliche Mächte, mit denen nicht zu spaßen ist. Auch Kinder dürfen in ihrem Spiel nie leichtfertig mit Begriffen umgehen, die in Bezug zu diesen Mächten zu setzen sind, und niemals unbedacht oder respektlos von solchen Dingen sprechen.

13. Das shú; seine Hintergründe und seine Bedeutung als Sozialisationsfaktor

Bei meinen Nachforschungen über die traditionelle Namengebung stieß ich auf den sehr selten vorkommenden Namen Bashu (Oshu, fem. Eshu). Auch in diesem Fall weist der Name etymologisch auf die Herkunft der "Seele" des Kindes hin, d.h. die Kinder mit solchen Namen stammen entsprechend den üblichen Abstammungsregeln vom shú ab.

Während die Herkunft der meisten Namen eindeutig ist, bereitete mir die Klärung des Begriffes shú größte Schwierigkeiten. Im von F. Nicolas verfaßten Glossaire L'éle-Francais (1953:405) wird zu š'u, pl. šir folgende Erklärung gegeben: "Réunions secrètes d'initiation à la confrérie des masques". Nach Nicolas muß es sich also beim shú um einen Maskengeheimbund gehandelt haben.

E. Bayili beschäftigt sich in seiner bislang unveröffentlichten Studie (Thèse du troisième cycle von 1983) ausführlich mit dem Thema des shú. (Vergleich meiner Ergebnisse mit dieser Quelle siehe Kapitel 13.3.)

Der Begriff des shú begegnete mir auch auf einer Exkursion nach Tio (cɔ̌) mit Herrn Professor R. Schott am 4.9.1983, wo der Dorfchef u.a. eine Initiation der Jugendlichen in das shú erwähnte. Nach seiner Aussage bedeutet der Begriff shú wörtlich: die Jahreszeit der Ernte, während der die Jugendlichen alle drei Jahre im Busch in das Maskenwesen initiiert werden. Mehr als diesen Hinweis auf ein traditionelles formales Erziehungssystem war diesem Gespräch nicht zu entnehmen. Weitere Informationen wollte oder konnte der Dorfchef zu diesem Thema nicht geben.

13.1. Informantenaussagen zum shú

Ich begann mit systematischen Befragungen der Dorfbewohner verschiedener Altersklassen in Sinkou, Réo und Goundi über die Bedeutung des Begriffes shú und stieß auf Unverständnis oder Unkenntnis, in allen Fällen aber auf äußerste Zurückhaltung.

Ich möchte nicht entscheiden, ob es sich um wirkliches Unwissen der jeweiligen Informanten handelte, oder ob ein absichtliches Verschweigen vorlag. Ich hatte aber bei allen Befragungen das Gefühl, daß der Begriff des shú den jüngeren Befragten wirklich nicht bekannt war, während einige ältere Leute zwar das shú kannten, aber jeglichen weiteren Fragen mit dem Hinweis auswichen, daß es "so etwas" heute nicht mehr gäbe. Somit war klar, daß ich meine Nachforschungen auf alte Leute konzentrieren mußte, um etwas über die Bedeutung des shú zu erfahren.

Unter zahlreichen Interviews, in denen ich mich dem Thema nur mühsam nähern konnte und die meist keine konkreten Informationen erbrachten, fanden sich dennoch einige, die, wenn auch in Teilbereichen widersprüchlich und unvollständig, doch wesentliche Informationen bezüglich des shú lieferten. Dabei mag deutlich werden, wie schwer dieser Begriff in feste Formen zu bringen ist, da selbst in der Gedankenwelt der Alten keine festumrissenen Vorstellungen hierzu zu erkennen sind.

Ich möchte im folgenden einige Auskünfte, die ich zum Thema des shú erhalten konnte, thematisch geordnet anfügen. Gesprächspartner dieser Interviews waren:
- Liaoue Bationo, Erdherr in Réo, ca. 70 Jahre alt;
- Madju Bationo, Verwahrer der Maske (des shú) in Sinkou, über 60 Jahre alt;
- Cyprien Bamouni, Alter aus Réo, über 60 Jahre alt;
- Joanny Bazyomo, pensionierter Lehrer aus Réo, über 60 Jahre alt;
- Jean-Louis Bassolé, Schreiber in Réo, ca. 40 Jahre alt.

13.1.1. Die Bedeutung des shú

Die übereinstimmenden Aussagen bezeichnen das shú als ein Heiligtum, das sich hinter Masken verbirgt:

> "Das shú ist ein Heiligtum, an welches man sich bei Unglück, Krankheit, Streit, Regenmangel u.ä. durch Opferdarbringung wenden kann. Spezielle Leute sind in das Wesen und in die Geheimnisse des shú eingeweiht; sie übernehmen die Opferdarbringung und die rituelle Behandlung des shú. Das shú verbirgt sich hinter einer Maske, die ein Tier darstellt, in welchem das shú als Buschgeist wohnt. Dieser Maske werden Opfer dargebracht; sie beherbergt einen starken Geist mit großen Kräften" (Joanny Bazyomo).

> "Das shú ist eine Art Fetisch, der helfen kann, wenn eine große Trockenheit herrscht. Das shú ist ein ähnliches Heiligtum wie das kwálá und wurde einer Familie von deren Ahnen vererbt" (Jean-Louis Bassolé).

13.1.2. Die Legende des shú

Es gibt eine Legende, die über den Ursprung des shú berichtet:

> "Vor langer Zeit gebar eine Frau ein Kind im Busch. Sie legte es unter einen Baum und entfernte sich für eine Weile. Als sie zurückkam, war ihr Kind verschwunden; die Buschgeister hatten es fortgenommen. Nach langen Jahren kehrte dieses Kind zu seiner Familie zurück. Es hatte lange Zeit mit den Buschgeistern gelebt, kannte alle ihre Geheimnisse, konnte die Zukunft voraussehen und wußte von heilenden Kräften. Insbesondere kannte es die Eigenarten aller Buschtiere, von denen jede Gattung ihr eigenes Geheimnis hatte. Das geheime Wissen, das dem Wohle der Menschen dienen sollte, gab das Kind an die Mitglieder seiner Familie weiter" (Joanny Bazyomo).

Diese einzige Informantenaussage stimmt mit der von Bayili (1983:83f) weitgehend überein.

13.1.3. Die "Leute des shú"

Zu der Familie bzw. zu den "Leuten des shú" (shú-lìbe) gab nur ein Informant die folgenden, spärlichen Informationen:

"Dieses Kind aus der Legende ist der Ursprung des shú, und seine Familie sind die Leute des shú, die dieses geheime Wissen bewahren und von Generation zu Generation weitergeben. Sie bringen dem shú, ihrem Urahnen, Opfer und erbitten seine Hilfe zum Wohle des Dorfes. Jede Klansektion der "Familie des shú" hat eine eigene Tiermaske, hinter der sich das shú verbirgt (z.B. Schlange, Löwe, Affe, Krokodil, Schaf, Hase, Ochse, Hyäne). Die Auswahl des Tieres ist vor langer Zeit durch einen Wahrsager festgelegt worden und darf niemals geändert werden. Die Alten jeder Familie kennen die Geheimnisse ihrer speziellen Tiermaske. Sie dürfen die Masken tragen und sie vermitteln ihre Kenntnisse den Jugendlichen; jedoch nicht generell allen Nachfahren, sondern nur einigen Auserwählten, die der Tradition stark verbunden sein müssen, und die schon als Kinder die "geradlinige" Entwicklung einer starken Persönlichkeit voraussehen ließen. Das Tragen der Maske bringt eine große Verantwortung mit sich, denn wenn ein Unwürdiger sie trägt, kann das großes Unglück bringen.
Auch die Mädchen der "shú-Familie" werden in die Geheimnisse des shú eingewiesen; sie dürfen aber niemals eine Maske tragen und fungieren nur als Begleiterinnen bei den Zeremonien und Tänzen der Masken" (Joanny Bazyomo).

13.1.4. Die Initiationsgruppe des shú

Zu diesem Punkt äußerten sich die Informanten ausführlicher, obwohl es sich hier um einen heute nicht mehr bestehenden Brauch handelt:

"Die ausgewählten Jungen und Mädchen der "Familie des shú" (d.h. des Maskenbundes) bilden eine Initiationsgruppe. Sie gehen für drei Monate in den Busch, um dort die Geheimnisse des Maskenbundes zu erlernen. Die Initianden müssen unberührt sein. Sexueller Kontakt bedeutet ihren Tod. Mädchen dürfen bei Opferungen

am shú nur anwesend sein, wenn sie noch jungfräulich
sind, und sie dürfen niemals die Masken
tragen. Die Kinder des shú können schon ab zwölf Jahren zur Initiation ausgewählt werden. Auch wenn sie noch so jung
sind, lernen sie alles Wichtige zusammen mit ihren
Altersgenossen. Die Initianden leben unter selbstgebauten Strohdächern und wechseln alle vierzehn Tage
ihren Aufenthaltsort. Sie sind mit selbstgefertigten
Lederhäuten bekleidet und werden durch Narben als
"Kinder des shú" gekennzeichnet. Während der Buschzeit bilden sie Arbeitsgruppen und verrichten Feldarbeit. Nach siebzehn Tagen der strengen Isolation
kommen die Initianden ins Dorf zurück, wo sie mit
Hühnchen, Kolanüssen, Karitébutter, Sorghum, Hirsebier und Seife beschenkt werden. Bei einem großen
Fest werden dem shú Hühneropfer dargebracht, und die
Dorfbewohner trinken Hirsebier. Die Initianden tanzen
sieben Tage lang zu Ehren des shú. Sie tanzen morgens;
mittags ruhen sie sich aus und abends tanzen sie wieder. Während dieser Tänze dürfen sich ihre Füße nicht
berühren. Bevor sie zurück in den Busch gehen, um dort
ihre restliche Lehrzeit zu absolvieren, dürfen sie ihre Familien besuchen. Ihr Vater verrichtet zu diesem
Anlaß ein Hühner- und Ziegenopfer am shú und wünscht
den Initianden guten Mut. Zum Abschluß der dreimonatigen Initiationszeit muß sich jedes Kind waschen
und ein Opfer verrichten. Sie sind nun in die Geheimnisse des shú eingeweiht. Zu Ehren des shú wird ein
großes Dorffest gegeben. Maskentänze werden aufgeführt,
und die "Kinder des shú" erhalten von allen Fremden,
die sich zum Fest im Dorf aufhalten, Geschenke (Hühnchen, Hirse, Hirsebier und Kolanüsse)" (Liaoue Bationo).

Von einer ähnlichen, jedoch nur zwei Monate andauernden
Initiationszeit berichtet Madju Bationo:

"Es gibt eine Initiationsgruppe des shú. Noch nicht
verheiratete Jungen und Mädchen leben im Busch. Sie
leben dort unter Strohdächern. Jeder trägt einen Lederbeutel für seine Verpflegung mit sich. Die Jugendlichen wurden von den Alten, die das shú versorgen,
ausgewählt. Die Initiationszeit dauert zwei Monate.
Während der Initiation lernen sie von den Alten die
Verhaltensvorschriften, die Geheimnisse und den Maskentanz des shú und eine geheime shú-Sprache. Zwischenzeitlich dürfen die Initianden kurz ihre Familien besuchen. In Begleitung eines anderen Initiationsmitgliedes können sie sogar ihre Verlobten besuchen,
sie dürfen aber mit niemandem Geschlechtsverkehr haben. Die Initianden tragen nur eine Lederhaut als Bekleidung. Die Mädchen des shú tragen Narben auf dem

Bauch, auf dem Rücken und auf der Stirn. Die Dorfbewohner können die Initianden gegen Bezahlung um Hilfe bei der Haus- und Feldarbeit bitten. Nach Beendigung der Initiationszeit werden die Tierhäute, die sie trugen, von den Alten, die sie unterrichtet haben, verbrannt. Nach ihrer Buschzeit werden die Neuinitiierten rasiert, die Trommeln werden geschlagen, und ein großes Fest findet statt" (Madju Bationo).

Eine drei bis vier Monate dauernde Initiation von Jugendlichen im heiratsfähigen Alter beschreibt Cyprien Bamouni:

"Ausgewählte Jugendliche werden drei bis vier Monate in den Busch geschickt, um dort die Geheimnisse des shû zu erlernen. Eine Initiationsgruppe besteht aus etwa zwanzig Jugendlichen, die von ihren Eltern ausgewählt wurden. Sie sind im heiratsfähigen Alter. Innerhalb der Initiationsgruppe sind sexuelle Kontakte und Streitigkeiten streng untersagt. Während der Buschzeit verrichten die Initianden auch Haus- und Feldarbeiten für alte und kranke Dorfbewohner. Sie werden für diese Arbeiten bezahlt, und der Ertrag wird für ein großes Fest nach Beendigung der Buschzeit verwendet. Zu diesem Fest tanzen die Eltern der Neuinitiierten mit den Masken. Danach sind die Initianden frei" (Cyprien Bamouni).

Joanny Bazyomo gibt folgende Auskunft über die Initiationsgruppe des shû, die in den grundlegenden Fakten weitgehend mit den Aussagen der anderen Informanten übereinstimmt:

"Innerhalb jeder "shû-Familie" werden geeignete Jugendliche ausgewählt, die für fähig und würdig gehalten werden, die Geheimnisse des shû zu erlernen und die Tradition weiterzutragen. Es sind Mädchen und Jungen (Jungen in der Mehrzahl) im Alter von fünfzehn bis achtzehn Jahren, die mit den Ausgewählten der anderen Sektionen der Familien des shû zu einer Initiationsgruppe zusammengefaßt werden. In Ausnahmefällen befinden sich unter ihnen auch einige wenige Jugendliche, die vom Wahrsager als "dem shû zugehörig" bestimmt wurden, die aber nicht aus den "Familien des shû" stammen. Diese Gruppe von Jugendlichen zieht sich in einer festgelegten Periode des Jahres, nach der Erntezeit, für einige Wochen zur Initiation in ein Buschlager zurück. Dort werden sie von den alten

Männern des shú in die Geheimnisse, Riten und Gebräuche
und auch in den Maskentanz eingeweiht. Während dieser
Zeit gilt für die Jugendlichen das Gebot der Reinheit
(keinerlei Kontakt zum anderen Geschlecht) und der Ver-
schwiegenheit. Sie sind Auserwählte und sollen sich
stets ihrer großen Verantwortung bewußt sein. Die Mädchen lernen zwar auch alle Geheimnisse des shú kennen,
aber ihre Tätigkeiten beschränken sich auf Hilfsarbei-
ten und Handreichungen während der Opfer und Zeremonien des shú. Auch bei den Maskentänzen, die die Jungen durchführen, sind die Mädchen nur stumme Begleiterinnen. Zur Beendigung der Initiationszeit findet
ein großes Fest zu Ehren des shú statt, bei dem die
Neuinitiierten die Maskentänze aufführen. Alle Dorfbewohner nehmen an diesem Fest teil, nachdem auch sie
während der Initiationsperiode dazu angehalten wurden,
die Tradition und deren Vorschriften besonders zu beachten.
Nach Beendigung dieses Festes löst sich die Initiationsgruppe auf, und die Jugendlichen kehren in ihre jeweiligen Familien zurück, wo sie von nun an für die Belange
des shú verantwortlich sind. Das bedeutet auch, daß sie
von Zeit zu Zeit zu Beerdigungen oder anderen Festlichkeiten zusammengerufen werden, um mit den Masken die
Zeremonien des shú durchzuführen. Auch die inzwischen
in andere Dörfer verheirateten Töchter des shú müssen
zu solchen Anlässen anwesend sein und aus diesem Grund
manchmal weite Entfernungen zurücklegen. Die Bindung
an das shú besteht ein Leben lang" (Joanny Bazyomo).

13.1.5. Totenfeier für Mitglieder der "shú-Familie"

Über die Zeremonien und Verhaltensweisen beim Tod eines
Mitgliedes der "shú-Familie" besteht eine weitgehende
Übereinstimmung der Informantenaussagen:

"Niemand darf den toten Körper berühren, ehe nicht die
"Leute des shú" mit den Masken erschienen sind, um die
Riten und die Zeremonien des shú durchzuführen. Das
gilt auch für die Frauen der "shú-Familie", die in ein
anderes Dorf geheiratet haben und dort verstorben sind.
Normalerweise werden die Leute vom shú sehr alt.
Auch die Totenfeier eines Angehörigen der "shu-Fami-
lie" darf nicht ohne die Anwesenheit der Masken begonnen werden. Die "Leute des shú" kommen als Gruppe mit

den Masken zu dem betreffenden Gehöft, wobei schon auf
dem Weg dorthin dem shú ein Opfer dargebracht werden
muß. Es ist gefährlich, dieser Maskengruppe zu begegnen;
für nicht eingeweihte Personen kann diese Begegnung
todbringend sein. Die Gruppe des shú ist schon
von weitem an speziellen Trommelzeichen zu erkennen"
(Liaoue Bationo).

"Der Tote darf nicht begraben werden, bevor die Masken
aus den verschiedenen Familiensektionen gekommen sind,
um ihre Tänze und Zeremonien durchzuführen. Wird diese
Regel des shú mißachtet, kommt Unglück über die Familie.
Die "Leute des shú" müssen mit den Masken und
Trommeln zum Gehöft des Verstorbenen kommen. Auf dem
Weg dorthin ist die Gruppe der "shú-Leute" für jeden
Nichtinitiierten sehr gefährlich. Wenn er die Gruppe
unvorbereitet trifft und nicht mehr weglaufen kann,
muß er sich, das Gesicht zur Erde gewendet, auf den
Boden legen und einen Strohhalm in den Mund nehmen.
Das zeigt, daß er das shú respektiert. Andernfalls
kann das shú seine "Seele" verwünschen. Verhält er
sich nicht entsprechend, so gibt es für ihn noch die
Möglichkeit, dem shú ein Opfer darzubringen und es um
Verzeihung zu bitten, damit er gerettet wird" (Joanny
Bazyomo).

"Der Tote wird beweint, die Trommeln und Masken des
shú werden gerufen, um ihre Zeremonien vor der Beerdigung
durchzuführen. Im Gehöft des Verstorbenen wird
Mehlwasser für die ankommenden "Leute des shú" zur
Durchführung spezieller Zeremonien bereitgestellt.
Ein Hund wird getötet, um den Verstorbenen zu begleiten.
Stirbt eine Frau des shú, so darf sie nicht mit ihrem
Hüfttuch begraben werden; ihr Ehemann tötet ein Schaf
und bedeckt den Leichnam seiner Frau im Grab mit dem
Fell dieses Tieres. Nach der Beerdigung kehren die
"Leute des shú" in ihre Gehöfte zurück. Nach Ablauf
von vier Tagen tanzen sie noch einmal mit den Masken
am Beerdigungsort" (Cyprien Bamouni).

13.1.6. Die Aufbewahrung und Behandlung des shú

Zu diesem Thema konnte ich folgende Informantenaussagen aufzeichnen:

"Das shú, das kwálá und die Erde (cɛ) sind von gleicher Macht und Stärke. Der Erdherr (cɛ-cébal) kann gleichzeitig (neben dem Erdaltar) auch das shú versorgen" (Cyprien Bamouni).

"Das shú wird in einem speziellen Raum im Gehöft der Familie aufbewahrt und von einem Alten versorgt. Dieser Alte kennt alle Geheimnisse des shú, und nur er darf dem shú Opfer darbringen. Der Alte muß nach den traditionellen Regeln leben; er muß "rein" sein und darf keiner Frau aus seinem Dorf den Hof machen. Er darf auch keiner sitzenden Frau über die Füße steigen, denn das gilt als symbolischer Geschlechtsakt. Nach seinem Tod übernimmt ein von ihm ausgewählter Sohn sein Amt, nachdem ein Wahrsager über die Eignung dieses Sohnes befragt wurde" (Jean Louis Bassolé).

"Jede Maske des shú wird in einem separaten Raum aufbewahrt und nur zu besonderen Anlässen von den initiierten Personen herausgeholt. Frauen und Mädchen ist es streng verboten, über das Federkleid der Masken zu schreiten, mit der Erklärung, daß sie sonst unfruchtbar würden. Der eigentliche Grund für dieses Verbot ist jedoch die Gefahr der Verschmutzung der Maske durch Menstruationsblut. Die "Reinheit" der Maske muß unbedingt gewahrt bleiben" (Joanny Bazyomo).

13.1.7. Die Kraft des shú

Die Aussagen zu diesem Thema zeigen, in wieviele Bereiche die Hilfe bzw. die Kraft des shú hineinreicht.

Madju Bationo besitzt selber eine Maske, d.h. er verwahrt und versorgt sie in seinem Gehöft. Er kennt ihre Geheimnisse und ihren Sinn. Wenn es lange nicht geregnet hat, gießt er Wasser in eine Kalebasse und schüttet es über die Maske. Bevor das Wasser getrocknet ist, wird es regnen.

"Wenn in Dürreperioden der Wahrsager rät, man müsse dem shú ein Opfer bringen, damit Regen kommt, so wird das shú unter einen Baum plaziert, wo der Alte mit einigen Helfern dem shú ein Hühnchen, ein Schaf oder einen Ochsen opfert. Mit diesem Opfer bittet er das shú um Regen.
Wenn das shú aus seinem Raum geholt wird, so müssen ihm schwangere Frauen aus dem Wege gehen, denn sie dürfen seinen Weg nicht kreuzen.
Ein Kind, das am Tage der Zurschaustellung des shú geboren wird, erhält den Namen Bashu (fem. Eshu)"
(Jean Louis Bassolé).

"Es gibt verschiedene Arten von shú..Das shú der Familie Bamouni kann Regen bringen, wenn der Alte die Trommeln schlägt und ein Opfer verrichtet. Deshalb wendet man sich vor den Feldarbeiten an das shú, damit es Regen bringt. Andere Dörfer, z.B. Eyon, Bonyolo oder Kyon, haben auch ein shú. Für Réo ist das shú der Familie Bamouni zuständig. Wenn die Leute ein Anliegen an das shú haben, kommen sie damit zu Cyprien Bamouni"
(Cyprien Bamouni).

"Bei Epidemien, Regenmangel, Hungersnöten oder Krankheit wenden sich die Dorfbewohner an die "Leute des shú", die durch die Darbringung von Opfern das shú veranlassen können, das Unglück abzuwenden.
Auch bei Unfruchtbarkeit der Frauen kann das shú durch ein Opfer um Hilfe gebeten werden. Wenn daraufhin ein Kind geboren wird, so erhält es den Namen Bashu (fem. Eshu) und steht damit sein Leben lang mit dem shú in Verbindung.
Früher wurden die kranken Kinder dem shú in der Gestalt der Maske übergeben. Die Kinder schrien vor Angst und Entsetzen, aber sie wurden durch die Kraft des shú geheilt. Sie waren von da an Kinder der Maske. Auch diese Kinder bleiben dem shú durch regelmäßige Opfer ihr Leben lang verpflichtet. In manchen Fällen wird dem kranken Kind während der Opferzeremonie am shú die Maske auf den Kopf gesetzt. Das geschieht jedoch nur, wenn es ein Junge ist. Die Maske wirkt wie eine magische Droge, und die Kraft des shú geht auf das Kind über. Das Kind wird eigenwillig, schwer erziehbar, mißachtet alle Regeln und Verbote, fügt sich und anderen körperlichen Schaden zu und läuft ins Feuer, weil es vor nichts mehr Angst hat. Die Kraft der Maske war zu stark für das Kind; manchmal ist jedoch diese Methode die einzige Möglichkeit zur Heilung. Ansonsten kann nur ein Erwachsener, ein Initiierter, das Tragen der Maske aushalten" (Joanny Bazyomo).

Steinbrich beobachtete gleichartige Rituale; die Maske wurde von ihren Informanten jedoch als nyɔmɔ bezeichnet. Da auch einige meiner Informanten eine Maske generell als nyɔmɔ bezeichneten, ergab sich für mich die Frage, ob nyɔmɔ und shú identisch seien. Es war mir jedoch nicht möglich, eine deutliche Unterscheidung dieser Begriffe zu erkennen bzw. ihre Identität nachzuweisen.

"Man benutzt die Maske auch in der Kindererziehung als Drohung: die Maske sieht alles; sie kann unartige Kinder bestrafen oder sie sogar holen.
Auch untreuen Frauen wird von ihren Ehemännern Angst vor der Kraft des shú seiner Familie gemacht. Da die Ehefrauen immer aus anderen Familien kommen, kennen sie nichts von den Geheimnissen und Regeln des shú der Familie ihres Ehemannes. Durch unvorbereitete Teilnahme an einem Opfer oder einer Zeremonie am shú wird sie in den Bannkreis des shú gezogen, ist durch die Kenntnis einiger Geheimnisse an den shú gebunden und kann somit ihrem Ehemann nicht mehr fortlaufen. Sie wird von da ab von der Maske überwacht, und ihr drohen Tod oder Irresein, wenn sie anderen Männern nachläuft" (Joanny Bazyomo).

"Kinder vom shú kann es überall geben. Sie heißen Bashu (fem. Eshu) - Kinder der Maske; der Name Banyɔmɔ (fem. Enyɔmɔ) hat die gleiche Bedeutung (von nyɔmɔ - die Maske). Hatte eine Frau zahlreiche Totgeburten und bringt dann dem shú ein Opfer dar, wird sie ein gesundes Kind gebären. Dieses Kind trägt dann den Namen Bashu (bzw. Eshu)" (Cyprien Bamouni).

"Alle Kinder, deren "Seelen" vom shú kommen, heißen Bashu (fem. Eshu). Ihr Leben lang müssen sie dem shú regelmäßig Opfer darbringen. Die Alten aus der Familie erklären ihnen die Regeln und Vorschriften des shú. Bei Krankheit erhalten diese Kinder die Medikamente vom shú" (Liaoue Bationo).

"Bei Verbrechen kann der Missetäter das shú um Verzeihung bitten, indem er ein Opfer verrichtet. Auch in Fällen von Diebstahl muß dem shú ein Opfer dargebracht werden.
Wenn das shú Regen bringen soll, werden die Trommeln geschlagen und mehrere Opfer am shú verrichtet. Im Jahre 1982 wurden auf Anraten verschiedener Wahrsager aus der Umgebung vier Hühnchen in der Dorfmitte, zwei Ziegen am shú und zwei an einer Wasserstelle geopfert; sofort nach der Opferdarbringung kam ein großer Regen.

Ebenso kann man für dieses Anliegen, zuzüglich der Opferverrichtung, eine Schüssel mit Wasser auf ein Lehmdach stellen. Ein Mitglied aus der "Familie des shú" schüttet das Wasser langsam aus, und noch bevor die Schüssel leer ist, kommt der Regen.
Die Frauen des shú, die in einem anderen Dorf verheiratet sind, haben ein besonderes Privileg: Wenn sie sich auf dem Dach eines (Lehm)-Hauses im Gehöft ihres Ehemannes befinden und von ihrem Ehemann gerufen werden, brauchen sie nicht zu antworten" (Liaoue Bationo).

13.1.8. Die heutige Bedeutung des shú

Den Informantenaussagen zufolge hat das shú heutzutage weitgehend seine ursprüngliche Bedeutung verloren.

"In Réo und Umgebung gibt es keine Initiation und Maskenschule mehr, denn die "Weißen" haben alle Plätze des shú besetzt. Die Tradition geht dennoch nicht ganz verloren; dem shú werden weiterhin Opfer dargebracht. Es gibt einen Platz, wo die Bäume nicht abgeholzt werden dürfen. Dort werden die Opfer auf einem Stein an einem Baumstamm dargebracht. Der Wahrsager sagt den Leuten, welche Art von Opfer sie verrichten müssen" (Liaoue Bationo).

"Heutzutage haben zwar einige Familien noch die Masken, aber die Zeremonien, die Maskentänze und die Opfer für das shú sind weitgehend verlorengegangen. Bei den Samo in Puni findet man heute noch vereinzelt Initiationen und Maskentänze zur Erntezeit und bei Begräbnissen von Alten. Zivilisationseinflüsse und Christianisierung gewannen an Einfluß und verdrängten diesen alten Brauch in vielen Gebieten" (Joanny Bazyomo).

In der Familie des Informanten Cyprien Bamouni gibt es heute kein Kind des shú mehr, denn die Bamouni haben diesen traditionellen Brauch seit dem Einzug der "Weißen" in diesem Gebiet fallengelassen. Es gibt auch keine Initiationsgruppe mehr.

"Die Jugendlichen von heute wissen nichts mehr von den Geheimnissen des shú. Nur die Alten wissen noch vom shú und kennen die Vergangenheit. Mit dem shú ist es zu Ende gegangen,und die Alten sind sehr traurig darüber. Das hat Unfrieden und Unzufriedenheit gebracht. Die Tradition brachte Einigkeit. Speziell das shú und seine Maskentänze waren früher sehr feierlich, jetzt sind die Bräuche nur noch ein Spiel; der Respekt ist verlorengegangen. Früher wurde die Wahrung der Tradition vom Vater auf seinen Sohn übertragen,und dem Sohn wurde damit der Sinn des Lebens erklärt. Die Ankunft der "Weißen" hat alles in Unordnung gebracht; der Sinn des Lebens ist verlorengegangen" (Cyprien Bamouni).

13.2. Schlußfolgerungen aus den Informantenaussagen

Alle Interviews zu diesem Thema lassen darauf schließen, daß die Generation der Alten das shú sehr wohl kennt. Früher bildete es einen wesentlichen Bestandteil ihres Lebens. Es bot moralischen Rückhalt und förderte das Funktionieren des Gemeinschaftslebens. Durch die Initiation wurde eine privilegierte Gruppe von Jugendlichen, eine Art von Elite, ausgebildet. Die Anforderungen, die an die Initiierten gestellt wurden, lassen erkennen, welchen Wert die Lyela der strengen Bindung an die Tradition und einer ihr entsprechenden Lebensführung beimaßen. Grundpfeiler dieser Lebensweise waren:
1. ausgeprägtes Traditionsbewußtsein,
2. Selbstdisziplin und
3. Gemeinschaftssinn.

Im Hinblick auf diese erstrebenswerten Eigenschaften wurde auch insofern eine Art sozialer Kontrolle ausgeübt, als Untugenden und Fehlverhalten aus Angst vor Bestrafung durch die Regeln des shú weitgehend unterdrückt wurden. Die Macht des shú, der sich alle Dorfbewohner beugten und die sowohl Furcht einflößte als auch Schutz und Hilfe bot, ließ ein Gemeinschaftsgefühl unter den Mitgliedern des shú-Bundes entstehen und brachte auf diese Weise Ordnung in das Dorfleben. Durch die Personifizierung des shú in den Masken und den Maskentänzen wurde seine Existenz und Gegenwart in eindrucksvoller Weise demonstriert.

Dem shú kam insofern auch eine religiöse Bedeutung zu, als es neben der Hilfeleistung in Notfällen ein Gefühl der Abhängigkeit von religiösen Mächten erzeugte, die im shú verkörpert waren. So trug die Verehrung des shú wesentlich zur Sozialisation der Individuen bei.

13.3. Vergleich mit der Studie des E. Bayili

Als einzige Quelle zum Vergleich meiner Forschungen über das shú bei den Lyela existiert die bislang unveröffentlichte Studie (Thèse du troisième cycle) des E. Bayili von 1983: "Les Populations Nord - Nuna". Hier fand ich viele meiner Ergebnisse bestätigt.

Auch Bayili führt die Herkunft des shú auf eine Legende zurück, die von einem ausgesetzten Ahnen handelt, welcher lange Zeit mit den Buschgeistern und -tieren zusammenlebte, deren Geheimnisse erlernte und dann zu seiner Familie zurückkehrte. Er bildete den Ursprung der Familie des shú.

Die Weiterreichung der Geheimnisse und Kenntnisse des shú erfolgt von Generation zu Generation innerhalb der "shú-Familie". Kernpunkt der Ausbildung der "Leute des shú" ist die Initiation von Jugendlichen im Busch. Diese Initiationszeit beträgt nach Bayili drei Jahre, während, laut Aussagen meiner Informanten, die Isolation der Initianden bei den Lyela nur einige Monate dauert.

Die Ziele der Initiation sind hier wie dort: Erreichung seelischer und geistiger Reife, Gemeinschaftsdisziplin, Selbstbeherrschung (besonders im Sexualbereich), Respekt und Gehorsam gegenüber der traditionellen Autorität. Auch Bayili spricht von einer "Auslese" der Jugendlichen, die nach der Initiation als "Leute des shú" privilegiert und ihr Leben lang dem shú verpflichtet und verbunden sind.

Auch die Aussage Bayilis zur Rolle der Mädchen im Hinblick auf das shú stimmt mit den Angaben meiner Informanten überein. Die Mädchen werden zwar ebenso wie die Jungen initiiert, dürfen aber niemals die Masken tragen; sie werden nur zu Handreichungen und als Begleiterinnen bei den Tänzen zugelassen.

Beim Begräbnis und bei den Totenfeiern von Mitgliedern der "shú-Familie" müssen die Masken unbedingt anwesend sein. Das zeigt, daß die Bindung an das shú über den Tod hinaus besteht.

Auch Bayili erwähnt die Namengebung der Kinder, deren Seelen von den Masken bzw. vom shú kommen. Bei der Namengebungszeremonie wird die Klanmaske an das Kopfende des Säuglings gelegt, damit die Kraft der Maske auf das Kind übergeht.

Bayili bestätigt, daß das shú ein ausführendes Instrument zur Erhaltung der Autorität, der Disziplin und der Ordnung im Dorf ist. Der Maskenkult ist zudem ein Mittel, die Mächte des Busches zu bewältigen und durch Opferdarbringung ihr Wohlwollen zu erlangen bzw. zu erhalten.

13.4. Zusammenfassung

Das shú besteht heute nicht mehr als vollständige Institution. In den verschiedenen Siedlungen der Lyela finden sich nur noch unterschiedliche Restbestände. Ich konnte in Tiogo, einem östlich von Sinkou gelegenen Ort, noch einem Maskentanz des shú beiwohnen. Der Tanz der Masken war ein heiteres Ereignis. Die Dorfbewohner erfreuten sich daran und in ihrem Verhalten gab es keine Anzeichen von Respekt oder gar Angst. Auf meine Fragen nach dem Sinn des

Tanzes wurden mir nur die Namen der Buschtiere genannt, die die einzelnen Masken darstellen sollten. Ich muß offenlassen, ob nicht einige alte Zuschauer doch mehr über die Bedeutung der Maskentänze wußten.

Einige Familien besitzen noch die alten Masken, die zwar nach wie vor als heilig gelten, aber heutzutage nicht mehr hervorgeholt werden. Sie bleiben in einem dunklen Raum und hin und wieder werden ihnen dort auch noch Opfer dargebracht. Die Initiation, die die wichtigste Voraussetzung für den Fortbestand der Tradition des shû bildete, gibt es heute nicht mehr.
Damit ist nicht nur ein alter Brauch verlorengegangen, sondern mit ihm auch ein Grundelement zur Ausrichtung des Lebens nach Werten wie Wahrung der Tradition, Selbstdisziplin und Einfügung in die Gemeinschaft. Das shû war eine Macht zur Aufrechterhaltung von Recht und Ordnung im dörflichen Leben. Speziell auf die Jugendlichen bezogen ist ein wesentlicher Erziehungsfaktor verlorengegangen: das Streben nach traditionellen Tugenden.

14. Das Hirtenleben als Übergangsphase für Jungen

Das Viehhüten ist eine traditionelle Arbeit der Jungen bei den Lyela. [46] Die Hirten (nɔ̀nɔ̀na) nehmen innerhalb der Gesellschaft eine Sonderstellung ein. Die Kinder sind in der Ausübung der Hirtentätigkeit, und damit in ihrer gesamten Lebensweise, noch in starkem Maße der Tradition verhaftet. Dadurch, daß sie den ganzen Tag außerhalb des Gehöftes im Busch verbringen und dort ganz auf sich allein gestellt sind, bleiben sie auch den Einflüssen der Neuzeit fern, die sich in allen anderen Lebensbereichen mehr oder weniger stark bemerkbar machen.

Diese noch bestehende Traditionsgebundenheit der kleinen Gruppe der Hirten innerhalb des Stammes der Lyela war für meine Untersuchungen von besonderem Wert. Ich bemühte mich, das Zutrauen der Hirten zu gewinnen und begleitete sie während ihrer Arbeit in den Busch. Es blieb aber lediglich bei der Beobachtung ihres Tagesablaufes; alle Versuche einer engeren Kommunikation scheiterten eben daran, daß sie noch so frei und unberührt von neuzeitlichen Kontakten lebten und eine unüberwindliche Scheu davor hatten, mit mir, einer fremden Weißen, in näheren Kontakt zu kommen. Während die anderen Kinder, die nicht Hirten waren, nach einer gewissen Zeit zutraulich wurden und immer bereit waren, mir ihre Tätigkeiten und Fähigkeiten vorzuführen, blieben die Hirten auf Distanz. Durch geduldige Beobachtung sowie durch Befragungen von Männern und älteren Jungen, die früher einmal Hirten gewesen waren, gewann ich dennoch einen Einblick in die Lebensweise und die damit verbundene Sonderstellung der Hirten.

Um Hirte zu werden müssen die Jungen über eine kräftige physische Konstitution verfügen, denn die Hirten sind während des Viehhütens sehr harten Lebensbedingungen ausgesetzt. Sie verbringen den ganzen Tag im Freien außerhalb des Gehöftes und müssen oft mit dem Vieh weite Strecken zurücklegen, um geeignete Futterplätze zu finden. Bei einer Herde von zwanzig bis dreißig Tieren tragen die Jungen schon eine recht große Verantwortung. Wenn ein Junge die grundlegenden Fähigkeiten zum Viehhüten mitbringt, begleitet er zunächst die älteren Hirtenjungen, seine Brüder. Er lernt dadurch, wie man mit dem Vieh umgeht, wie und wann man es zu Futter- und Trinkplätzen führt und wie man sich verhalten muß, um ein guter Hirte zu werden.

Jungen von fünf bis sechs Jahren dürfen schon als Begleiter mitgehen; mit etwa zehn Jahren können sie die Verantwortung für eine Herde übernehmen. Es hängt jedoch nicht nur vom Alter, sondern auch von den Fähigkeiten und von der Zuverlässigkeit eines Jungen ab, ob man ihm das Vieh der Familie anvertrauen kann, zumal die Tiere das größte Kapital einer Familie darstellen. Bei größeren Viehbeständen werden mehrere Hirten eingesetzt. Der Älteste unter ihnen ist der Führer der Hirten, denn er hat die größte Erfahrung.

Es ist eine traditionelle Regel, einem Hirten, der um Nahrung bittet, jederzeit etwas abzugeben. So teilen z.B. Arbeitsgruppen bei der Feldbestellung selbstverständlich ihren Proviant mit Hirten, wenn diese sich mit ihrer Herde in der Nähe aufhalten und um Nahrung bitten.

Zur Veranschaulichung des Hirtendaseins finden sich im Anhang Nr. 11 drei Erlebnisberichte, die mir mein Informant und Dolmetscher Valentin Bazié, der oft mit den Hirten seines Dorfes unterwegs war, geliefert hat. Diese Beispiele mögen Eigenarten und Verhaltensweisen der Hirten aufzeigen.

Hirten gelten als besonders stark, selbstbewußt, aggressiv, abgehärtet und roh. Als Zeitvertreib üben sie sich während des Viehhütens im Ringkampf. Sie gelten als hervorragende Ringer und entsprechen dem traditionellen Männlichkeitsideal.

Auf der anderen Seite sind Hirten aber auch als Diebe bekannt und gefürchtet. Sie stehlen z.B. Früchte und Gemüse aus Gärten, Erträge auf Feldern und Geflügel. Sie fürchten keine Bestrafung. Es ist Aufgabe der Hirten zu verhindern, daß ihre Herde in Gärten und Felder einbricht und dort Angepflanztes frißt oder zerstört. Es passiert jedoch des öfteren, daß sie (absichtlich oder unabsichtlich?) nicht aufpassen und ihre Herde in fremden Gärten und auf fremden Feldern fressen lassen, was zur Folge hat, daß sie mit den Jungen der betroffenen Gehöfte in ernsthafte Kämpfe verwickelt werden.

Ein typisches Attribut und Kommunikationsmittel der Hirten ist ihre Flötensprache, mit deren Hilfe sie untereinander auch über weitere Entfernungen Kontakt halten können. Diese Flötensprache beherrschen nur die Hirten, und sie wird auch nur von Hirte zu Hirte weitergegeben.

Die Hirtenzeit eines Jungen ist begrenzt und endet im Alter von fünfzehn bis siebzehn Jahren. Damit findet eine grundlegende Änderung im Leben des Hirtenjungen statt. Mit Abschluß seiner Hirtenzeit tritt der junge Mann in einen neuen Status ein; er wird als erwachsener, reifer Mann angesehen, ist heiratsfähig und kann nun eine Familie gründen. Er ändert damit auch sein äußeres Erscheinungsbild; er legt Wert auf Kleidung (in früheren Zeiten wurde der Lendenschurz gegen eine traditionelle Hose eingetauscht). Er entwickelt einen gewissen Reinlichkeitssinn und wird in das Familienleben und in die Dorfgemeinschaft als erwachsenes, vollwertiges Mitglied integriert.

Man könnte die Hirtenzeit als Initiationszeit der Jungen ansehen, die zwar nicht durch Initiationsriten gekennzeichnet ist, die aber sehr wohl ihrem Aufbau nach die Kriterien einer Initiation erfüllt, die van Gennep (1909: 13f) in seinem Modell aufstellt.

Mit dem Beginn der Hirtenzeit verlieren die Jungen im
Alter von etwa neun Jahren den Kinderstatus innerhalb des
Gehöftes; sie bilden eine geschlossene Gruppe, die sich
tagsüber weitgehend vom Dorf- und Familienleben distanziert
und separiert. Im Sinne van Genneps würde das der Phase
der "séparation" entsprechen.

Als geschlossene Gruppe weisen die Hirten eine ausgeprägte Eigenständigkeit auf: Sie haben eigene Führer, eine
eigene Rangordnung, eine besondere Flötensprache, spezielle gemeinsame Spiele bzw. Formen der Körperertüchtigung
(Ringkämpfe) und gemeinsame Wertvorstellungen (z.B. dem
traditionellen Bild starker Männlichkeit nachzueifern).
Sie verbindet eine gemeinsame Aufgabe und Verantwortlichkeit. Diese exponierte Stellung der Hirten als geschlossene Gruppe würde nach van Gennep die Phase des Übergangs
("marge") kennzeichnen.

Nach dieser Zeit des Übergangs, der Entwicklung und
der Reifung in der Absonderung im "Busch" treten die Hirten in ein neues Lebensstadium ein, d.h. sie kehren als
erwachsene Männer in die Gesellschaft zurück. Somit wäre
auch die dritte Phase als Kriterium einer Initiation
nach van Gennep gegeben ("agrégation").

Es muß offen bleiben, ob Riten und eine religiöse Sinngebung in der Zeit der Übergangs- und Absonderungsphase
in früheren Zeiten bei den Lyela vorhanden waren und zugunsten des rein Funktionellen verlorengegangen sind.
Bedenkt man jedoch, daß in früheren Zeiten alle Jungen
das Stadium des Hirtendaseins durchlaufen mußten, so verstärkt sich mein Eindruck, daß es sich hier um eine Jungeninitiation gehandelt hat.

Heutzutage hat das Hirtendasein als wichtige Entwicklungsphase an Bedeutung im Leben der Jungen verloren.
Zum einen haben sich die Viehbestände der meisten Gehöfte
der Lyela so reduziert, daß nicht mehr jeder Junge zum

Viehhüten gebraucht wird. Zum anderen besuchen die Jungen dieses Alters in zunehmendem Maße die Schule; in der verbleibenden Freizeit und in den Ferien werden sie überwiegend zur Feldarbeit eingesetzt, so daß das Viehhüten den nicht alphabetisierten Jungen vorbehalten bleibt.

Somit ist die Hirtenzeit heutzutage nicht mehr eine gemeinsame Lebensphase aller Jungen eines Gehöftes. Das bringt eine Entfremdung der Jungen untereinander mit sich. Während es früher eine verantwortungsvolle Aufgabe war, das Vieh der Familie zu hüten, die den Jungen ein Selbstwertgefühl vermittelte, bringt die verstärkte Hinwendung zur Schulbildung auch hier eine Verschiebung der Wertvorstellungen mit sich. Die Jungen mit Schulbildung fühlen sich den gleichaltrigen Hirten überlegen; die Geschwisterbindungen und die Altersrangfolge verlieren an Bedeutung.

15. Traditionelle Bräuche für Mädchen

15.1. Die Mädchenbeschneidung

15.1.0. Allgemeines

Generell kann gesagt werden, daß im heutigen Leben der Lyela Tradition und Bräuche immer mehr verkümmern und an Bedeutung verlieren. Das trifft besonders für die junge Generation zu, deren Augenmerk unter dem Einfluß der Zivilisation zunehmend auf materielle Dinge gerichtet wird. Die ältere Generation ist jedoch bemüht, Tradition und Brauchtum so weit wie möglich aufrechtzuerhalten. Aus dieser Diskrepanz ergibt sich die Tatsache, daß Rituale zwar heute noch durchgeführt werden, aber weitgehend sinnentleert sind und kaum noch Bezug zur Glaubenswelt haben.

Das wohl grausamste Ritual dieser Art ist meines Erachtens nach die Mädchenbeschneidung (gòm). Da ich meine Studie von 1981: "Mädchenbeschneidung in Westafrika", in der ich besonders den Sinngehalt und die die Mädchenbeschneidung umgebenden Riten bei verschiedenen Völkern Westafrikas untersucht habe, durch eine eigene Feldforschung ergänzen wollte, interessierte mich dieses Thema in besonderem Maße.

In den ersten Monaten meines Aufenthaltes bei den Lyela versuchte ich vorsichtig, im Gespräch mit den Frauen meines Gehöftes etwas über diesen Brauch zu erfahren. Anfangs wichen alle Befragten in vage Feststellungen aus: Heutzutage würde kaum noch beschnitten oder man wisse nichts darüber, da in der eigenen Familie die Mädchenbeschneidung nicht mehr üblich sei. Dieses Gesprächsthema war den Frauen offenbar unangenehm; ich hatte jedoch das Gefühl, daß das Thema zwar irgendwie tabuisiert, aber doch unterschwellig relevant war. Obwohl einige Frauen zugaben, beschnitten zu sein, ließen sie sich diesbezüglich auf keine näheren Gespräche ein.

Im Laufe von Monaten des Zusammenlebens mit den Lyela kam ich immer mehr zu der Überzeugung, daß, entgegen meiner anfänglichen Annahme, doch noch Mädchenbeschneidungen in größerem Ausmaß stattfanden. Durch die Hilfe meiner Dolmetscherin Claudine Kaboré war es möglich, den Kontakt zu vier Beschneiderinnen aufzunehmen, mit denen ich offen über ihr Amt reden konnte und die mir Aufschlüsse über den Vorgang der Mädchenbeschneidung gaben. Durch zunehmende Vertrautheit mit den Frauen und mit Einverständnis aller beteiligten Personen wurde meine Anwesenheit schließlich bei mehreren Beschneidungen in verschiedenen Familien toleriert; ich bekam sogar die Erlaubnis, zu fotografieren. Ich war mir als "Weiße" des Außergewöhnlichen dieser Erlaubnis bewußt und fotografierte so zurückhaltend wie möglich, um den Ablauf der Beschneidungszeremonie nicht zu stören. Ich war den Leuten sehr dankbar für ihr Vertrauen und wollte auf keinen Fall aufdringlich oder sensationshungrig erscheinen. Meine Anwesenheit bei diesem Geschehen gab mir das unangenehme Gefühl, in eine Intimsphäre einzudringen, und ich fühlte mich bei diesen Zeremonien völlig deplaziert. Die Kinder so leiden zu sehen, nur dabeizustehen, ohne helfen zu können und dazu noch zu fotografieren, ging an die Grenzen meiner psychischen und physischen Kräfte. Es waren die schwersten Momente meiner Feldforschung. Ich durfte mich nicht von Mitleid und Emotionen überwältigen lassen, sondern mußte versuchen, das Geschehen wissenschaftlich und nüchtern zu sehen, aufzunehmen und zu verarbeiten. Es ist mir jedoch nie gelungen, mich der schockierenden psychischen Wirkung zu entziehen und die Grausamkeit dieser Zeremonie nicht mitzuempfinden. Die Erinnerung daran wird mich immer belasten.

Ich möchte im folgenden zunächst den genauen Ablauf
einer Mädchenbeschneidung, der ich beigewohnt habe, schildern, um einen allgemeinen Einblick in diese Zeremonie zu
geben. Im Anhang Nr. 13 finden sich vier weitere Protokolle von Beschneidungszeremonien, bei denen jeweils fünf,
sieben, acht und neununddreißig Mädchen beschnitten wurden.

15.1.1. Bericht über eine Mädchenbeschneidung

Tagebuchaufzeichnung vom 9.10.1983:
Zwei Mädchen, sieben und dreizehn Jahre alt.
Die Beschneidung findet in DA, im Gehöft der Familie A,
statt. Um sieben Uhr treffe ich mit meiner Dolmetscherin
im Gehöft ein. Die Beschneiderin ist schon anwesend;
sie kommt aus einem etwa vier Kilometer entfernten Dorf.
Die Frauen und Männer des Gehöftes begrüßen uns freundlich, die Atmosphäre ist gelockert und alltäglich;
über die bevorstehende Beschneidung wird noch nicht
gesprochen. Auch das Treiben im Hof empfinde ich als
alltäglich; nichts weist auf die bevorstehende Operation hin. Die Beschneiderin wird freundlich begrüßt,
Kinder und Frauen kommen gelaufen, um uns zu begucken.
Wir sitzen etwa eine viertel Stunde zusammen mit der
Beschneiderin im Hof auf einer Bank; es wird nicht viel
gesprochen.
Einige der älteren Frauen sind in ihren Häusern verschwunden und bringen bald darauf einen schmutzigen
Topf, der zwei Klöße aus einer grünlichen Masse enthält. Es handelt sich um Kuh-Exkremente, vermischt mit
dem Saft der Blätter des Baumes Néré. Diese "Schmiere"
wird die Beschneiderin nach der Operation zur Stillung
des Blutflusses gebrauchen. Sie begutachtet das vorbereitete "Medikament" genau und ist zufrieden. Das
Beschneidungsmesser, eine Rasierklinge, hat sich
hinter das Ohr geklemmt. Eine andere Frau bringt acht
Hirsestengel, die die Beschneiderin mit Faserschnüren
zusammenbindet. Je vier Stengel werden in der Mitte
zu einem Bündel zusammengebunden.
Plötzlich werden Jungen und Kinder weggescheucht; die
Atmosphäre wird unruhig, man spricht aufgeregt durcheinander, es scheint gleich loszugehen. Alle Frauen
und Mädchen begeben sich zum hinteren Ausgang des Hofes, von wo aus wir zu einem großen, schattigen Platz
unter einem Mangobaum gelangen. Die Beschneiderin wählt
einen günstig gelegenen Platz für die Operation, ein

Stück vom Baumstamm entfernt, dort, wo noch ein bißchen Sonne durch die Äste scheint. Hier gräbt sie dann mit einer Hacke ein kleines Loch, begutachtet die Stelle noch einmal und zeichnet vor das Loch einen Kreis in den Sand. Eine jüngere Frau nähert sich; sie hat soeben ihr Hüfttuch wie eine kurze Hose zwischen den Beinen zusammengebunden und setzt sich breitbeinig in den vorgezeichneten Kreis vor das gegrabene Loch. Sechs andere Frauen sind dazugekommen und man berät, wie die zu Beschneidenden am besten gehalten werden sollen.
Nach dieser kurzen Lagebesprechung hängt die Beschneiderin ihr Hüfttuch auf einen Ast und zieht sich ein anderes, ihre "Arbeitskleidung", an. Frauen und Mädchen, aber keine Jungen und Männer, schauen aus einiger Entfernung dem Geschehen zu.
Die erste Kandidatin, die dreizehnjährige Essona, ist ein besonderer Fall, denn normalerweise sollten die Mädchen in jüngerem Alter beschnitten werden. Da sie bisher mit ihrer Tante an der Elfenbeinküste lebte, kann sie erst jetzt beschnitten werden. In den Ferien kam sie nach DA, um hier ihre Familie zu besuchen, und das ist eine gute Gelegenheit, ihre versäumte Beschneidung nachzuholen. Essona wird von zwei älteren Schwestern herangeführt. Sie ist sehr gefaßt und weint nicht. Sie läßt ihr Hüfttuch fallen und setzt sich ergeben zwischen die Beine der schon vor dem Loch sitzenden Frau. Eine andere Frau stellt sich zwischen die ausgebreiteten Beine des Mädchens, so daß diese ihre Beine nicht mehr schließen kann. Nun müssen alle etwas näher vor das Loch rutschen, das Mädchen wird unruhig und fängt an zu weinen. Die Beschneiderin dirigiert die Stellungen der am Beschneidungsakt unmittelbar Beteiligten und gibt weitere Anweisungen. Rechts und links halten nun noch zwei Frauen zusätzlich die Beine des Mädchens fest; in gleicher Weise werden ihre Arme festgehalten. Das Mädchen sitzt ohne Unterlage auf dem Boden in Staub und Sand. Auch die Hände der Beschneiderin sind staubig. Das Mädchen beginnt heftiger zu weinen, versucht zu zappeln, will sich wehren und aus ihrer Lage befreien. Aber es gibt keinen Ausweg; sie wird kräftig festgehalten, muß nun noch näher zur Beschneiderin hinrutschen. Die Beine des Mädchens müssen noch weiter geöffnet werden, denn die Beschneiderin braucht Licht für die Operation. Sie untersucht mit den Fingern das Geschlecht des Mädchens; bald hat sie die Klitoris gefunden und beginnt mit einem kurzen Schnitt an der linken und kurz darauf an der rechten Seite der Klitoris. Das Mädchen schreit laut, die Frauen haben Schwierigkeiten, sie zu halten. Man spricht aufgeregt durcheinander; die Atmosphäre ist sehr angespannt und unruhig. Das Mädchen schreit entsetzlich; nachdem die Klitoris herausgeschnitten wurde, wimmert es nur noch. Die Be-

schneiderin ist ganz ruhig und konzentriert; sie spricht
kein Wort. Sie befühlt die Wunde, aus der das Blut heftig
fließt. Auch die kleinen Schamlippen müssen sorgfältig
entfernt sein. Die herausgeschnittenen Teile und das
Blut werden in dem dafür vorbereiteten Loch gesammelt.
Die Beschneiderin scheint mit ihrer Operation zufrieden
zu sein. Sie nimmt nun die vorbereitete "Schmiere" und
preßt sie auf die heftig blutende Wunde, drückt sie hinein
und reibt hin und her. Dazu verbraucht sie den ganzen
Kloß, bis das Geschlecht des Mädchens völlig damit
bedeckt ist. Dann drückt sie die ausgestreckten Beine des
Mädchens zusammen; es wird jetzt nicht mehr festgehalten
und hat auch aufgehört zu weinen. Die Beschnittene muß
nun aufstehen, läuft etwa zwei Meter vorsichtig umher und
muß sich erneut auf den Boden setzen. Die Beschneiderin
hockt sich wieder vor sie, nimmt ihre beiden Füße und
rüttelt sie vorsichtig auf und ab. Wahrscheinlich soll
das "Medikament" dadurch tiefer in die Wunde eindringen.
Die Beschnittene bleibt danach stumm und bewegungslos
sitzen.
Die nächste, eine siebenjährige Kandidatin, wird herbeigeführt.
Die Helferinnen nehmen wieder die gleichen Positionen
ein, aber an den Seiten steht jetzt nur noch
je eine Frau. Das Mädchen ist kleiner und schwächer und
deshalb leichter festzuhalten. Die Beschneiderin findet
die Klitoris diesmal schneller und verfährt genau wie
bei der Vorgängerin. Das Mädchen schreit fürchterlich
und versucht heftig, sich zu wehren. Danach wird das
"Medikament" auf die Wunde geschmiert, es wird ganz fest
hineingerieben und -gedrückt, was noch einmal sehr starke
Schmerzen verursacht. Die Beschneiderin drückt die
Beine des Mädchens zusammen, hilft ihm beim Aufstehen,
führt es neben das andere Mädchen und fordert es auf,
sich hinzusetzen. Dort beginnt die Beschneiderin mit
den geschlossenen ausgestreckten Beinen des Mädchens,
wie bei ihrer Vorgängerin, mit Auf- und Abbewegungen.
Eine Frau bringt einen Eimer Wasser mit einer Kalebasse.
Das Wasser ist warm. Vorher gab es kein Wasser am Operationsort;
keinerlei hygienische Maßnahmen wurden getroffen.
Die Mädchen werden nacheinander, stehend, am
ganzen Körper gewaschen. Dann müssen sie sich wieder
mit ausgebreiteten Beinen hinsetzen. Bei dem älteren
Mädchen nehmen die Helferinnen erneut ihre Position zum
Festhalten ein. Die Wunde wird nun mit dem warmen Wasser
ausgewaschen und gleichzeitig schaut die Beschneiderin,
nachdem die schon mit Sand verklebte "Schmiere"
(das "Medikament") abgewaschen worden ist, ob sie sorgfältig
beschnitten hat. Dabei fühlt sie noch einmal in
die Wunde, was sehr heftige Schmerzen verursachen muß.
Die Beschneiderin ist mit ihrem Werk bei beiden Kandidatinnen
zufrieden. Nach dieser Waschung bekommen beide
Mädchen ein Tuch um den Körper gebunden. Sie sitzen wieder
mit geschlossenen Beinen auf der Erde.

Die Atmosphäre bei den Zuschauern und Helfern entspannt
sich. Es gibt weder Zurufe noch irgendeinen Ausdruck der
Freude, aber es wird allgemein miteinander gesprochen. Nun
kommen auch die "Schwestern" der Beschnittenen, die aus Mitleid nicht zugucken wollten, aus dem Gehöft. Mit den beschnittenen Mädchen wird nicht gesprochen; sie sitzen stumm
nebeneinander. Auch der Gehöftherr kommt hinzu, er ist gut
gelaunt. Die Frauen amüsieren sich über meinen betroffenen,
gequälten Gesichtsausdruck.

Die Beschneiderin legt sich wieder ihr "gutes" Hüfttuch
an; vorher hatte sie noch das Loch, das die beiden Klitoris
und das Blut aufnahm, sorgfältig mit Erde bedeckt. Jetzt
erhalten die Mädchen jeweils vier zusammengebundene Strohstengel, dann ziehen sie langsam ihre Kleider wieder an;
einige Frauen helfen ihnen dabei. Sie weinen nicht mehr und
können schon aufstehen. Die Beschneiderin nimmt die beiden
Mädchen an die Hand; sie selbst geht vorweg, ihr folgt die
Ältere, dann die Jüngere. Die Beschnittenen halten ihre
Hirsestengel immer in der Hand. So umgehen sie nun viermal
das zugeschüttete Beschneidungsloch. Sie dürfen nicht darauf
treten, denn sonst könnte die Klitoris wieder wachsen. Dann
werden die Mädchen angehalten, sich wieder auf die Erde zu
setzen. Die Hirsestengel halten sie weiterhin in der Hand.
Ein etwa sechsjähriges Mädchen kommt herbei und muß viermal über die ausgestreckten Beine der Beschnittenen springen. Das ist das letzte Ritual des heutigen Tages; die
nächsten Riten werden am vierten Tag nach der Beschneidung
durchgeführt. Die Beschnittenen und alle Zuschauer und Hel-
fer begeben sich in den Hof; die Stimmung ist gelockert und
entspannt. Die Mädchen werden in ein Haus geführt, wo sie
sich nebeneinander auf den Boden setzen müssen; dort findet jetzt die erste Wundbehandlung mit Alkohol statt. Die
Schmerzen scheinen hierbei noch größer zu sein, als bei der
Beschneidungsoperation selber. Es ist den Frauen kaum möglich, das ältere Mädchen festzuhalten. Schließlich übergibt
man ihr die mit Alkohol getränkte Watte, so daß sie ihre
Wunde selber damit betupfen kann. Die Frauen diskutieren
aufgeregt miteinander; sie befürchten noch Komplikationen
bei der Wundbehandlung. Besondere Schwierigkeiten erwartet
man bei der Behandlung des älteren Mädchens, das schon
sehr stark ist und sich nicht mehr behandeln lassen will.
Die Beschnittenen werden aufgefordert, nicht mehr zu weinen, es sei jetzt doch nicht mehr "schlimm".

Riten nach der Beschneidung
Tagebuchaufzeichnung vom 13.10.1983

Am vierten Tag nach der Beschneidung finden für die beiden Mädchen aus DA besondere Riten statt. Ich treffe die Beschneiderin in ihrem Gehöft; sie hat ihre vierjährige, weinende Tochter an der Hand, die sie an diesem Morgen mit noch drei anderen gleichaltrigen Mädchen ihres Gehöftes beschnitten hat. Ihre Tochter steht breitbeinig neben ihr und hat offensichtlich noch starke Schmerzen. Die Wunde blutet noch, was die Beschneiderin nicht zu beeindrucken scheint. Sie will das Kind in der Obhut der Großmutter lassen, aber die Kleine will nicht von ihrer Seite weichen. Sie scheint ihrer Mutter die Beschneidung nicht übelgenommen zu haben. So wird beschlossen, das Kind mit nach DA zu nehmen, denn wenn es weint, verkrampft es sich, und die Wunde wird wieder stärker bluten. Wir machen uns auf den Weg, wobei die Beschneiderin das Kind auf dem Rücken trägt. Dadurch fängt die Wunde erneut heftig an zu bluten, was die Mutter lediglich veranlaßt, ein altes Stück Stoff zwischen den Beinen des Kindes wie eine kurze Hose zusammenzubinden. Sie geht recht rauh mit ihrer Tochter um und zeigt keinerlei Mitleid. Bei stärkerem Weinen wird sogar mit dem Stock gedroht.
Wir erreichen das Gehöft der beschnittenen Mädchen; sie kommen uns schon entgegen, gestützt auf die vier gebündelten Strohstengel. Das ältere Mädchen hat beim Gehen offensichtlich noch Schwierigkeiten. Wir nehmen Platz und begrüßen alle Anwesenden. Ich finde, daß die Beschnittenen einen traurigen Eindruck machen, aber man versichert mir allgemein, es ginge ihnen sehr gut.
Die Beschneiderin mit ihrer Tochter und einigen Frauen des Hofes, unter anderen die Mutter der Beschnittenen und die Beschnittenen selbst, verlassen den Hof durch den hinteren Ausgang. Vorher, noch im Gehöft, hat man der Beschneiderin ein gekochtes Ei und etwas Tô (Hirsebreifladen) in einer Schale übergeben. Eigentlich hätten es zwei Eier sein sollen, aber man hatte nur eines zur Verfügung. Die Beschneiderin hat das Ei geschält, zerstückelt und neben den Tô gelegt. Wir überqueren den Platz, an dem die Beschneidung stattgefunden hat, wo die Beschneiderin schon eine nahe Wegkreuzung entdeckt hat. Dahin begibt sich nun die gesamte Gruppe. Die Beschneiderin stellt sich zwischen die Mädchen und nimmt ihnen die Strohstengel ab. Das ältere Mädchen muß die Hände nebeneinander, die Handrücken nach oben, halten; die Beschneiderin legt etwas Ei und Tô aus der mitgebrachten Schale darauf. Das Mädchen muß beides über ihre Schulter hinter sich werfen. Dann bekommt sie das Gleiche in die Handinnenflächen gelegt und muß es vor sich auf die Erde fallen lassen. Noch einmal werden Ei und Tô auf die Handrücken gelegt und über die Schulter ge-

worfen. Das kleine Mädchen muß nun das Gleiche tun. Anschließend bekommen beide Kinder Ei und Tô in die Handfläche gelegt und werden aufgefordert, beides zu essen. Daraufhin zerbricht die Beschneiderin die Strohstengel, läßt sie an der Wegkreuzung fallen und fordert die Mädchen auf, so schnell sie können, ohne sich umzuschauen, zum Gehöft zu rennen. Die Mädchen befolgen alles ernsthaft und genau. Alle Anwesenden begeben sich nun in gelockerter Stimmung ins Gehöft, wo die alltägliche Arbeit wieder aufgenommen wird.

15.1.2. Informantenaussagen und Begleitumstände der Mädchenbeschneidung

Neben meiner Teilnahme an den Beschneidungen, die die ergiebigste Informationsquelle war, konnte ich mit einigen Leuten, die in irgendeiner Beziehung zur Mädchenbeschneidung standen, Gespräche führen. Das Ergebnis dieser Gespräche möchte ich im folgenden kurz zusammenfassen, da sich die Aussagen der verschiedenen Befragten oft wiederholten und innerhalb der Interviews nicht ausführlich genug waren, um hier einzeln aufgeführt zu werden.

Ich interviewte unter anderen folgende Personen zur Mädchenbeschneidung:

- fünf Beschneiderinnen aus Sanje , Réo, Kyon, Kamedi und Kyinkyanly;
- drei Gehöftherren der Höfe, in denen beschnitten wurde;
- drei Hebammen der Maternité in Tenado;
- einen Krankenpfleger der Krankenstation in Réo;
- beschnittene Frauen und Mädchen.

Außerhalb dieses Personenkreises erhielt ich im Rahmen allgemeiner Interviews zum Thema der Mädchenbeschneidung nur hin und wieder ausführliche oder sehr vage Auskünfte.

Direkte Gespräche mit den Kandidatinnen vor oder nach ihrer Beschneidung waren nicht möglich, da die Mädchen erstens zu jung, zweitens zu gehemmt und außerdem durch das Ereignis zu aufgeregt und zu verschüchtert waren.

Ein Versuch, mit den dreizehnjährigen Mädchen am vierten Tag nach ihrer Beschneidung zu sprechen, war unergiebig, da die Antworten sich nur auf ja oder nein beschränkten und die Mädchen es ohnehin nicht gewohnt sind, über ihre Eindrücke und Empfindungen zu sprechen. Ich fand auch keine Gelegenheit, sie allein zu sprechen; es standen immer Erwachsene dabei, die die Kinder sicherlich noch zusätzlich in ihrer Aussage hemmten. Alles, was ihre Beschneidung betraf, beantworteten die Mädchen positiv: Sie seien froh, beschnitten zu sein; sie fühlten sich sehr wohl; sie hätten keine Schmerzen mehr; die Beschneidung sei eine gute Sache; sie selbst hätten beschnitten werden wollen.

Ob bei den Lyela ein Mädchen beschnitten wird, hängt von seiner Familienzugehörigkeit ab. Auf meine Fragen zur Beschneidung oder Nichtbeschneidung in den jeweiligen Familien erhielt ich wenig befriedigende Antworten. Die Klane, die ihre Frauen beschneiden lassen, begründen das Festhalten an diesem Brauch damit, daß die Beschneidung von ihren Ahnen von jeher praktiziert wurde und somit auch verpflichtend ist. Von den Familien, in denen nicht beschnitten werden darf, erhielt ich folgende Erklärungen:

- Ihre Ahnen haben die Mädchenbeschneidung niemals praktiziert;
- ihre Ahnen haben ursprünglich auch beschnitten, aber in früheren Zeiten sind durch die Beschneidung Krankheit und Tod aufgetreten, so daß die Beschneidung ihrer Mädchen abgeschafft, ja sogar verboten wurde.

Somit zeigt sowohl die Beschneidung als auch die Nichtbeschneidung in den jeweiligen Familien Respekt vor den Ahnen und Traditionsbewußtsein. Dazu muß jedoch gesagt werden, daß die meisten von mir zu diesem Thema befragten Personen nur wenige und vage Auskünfte geben konnten. Man wußte lediglich von Familie zu Familie, ob beschnitten wurde oder nicht.

Die Aufteilung der Familien in beschneidende und nichtbeschneidende ist nicht regional bedingt. In meinem Forschungsgebiet mischten sich beide Typen:

Beschneidende Klane in Réo und Umgebung:
Bassono, Bayala, Bapina, Bassinga, Bassolé, Bagoro, Bakala, M'po, Bazié (Nantuli), Bationo (Kyon).

Nichtbeschneidende Klane:
Bationo (Réo), Bado (Réo), Bazié (Goundi).

Die Lyela beschneiden ihre Mädchen jährlich in der kühlen Jahreszeit, d.h. von August bis Februar.
Das Alter der Mädchen spielt keine Rolle; ich sah Beschneidungen im Alter von einem Jahr bis zu sechzehn Jahren. Es wird allerdings gesagt, daß eine Beschneidung bei fünf- bis zehnjährigen Mädchen am günstigsten sei. In dieser Altersklasse gäbe es am seltensten Komplikationen. In Ausnahmefällen kommt es vor, daß erwachsene Frauen, die eventuell schon Kinder geboren haben, noch beschnitten werden müssen.
Bevor der Beschneidungstermin festgelegt und die Beschneiderin gerufen wird, muß der Gehöftherr bzw. der Vater der Kandidatinnen den Wahrsager befragen, welche Mädchen beschnitten werden sollen, welcher Zeitpunkt günstig ist und ob die Beschneidung in diesem Jahr gut verlaufen wird. Es kann vorkommen, daß der Wahrsager von der Beschneidung einiger vorgeschlagener Mädchen abrät und den Termin für das nächste Jahr empfiehlt, was selbstverständlich befolgt wird.

Üblicherweise kommt die Beschneiderin auf Bestellung in ein bestimmtes Gehöft, wo die zu beschneidenden Mädchen, auch aus den umliegenden Gehöften, versammelt werden. Nach Aussagen der Beschneiderinnen kommt es in Einzelfällen auch vor, daß Mütter ihre Töchter zur Beschneiderin ins Gehöft bringen.

Der Beschneidungsplatz liegt bei den Lyela außerhalb der Gehöftmauer. Es muß nicht unbedingt (wie bei anderen Ethnien; vgl. Dinslage 1981:61ff) unter einem Baum sein. Die Beschneidungen erfolgen in den Morgenstunden zwischen acht und zwölf Uhr zu der temperaturmäßig günstigsten Tageszeit.

Die Anzahl der Mädchen in einer Beschneidungsgruppe ist unterschiedlich und hat keine Bedeutung. Nach meiner Beobachtung ist auch die Reihenfolge der zu Beschneidenden zufällig und nicht von Wichtigkeit.

Bei den Lyela liegt die Mädchenbeschneidung (wie auch bei anderen Ethien; vgl. Dinslage 1981:93f) in den Händen von Frauen. Auch als Teilnehmer und Zuschauer sind generell nur Frauen und Mädchen zugelassen. Ausnahmen bilden Männer, die in Sonderfällen zum Festhalten der Mädchen gebraucht werden. Ich konnte jedoch während meiner Teilnahme an Beschneidungen feststellen, daß es sich um kein strenges Verbot handelt, denn unter den Zuschauern befanden sich des öfteren auch Jungen und Männer und niemand nahm Anstoß daran. Dies mag unter anderem als Bestätigung meines Eindrucks gelten, daß alle Begleitumstände der Beschneidungszeremonie, ihre Verhaltensvorschriften, Gebote, Tabus und Riten nicht mehr sehr genau genommen werden bzw. gar keine Bedeutung mehr haben .

15.1.3. Die Beschneiderin

Das Amt der Beschneiderin hat bei den Lyela einen vorwiegend handwerklichen Charakter. Es ist keiner besonderen Kaste vorbehalten und unterliegt weder besonderen Vorschriften noch Tabus. Die Tätigkeit kann von jeder Frau mit beliebiger Familienzugehörigkeit (sie muß auch nicht selbst beschnitten sein) erlernt und ausgeführt werden.

Die Weitergabe dieses "Berufes" liegt in den Händen der Beschneiderin selbst. Sie sucht sich ihre Nachfolgerin ganz nach eigenem Gutdünken und Ermessen aus und vermittelt ihr theoretische und praktische Kenntnisse. Bei der Auswahl achtet sie vornehmlich auf Eigenschaften wie Kaltblütigkeit, Mut und Geschicklichkeit.

Zwei von mir befragte Beschneiderinnen erlernten ihren Beruf von ihrer Schwiegermutter, eine andere (aus Kamedi) von ihrer Tante, der sie als "petite soeur" zugeteilt war.

Alle Beschneiderinnen, zu denen ich Kontakt hatte, führten ihren "Beruf" gerne aus und fanden ihn wichtig. Zwei von ihnen hatten sich anfänglich gesträubt, dieses Amt zu übernehmen, wohingegen die Beschneiderin aus Kamedi schon als kleines Mädchen bei den Operationen ihrer Tante zuschaute und seither den Wunsch hatte, einmal Beschneiderin zu werden. Diese Beschneiderin hat jetzt sehr schlechte Augen und kann die Beschneidung nicht mehr ausführen. Sie berichtete mir, es sei sehr schwer für sie, eine Nachfolgerin zu finden, da sich die jungen Mädchen der heutigen Zeit nicht mehr für diesen "Beruf" interessierten.

Eine Beschneidung ist sehr anstrengend und erfordert großen physischen und psychischen Einsatz, Konzentrationsfähigkeit und die Bereitschaft, Verantwortung zu übernehmen. Die Beschneiderin ist für den einwandfreien Ablauf der Beschneidung verantwortlich, muß alle Vorbereitungen in die Wege leiten und für die entsprechenden Instrumente,

Medizinen und sonstige Hilfsmittel Sorge tragen. In der
Auswahl ihrer Instrumente ist sie völlig frei von Vorschriften. Sie benutzt entweder ein traditionelles Messer
oder sie gibt einer einfachen Rasierklinge den Vorzug.
Eine Beschneiderin aus Kyon arbeitete mir vier traditionellen Messern (fɔ̀nsɛ̀) in drei verschiedenen Größen. Diese
Messer sind schon vierzig Jahre alt und wurden ihr von ihrer Schwiegermutter vererbt. Vor jeder Beschneidung werden
diese Messer an einem schwarzen Stein geschärft. Je nach
Alter und körperlicher Beschaffenheit des zu beschneidenden Mädchens wird die entsprechende Messergröße gewählt.

Die Einstufung der Mädchen erfolgt folgendermaßen:
- Kleinkinder   - kleines Messer
- Schulkinder   - mittleres Messer
- Mädchen in der Pubertät   - mittleres Messer
- Entjungferte, Erwachsene und Mütter - großes Messer.

Bei der Beschneidungstechnik ergeben sich lediglich
kleine Unterschiede in der Schnittführung. Allen Beschneidungen gemeinsam ist jedoch die Entfernung der Klitoris
und der labia minora.

Zwei der Beschneiderinnen gaben im Interview vor, nur
die Klitoris zu beschneiden. Durch meine genaue Beobachtung der Operation habe ich jedoch festgestellt, daß auch
hier die kleinen Schamlippen mitentfernt wurden. Ich weiß
nicht, warum man mir das verschweigen wollte.

Jede Beschneidung muß bezahlt werden; das Geld wird
der Beschneiderin von den Eltern oder von anderen Verwandten des Mädchens nach der Beschneidung übergeben. Es
kommt vor, daß ein Mädchen aus Geldmangel nicht beschnitten werden kann. Seine Familie wird jedoch alles tun, um
den Betrag für die Beschneidung zu einem späteren Zeitpunkt aufzubringen.

Die Preise für die Beschneidungen unterscheiden sich
nur geringfügig voneinander. Die Zahlungen richten sich
immer nach dem Alter und der allgemeinen Körperentwicklung
der Mädchen. Moralische Aspekte wie z.B. Jungfräulichkeit,
Defloration, uneheliches Kind, wie Kröger (1978:205f) von
den Bulsa berichtet, spielen bei den Lyela keine Rolle.
Im folgenden eine Aufstellung der örtlichen Beschneidungspreise:

Réo	200 - 300F	für Kleinkinder
	500 - 600F	für Schulkinder
	1000F	für Mädchen mit Brüsten
Sanje	300F	für Kleinkinder
	500 - 600F	für Schulkinder
	1000F	für Mädchen in der Pubertät und Frauen
Kyon	100F	für Kinder bis zu drei Jahren
	150F	für Kinder von vier bis acht Jahren
	200F	für Kinder von neun bis zwölf Jahren
	250F	für pubertäre Mädchen

Kamedi früher:

    50 bis 125 Kaurischnecken pro Beschneidung

    (1 Kaurischnecke = 1F CFA)

    heute:

    600F pro Beschneidung für Mädchen
    600F, ein Hüfttuch, ein Perlhuhn und Tô für die
    Beschneidung von Frauen.

Bei den Bezahlungen handelt es sich um F(ranc)CFA
(Communauté financière d'Afrique)
1FF = 50F CFA (100F CFA = ca. 0,64 DM).

15.1.4. Die Wundbehandlung

Die erste Wundbehandlung erfolgt unmittelbar nach der Operation. Ich habe sie in mehreren Fällen beobachten können; die Zusammensetzung der traditionellen Heilmittel, die auf die frische, stark blutende Wunde aufgetragen werden, lernte ich durch die Auskünfte verschiedener Beschneiderinnen kennen. Eine alte Frau berichtete mir, daß die aus Asche und Karitébutter bestehende "Medizin" früher mit Hilfe einer Feder aufgetragen wurde.

Folgende Heilmittel werden zur Wundbehandlung verwendet:
- Pottasche vermischt mit Karitébutter
- Asche von gebranntem Holz des Baumes Tantin oder der Pflanze Lazoi vermischt mit Karitébutter
- Asche von verbrannten Baumwollsamen, vermischt mit Karitébutter
- Exkremente von Kühen vermischt mit dem Saft der Blätter des Baumes Néré
- zerkaute Kolanuß, mit Speichel vermischt.

Die erste Wundbehandlung führt die Beschneiderin selber aus, während die weitere Behandlung den alten erfahrenen Frauen im Gehöft übergeben wird. Die eben aufgeführten traditionellen Heilmittel treten bei der weiteren Wundbehandlung weitgehend in den Hintergrund; man geht lediglich zu täglichen Waschungen mit warmem Wasser über. Bei Komplikationen während der Wundverheilung zieht man traditionelle Heilmittel vor, mit denen sich nur die alten erfahrenen Frauen auskennen.

Diese traditionelle Behandlungsmethode wird in den meisten Fällen angewendet. In einigen Familien zeigt sich aber bereits der Einfluß der Neuzeit. Wer es sich finanziell leisten kann, besorgt sich vom Dispensaire Watte, Alkohol und Penicillincreme zur Wundbehandlung.

15.1.5. Zur Beschneidung gehörende Riten und ihre Bedeutung

Auch bei den Lyela wird die Mädchenbeschneidung von einigen rituellen Handlungen begleitet. Im Vergleich zu anderen Ethnien treten sie jedoch sehr in den Hintergrund. Während bei anderen Stämmen (z.B. den Bambara, Bulsa, Dogon, Malinke und Ubi; vgl. Dinslage 1981) die Beschneidungsoperation einen Teil einer großen Initiationszeremonie darstellt, ist die Beschneidung bei den Lyela nur eine Operation, der einige Ritualhandlungen folgen, die ich lediglich als Rudimente eventuell vorhanden gewesener Rituale ansehen kann. Selbst diese Restbestände werden in ihrer Ausführung nicht mehr sehr ernst genommen und recht lose gehandhabt.

Wie ich selbst beobachten konnte und wie mir von den Beschneiderinnen bestätigt wurde, mißt man der genauen Einhaltung der rituellen Vorschriften keine große Bedeutung bei. Bei den verschiedenen Beschneidungen fiel mir die unterschiedliche Handhabung der nachfolgenden Riten auf. Auf mein Fragen hin, warum einige Teile der Riten verändert oder sogar ganz weggelassen wurden, erklärte mir eine Beschneiderin: Die Riten an sich seien zwar sehr wichtig und von den Ahnen vorgegeben, aber auf die Details in der Ausführung käme es nicht so genau an.

Eine große zusammenhängende Sinngebung der Riten war weder zu erkennen noch zu erfahren. Lediglich zu den folgenden Riten und rituellen Beigaben konnten vage Erklärungen gegeben werden:

Die vier mit Fasern zusammengebundenen Strohstengel, die die Beschnittenen vier Tage lang mit sich herumtragen müssen, dienen zum Schutz gegen böse Geister. Diese Erklärung erhielt ich von Beschneiderinnen, Müttern und Vätern der Beschnittenen. Eine alte Frau aus Tenado bestätigte das

und fügte noch hinzu, daß es sich bei diesen Geistern um
böse, herumirrende "Seelen" der Toten handele, die den im
Augenblick sehr verwundbaren Beschnittenen gefährlich werden könnten. Bei den Lyela gilt allgemein ein Strohstengel
als Schutz gegen solche Geister. In kleinster Form wird
er auch hinter das Ohr geklemmt, um den Hals gehängt,
nachts neben die Matte gelegt oder in die Milch getan,
wenn Kinder damit vom Markt kommen, damit die Geister nicht
davon trinken.

Für das viermalige Umwandern des Loches, in dem die ab-
geschnittenen Körperteile begraben sind, konnte mir keine
Erklärung gegeben werden. Man erwähnte lediglich, daß die
Beschnittenen das Loch nicht betreten dürfen, ansonsten
könnte die Klitoris erneut wachsen.

Das viermalige Bestreuen der Handinnenflächen und
-rücken mit Hirsemehl soll der Gesundheit der Beschnittenen dienen, ebenso das Trinken des Hirsemehlwassers. Warum
das Mehl fallengelassen bzw. hinter sich geworfen werden
muß, wußte niemand zu begründen. Nur eine Frau bei der Beschneidung in Kyon erklärte mir, die Mädchen hätten soviel
Blut verloren und sollten hierdurch ihren Schmerz symbolisch von sich werfen.

Ein unbeschnittenes Mädchen oder Baby muß viermal über
die ausgestreckten Beine der Beschnittenen springen bzw.
es wird drübergehoben; über dieses Ritual erfuhr ich lediglich, daß es den Mädchen Fruchtbarkeit bringen soll.

Für die Zeremonie am vierten Tag nach der Beschneidung
an einer Wegkreuzung (sejœlǽ) fanden sich folgende Deu-
tungen: Eine Wegkreuzung ist ein zentraler Punkt, [47] an dem
sich Geister sammeln; gleichzeitig erwartet man dort auch
viele Passanten. Diese sollen die Geister ablenken oder
mit sich nehmen, damit das Gehöft unbehelligt bleibt.

An dieser Stelle werden die Strohstengel zerbrochen; das ist eine weitere Abwehrmaßnahme gegen böse Geister, die beim Anblick der zerbrochenen Strohstengel sofort die Flucht ergreifen.

Das viermalige Fallenlassen, Hinter-sich-werfen und Verzehren von Eiern findet nur die vage Deutung, Eier seien das Lieblingsessen der Geister, es würde sie zufriedenstellen und so von den Mädchen ablenken. Die Zubereitung der Eier variiert zwischen zerstückelten gekochten Eiern, Omelettes, Eier gemischt mit Tô oder Soumbala-Soße; wichtig scheint bei dieser Zeremonie lediglich, daß es sich um Eier handelt.

Schnelles Weglaufen zum Gehöft, ohne sich umzuschauen, ist erforderlich, damit die Klitoris nicht zurückkommt. Alles "Böse" wird an der Wegkreuzung zurückgelassen.

Der Ausnahmefall, den ich in DC erlebte, wo ein Mädchen bei seiner Beschneidung nicht weinte und deshalb als zu stark und kaltblütig angesehen wurde, wurde mir folgendermaßen von einer der anwesenden Frauen erklärt:"Sie muß viermal ihre zukünftigen Kinder rufen, weil diese sonst durch die zu große Kraft und Kaltblütigkeit ihrer Mutter sterben könnten" (vgl. Anhang Nr. 13).

Die Zahl Vier taucht in fast jedem der Rituale auf. Ihre Bedeutung wird auch bei den Lyela, wie in anderen Ethnien (z.B. Bulsa, Bambara, Dogon; vgl. Dinslage 1981: 136f) dem weiblichen Geschlecht zugeordnet. Die Zahl Drei gilt auch hier als dem männlichen Geschlecht zugehörig.

15.1.6. Reflexionen und Begründungen zur Beschneidung

Im Vergleich zu den Beschneidungsberichten anderer Autoren und meinen eigenen Nachforschungen über die mythologischen Hintergründe und Symbolgehalte der Mädchenbeschneidung bei sechs anderen westafrikanischen Ethnien (Dinslage 1981) zeigt die Mädchenbeschneidung bei den Lyela folgende Unterschiede:

Bei den Lyela fehlen:

- Mythen als Erklärungen für Ursprung und Sinn der Beschneidung
- Sinngebung der Beschneidung als symbolische Wiedergeburt
- Sinngebung der Beschneidung als vorweggenommene Geburt
- Bildung einer festen Initiationsgruppe; Ernennung einer Führerin
- Spezielle Beschneidungskleidung, -frisur, -gesänge, -farben, -feste
- Durchlaufen der für ein Übergangsritual typischen drei Phasen (van Gennep 1909)
- Moralischer Aspekt der Jungfräulichkeit

Gemeinsamkeiten mit anderen Ethnien:

- Frauen als ausübende Personen
- Beschneidungszeit (vormittags, kühlere Jahreszeit)
- Beschneidungsort (außerhalb des Gehöftes, meistens unter einem Baum)
- Beschneidungsoperation
- Erdloch für Klitoris, Blut und Labia
- Verwendung traditioneller Medizinen
- Waschung nach der Beschneidung
- Beigabe von Hirsestengeln bzw. Strohstöcken nach der Beschneidung
- Wundbehandlung
- Symbolik der männlichen und weiblichen bzw. Doppel-Geschlechtlichkeit
- Zahlensymbolik

Eine tabellarische Aufstellung von Teilstrukturen der Mädchenbeschneidung bei den Lyela im Vergleich mit sechs anderen westafrikanischen Ethnien findet sich im Anhang Nr. 12.

Es ist nicht Sinn dieser Arbeit, alle Unterschiede und Gemeinsamkeiten der Beschneidungsriten verschiedener Ethnien im Detail anzuführen. Ich möchte lediglich aufzeigen, wie sich das Bild der Mädchenbeschneidung heutzutage bei den Lyela darstellt.

Durch meine Feldforschung konnte ich in eine Gesellschaft Einblick gewinnen, die auch auf dem Gebiet der Beschneidung zwischen Tradition und Neuzeit steht. Mission, neuzeitliche Krankenstationen, Maternité und fortschrittlich eingestellte afrikanische Frauenverbände propagieren zwar die Sinn- und Nutzlosigkeit und die Gefahren der Mädchenbeschneidung, sie erreichen mit ihrem Einfluß jedoch nicht die Landbevölkerung.

Mädchenbeschneidungen werden auch heute noch, trotz fortschreitender Aufklärung, in großem Ausmaß praktiziert. "Weißen", afrikanischen Intellektuellen oder Stadtbewohnern gegenüber ist man bemüht, die Tatsache der Mädchenbeschneidungen herunterzuspielen und mit Floskeln wie z.B.: "Früher war das einmal so!" abzuschieben. Ich stieß jedoch sogar mitten in Réo, in einem modernen Gehöft neben dem Marktplatz, auf eine Gruppe von dreizehn Mädchen, die am Tage vorher beschnitten worden waren. Diese Beschneidung fand "modern", d.h. ohne begleitende Riten, in einem Hinterhof statt. Auf mein Fragen nach Strohstengeln, Verhaltensvorschriften und Riten antwortete man mir, das mache man nur noch im Busch; die Zeiten seien doch vorbei! Dieses Beispiel ist ein recht deutlicher Beweis dafür, daß die Neuzeit zwar wachsenden Einfluß auf das Leben der Leute nimmt, aber auf dem Gebiet der Mädchenbeschneidung nur einen Fortfall der begleitenden Riten bewirkt hat. Die Verstümmelung der Mädchen bleibt weiterhin bestehen. Daß sich nur dieser Teil eines früher vielleicht vollständigen Initiationsrituals bis heute gehalten hat, mag daran liegen, daß man hierfür eine Motivation gefunden hat, die die Frauen und Mädchen dazu bringt, sich freiwillig dieser Tortur zu unterziehen. Die Auffassung ist noch weitgehend verbreitet, daß die Kinder nichtbeschnittener Frauen nach der Geburt sterben würden, weil sie mit der Klitoris in Berührung gekommen sind. Nicolas (1953:331) erklärt die Klitoris als männlichen Teil des weiblichen Geschlechtes, der entfernt werden muß. Das weist darauf hin, daß auch bei den Lyela die Auffassung von einer Doppelgeschlechtlichkeit (wie bei den Bambara und Dogon, Dinslage 1981:107ff) des Menschen bestanden hat. Meine Nachforschungen haben jedoch ergeben, daß heutzutage diese Bedeutung aus dem Bewußtsein der Bevölkerung verschwunden ist.

Anstelle des ursprünglichen Symbolgehaltes mit seinen dazugehörigen Riten und Zeremonien wird von den Lyela heute nur eben die oben erwähnte Begründung vertreten, die mir von den Beschneiderinnen, den Beschnittenen und deren Müttern, von Frauen und Männern aus verschiedenen Familien, von alten wie von jungen Leuten, d.h. praktisch von allen, die etwas zur Beschneidung zu sagen wußten, gegeben wurde.

Kernpunkt der Motivation zur Beschneidung ist die Darstellung der Klitoris als etwas "Böses". Sie muß entfernt werden; sie muß vergraben werden; diese Stelle darf nicht betreten werden; die Beschnittenen müssen schnell laufen, ohne sich umzuschauen, sonst kommt die Klitoris zurück; wenn ein Kind bei der Geburt die Klitoris berührt, muß es sterben.

Eine Klitoris zu haben, gilt als Makel, auf den man bei Beschimpfungen häufig recht deutlich hinweist: "Du da, mit Deiner großen Klitoris! Du bist schmutzig, schäme Dich! Guckt Euch die Unbeschnittene an!" Auch Frauen, deren Familien die Beschneidung verbieten, werden so von anderen Frauen beschimpft. Auch Männer benutzen solche Schimpfworte.

Die Männer stehen der Beschneidung solange uninteressiert gegenüber, wie sie keine Heiratspläne haben. Wenn sie jedoch eine Familie gründen wollen, werden sie beschnittene Frauen bevorzugen, da sie letzten Endes doch glauben, daß beschnittene Frauen bessere Gewähr für gesunde und zahlreiche Nachkommenschaft bieten.

Dieser Glaube, die Berührung der Klitoris bewirke den Tod des Kindes bei der Geburt, ist noch fest in der ländlichen Bevölkerung verwurzelt. Es wird hier deutlich, daß die Beschneidung nicht nur als Ritual zu werten ist, sondern auch praktiziert wird, um die Gefahr der Kindersterblichkeit bei der Geburt abzuwenden. Solange bei den Lyela dieser Glaube an die Klitoris als Symbol des Bösen bestehen bleibt, wird auch die Mädchenbeschneidung (d.h. die Entfernung des "Bösen") weiterhin praktiziert werden.

15.2. Junge Mädchen als "petite soeur"

In dieser Arbeit möchte ich den Themenbereich der "petite soeur" auf die Darstellung der Einstellung und der Empfindungen der betroffenen Mädchen beschränken, da dieses Thema in Bezug auf Familienstruktur und Verwandtschaftsbeziehungen ausführlich von meinen beiden Kolleginnen A. Brüggemann und S. Steinbrich behandelt wird.

Bei den Lyela besteht die traditionelle Regel, daß einer jungen Frau, wenn sie heiratet, ein Mädchen aus dem elterlichen Gehöft als Geschenk mitgegeben wird. Dieses Mädchen wird ihre "petite soeur" (nyéỹ) genannt. [48] Es kann sowohl eine Tochter ihres Bruders als auch ihre eigene jüngere Schwester sein. Etwa vom sechsten Lebensjahr

an können Mädchen als "petite soeur" vergeben werden.
   Da die Heirat bei den Lyela nach patrilokalen Regeln
erfolgt, muß sich ein als "petite soeur" ausgewähltes
Mädchen von der Mutter und den Geschwistern trennen und
mit der "Tante" (bzw. älteren Schwester) in das Gehöft
des Ehemannes übersiedeln. Damit soll der jung verheirateten Frau das Einleben in der fremden Umgebung erleichtert werden,und gleichzeitig soll ihr die "petite soeur"
als Arbeitskraft dienen. Die "Tante" erhält die volle
Verantwortung und das Verfügungsrecht über das Mädchen.
Die Kompetenz der "Tante" geht soweit, daß sie auch den
Ehemann für ihre "petite soeur" bestimmen kann. Wenn es
ihr günstig erscheint, kann sie ihre "petite soeur" an
ihren eigenen Ehemann verheiraten. Damit hat sie für sich
selbst eine Mitfrau ausgewählt, die ihr vertraut ist,
die ihr absoluten Gehorsam schuldet und die ihr, weil sie
jünger ist, die Hauptarbeiten abnehmen kann. Sie erreicht
damit eine Altersversorgung für sich und bietet ihrem
Mann gleichzeitig die Möglichkeit, mit dieser jüngeren
Frau noch weitere Kinder zu haben.
   Hat sie als "petite soeur" ihre direkte nächstjüngere
Schwester mitbekommen, so ist eine solche Verheiratung
an den eigenen Ehemann nicht möglich. In diesem Fall wählt
die "Tante" (ältere Schwester) häufig einen der Brüder
ihres Mannes als Ehemann für ihre "petite soeur" aus.

   In unserem Gehöft lebte W.A. die zweite Frau des M.B. zu
der ich ein besonders freundschaftliches und vertrautes
Verhältnis hatte. Sie war mit siebzehn Jahren als "petite
soeur" von W.B. der Schwester ihres Vaters, ins Gehöft geholt und mit deren Ehemann verheiratet worden, weil W.B.
mit ihm keine Kinder mehr bekommen konnte. So war W.A.das
typische Beispiel eines jungen Mädchens, daß als "petite
soeur" von ihrer "Tante" zur Heirat mit einem älteren
Mann gezwungen wurde. Ich habe mit W.A.oft über das Thema

der "petite soeur" und über ihre persönlichen Erfahrungen und Empfindungen gesprochen. Ich will ihre Aussagen nicht verallgemeinern, denke aber doch, daß auch ein Einzelschicksal und die subjektive Darstellung einer Betroffenen wichtige Anhaltspunkte zur allgemeinen Situation geben können.

W.A. ist 28 Jahre alt und hat fünf Kinder seit ihrer Verheiratung vor zehn Jahren. Sie lebt mit W.B., der ersten Ehefrau des M.B., die gleichzeitig ihre "Tante" und ihre Mitfrau ist, in einem Haushalt. W.A. muß alle schweren Arbeiten im Hof und auf dem Feld übernehmen und dazu noch die Kinder versorgen, während W.B. ihre Tätigkeit darauf beschränken kann, ein wenig Handel mit Erdnüssen und Kolanüssen zu betreiben sowie hin und wieder die Soße zum Essen zuzubereiten. Es steht ganz in ihrem Ermessen, inwieweit sie sich an den täglichen Arbeiten beteiligt.

Zwischen den beiden Frauen besteht keine enge freundschaftliche Bindung. Sie leben in einer Zweckgemeinschaft, in der W.B. als erste Ehefrau und "Tante", die Bestimmende ist. Sie hat keine sexuellen Beziehungen mehr zu ihrem Mann, da sie keine Kinder mehr bekommen kann. W.A. hat zu ihrem Ehemann keine gefühlsmäßige Bindung; sie erfüllt lediglich die Aufgabe, ihm Kinder zu gebären und für ihn zu sorgen. W.A. vertraute mir an, daß sie sehr traurig gewesen ist, als ausgerechnet sie unter ihren Schwestern als "petite soeur" für ihre "Tante" ausgewählt worden ist. Das Fortgehen von zu Hause, dem elterlichen Gehöft, hat sie weniger schlimm empfunden, als vielmehr die Tatsache, daß sie gleichzeitig als zweite Ehefrau mit dem alten Ehemann von W.B. verheiratet werden sollte. Diese bevorstehende Heirat erfüllte sie mit Angst und Schrecken, denn insgeheim hatte sie doch gehofft, einen jungen Mann nach ihrer eigenen Wahl zu heiraten. Sie fand keine Möglichkeit, sich den traditionellen Regeln zu widersetzen. Eine ihrer älteren Schwestern, der das gleiche Schicksal bevorgestanden hatte, war daraufhin heimlich fortgelaufen und in der nächsten Stadt untergetaucht. Zu solch einer Flucht gehört viel Mut und Selbständigkeit. W hätte zwar gerne in gleicher Weise, wie ihre Schwester reagiert, sie war jedoch zu schüchtern und zu jung, um einen solchen Schritt ins Ungewisse zu wagen. Sie hat sich nun mit ihrem Leben abgefunden und empfindet ihre Situation nicht mehr als besonders bedauernswert, sondern normal. Allerdings tat sie mir oft kund, daß sie, wenn sie sich einen Ehemann hätte aussuchen können, so wie es heute für die Mädchen schon manchmal möglich ist, einen jungen Mann vorgezogen hätte, der fleißig ist und Geld verdienen kann. Dazu hätte sie gerne eine "petite soeur" für sich gehabt, die sich aber ihren Ehemann selbst würde aussuchen dürfen.

A's Gedanken zeigen, daß sich hier der moderne Einfluß insofern bemerkbar macht, als die erzwungene Heirat mit einem älteren Mann mehr und mehr auf Ablehnung stößt. Der Brauch als solcher, junge Mädchen als "petites soeurs" an Frauen zu vergeben bzw. als "petite soeur" mit einer "Tante" in ein fremdes Gehöft zu ziehen, um dort bei ihr zu leben und für sie zu arbeiten, wird jedoch nicht als negativ, sondern als normal empfunden. Ob das Leben als "petite soeur" dann gut oder schlecht zu ertragen ist, hängt von der Person der "Tante" ab.

Enge Mutterbindungen bestehen ohnehin in diesem Alter auch im elterlichen Gehöft nicht mehr. Zahlreiche Gespräche mit anderen Frauen und jungen Mädchen bestätigten mir diese Einstellung.

Befragungen der zwölf- bis fünfzehnjährigen Mädchen unseres Dorfes zu diesem Thema ergaben, daß die Mädchen grundsätzlich nichts dagegen hatten, als "petite soeur" ausgewählt zu werden. Sie behaupteten, daß sie den Abschied von der elterlichen Großfamilie als nicht schlimm empfänden und gerne zu einer "Tante" gingen, wenn diese großzügig wäre und ihnen nicht allzuviel Arbeit aufbürden würde. Übereinstimmend fürchteten die Mädchen jedoch eine erzwungene Verheiratung mit einem alten Mann; ihren Ehemann wollten sie sich unbedingt selbst aussuchen. In den noch traditionell lebenden Familien beginnen die jungen Mädchen zwar auch schon in ihren Zukunftsvorstellungen und Wünschen etwas von den alten Bräuchen abzuweichen, sie fügen sich aber doch noch den traditionellen Vorschriften. Von Mädchen, die bereits an der Elfenbeinküste oder in Städten gelebt haben, gehen jedoch Einflüsse aus, die auch die noch traditionell lebenden Mädchen ermuntern, sich den alten Zwängen, wenn nötig sogar durch Flucht, zu entziehen.

In Bezug auf den Brauch der "petite soeur" bietet sich eine Betrachtung von zwei Seiten her an. Es mag grausam erscheinen, ein Kind mit sechs Jahren von Eltern und Geschwistern zu trennen, einer Verwandten als Arbeitskraft zur Verfügung zu stellen und ihr die volle Verantwortung über das Mädchen zu überlassen. Die Möglichkeit der "Tante", ihre "petite soeur" ihrem eigenen Ehemann als zweite junge Ehefrau zuzuordnen, scheint mit unseren Vorstellungen von menschlichem Zusammenleben und menschlichen Beziehungen nicht vereinbar zu sein. Sieht man jedoch die traditionelle Lebensform als Anpassung an Lebensraum und Lebensbedingungen, so bietet sich die zweite Betrachtungsweise an: Auch im elterlichen Gehöft besteht für Mädchen dieses Alters keine enge Mutter-Kind-Beziehung mehr. Die Mädchen stehen im elterlichen Gehöft als Arbeitskräfte der ganzen Familie zur Verfügung. Ein Mädchen findet seine Identität primär in seiner Rolle als Arbeitskraft und erst in zweiter Linie in seiner Stellung innerhalb der Familie, sei es als Tochter der Mutter oder als "petite soeur" der "Tante" oder Schwester. Der Übergang in eine fremde Familie ist für eine "petite soeur" zwar zunächst schwierig, weil das zugleich die Trennung von der alten und die Anpassung an die neue Umgebung bedeutet. Um diesen Übergang zu erleichtern, ist die persönliche Beziehung zwischen "Tante" und "petite soeur" von wesentlicher Bedeutung. Über sie erfolgt die Eingliederung in die Kindergruppe und später in die Frauengruppe des neuen Gehöftes. Sind dieser Übergang und die Eingliederung vollzogen, so findet das Mädchen wieder Rückhalt und Schutz innerhalb der Großfamilie, wobei der Kontakt zu der elterlichen Familie durch Besuche gemeinsam mit der "Tante" bestehen bleibt.

Somit lebt das Mädchen weiterhin in einer Frauengemeinschaft innerhalb der Familie, in der sich ihr hauptsächliches Leben abspielt und in der die Person ihres Ehepartners eine sekundäre Rolle spielt. Es ist sehr viel risikoreicher und gefahrvoller für ein Mädchen, sich einem selbstgewählten jungen Partner anzuvertrauen und ohne die Geborgenheit und den Schutz der Familie mit ihm ein freies, modernes Leben nach westlichem Vorbild zu führen. Da eine menschlich-liebende Bindung, wie sie westlichen Ehen zugrunde liegen sollte, bei den Lyela nicht vorausgesetzt werden kann, bleibt für ein Mädchen nach der Loslösung von der traditionellen Lebensform nur eine totale Abhängigkeit von dem Ehepartner, der der Verantwortung für eine monogame Kleinfamilie in den meisten Fällen nicht gewachsen ist. Eine Lockerung der Tradition bahnt sich dahingehend an, daß eine "petite soeur" zwar abhängig von ihrer "Tante" ist, aber trotzdem die Möglichkeit hat, sich unter den Brüdern des Onkels bzw. deren Söhnen, einen Ehemann selbst auszuwählen. Damit bleibt sie auch nach ihrer Heirat in dem Gehöft, in dem sie vorher lebte. Das wird als Vorteil angesehen gegenüber der Situation der Mädchen, die nicht "petite soeur" waren und somit bei ihrer Heirat in das Gehöft des Ehemannes übersiedeln müssen.

Zunehmende Zivilisationseinflüsse bewirken auch auf diesem Gebiet eine Entfernung von den traditionellen Lebensformen und wecken in den Mädchen das Wunschbild einer "fortschrittlichen, unabhängigen" Lebensform. Diese moderne Lebensform ist aber den Lebensbedingungen nicht angepaßt und nicht ohne große Einbußen an Gemeinschaft und Geborgenheit, wie sie in den traditionellen Großfamilien vorhanden sind, realisierbar.

16. Erziehung

Die Lyela praktizieren eine Erziehung ihrer Kinder, die weniger der Förderung der individuellen Anlagen und Fähigkeiten zur Entfaltung einer ausgeprägten Persönlichkeit dient, als vielmehr der Ausbildung zu einem Gemeinschaftswesen, das zum Fortbestand der Familie und des Stammes beiträgt.

Ziel dieser Erziehung ist es somit, einem Kind die für seine Lebensmeisterung wichtigen Fertigkeiten und Verhaltensmuster beizubringen, um ohne Anpassungsschwierigkeiten am gemeinsamen Leben teilnehmen zu können (Sozialisation). Es bestehen traditionelle Werte und Normen, mit denen die Kinder vertraut gemacht werden, jedoch ist das systematische Einwirken und Üben als bewußt formgebendes und charakterbildendes Element nur schwach ausgeprägt.

16.1. Erziehungsziele

Durch das intensive Zusammenleben mit meiner Gastfamilie gewann ich Einblick in die praktische Kindererziehung, wie sie sich, ohne bewußt hervorgehoben zu werden, im Alltag vollzieht.

Obwohl schon viele Kinder "meines" Gehöftes die Schule besuchten, war das Leben innerhalb meiner Gastfamilie und innerhalb des Gehöftes traditionell geprägt, so daß auch die Erziehung der Kinder noch traditionellen Charakter hatte. Die Großmutter (Mutter des Gehöftherrn) war die anerkannte Autoritätsperson unter den Frauen und Kindern des Gehöftes, und somit nahm sie beträchtlichen Einfluß auch auf die traditionelle Erziehung der Kinder.

Wichtigster Punkt dieser Erziehung ist der Respekt der Kinder vor dem Alter und unbedingter Gehorsam. Das bedeutet, daß die Kinder den Anweisungen von Erwachsenen und

älteren Geschwistern ohne Widerworte Folge leisten müssen.
Die Auswirkungen dieses Prinzips konnte ich im praktischen Alltag immer wieder beobachten: Einerseits funktionierte die Verteilung und Ausführung der verschiedenen Handreichungen und Arbeiten reibungslos, andererseits aber wurde das Fragebedürfnis der Kinder und auch ihre Entwicklung zur Selbständigkeit unterdrückt.

Die Großmutter erklärte mir zu meinen diesbezüglichen Fragen: "Kinder müssen gehorchen und sollen keine Fragen stellen!".

Nach meinen Beobachtungen kann ich sagen, daß sich ein Kind in den seltensten Fällen einem Befehl oder einer Anweisung durch Ältere widersetzt oder gar widersprochen hat. Es kam jedoch recht oft vor, daß Kinder sich durch "Verzögerungstaktiken" oder "Nichtgreifbarsein" vor Arbeiten erfolgreich zu drücken versuchten.

Ein wichtiges Anliegen, speziell der Großmutter, war es, den Kindern Kenntnisse über traditionelle Verhaltensregeln und Traditionsbewußtsein zu vermitteln. Normalerweise sind ältere Männer dafür zuständig, aber da es in unserem Gehöft keinen Großvater mehr gab, und die jungen Männer meist außerhalb arbeiteten, hatte die Großmutter diese Aufgabe übernommen. Von ihr erfuhr ich auch die Eigenschaften und Verhaltensweisen, die für Kinder als wünschenswert gelten. Die Reihenfolge der aufgeführten Erziehungsziele zeigt, in welcher Wertigkeit sie zueinander stehen:

- Respekt vor den Alten
- Respekt vor der Tradition
- Gehorsam gegenüber Älteren
- Willige und schnelle Verrichtung aller Arbeiten
- Hilfsbereitschaft
- Fürsorge für jüngere Geschwister
- Bereitschaft zum Teilen

Die hier aufgeführten Verhaltensweisen gelten für Jungen und Mädchen als gleichermaßen erstrebenswert.

16.2. Erziehung zur Arbeit

Die Kinder sind durch ihre selbstverständliche Anwesenheit bei allen täglichen Verrichtungen der Erwachsenen unbewußt einem Lernprozess ausgesetzt. Die Kinder beobachten die Arbeiten und Tätigkeiten der Erwachsenen und sind bemüht, deren Verhaltensweisen oder Arbeiten ihrem Alter entsprechend nachzuahmen. Die Nachahmungswilligkeit der Kinder wird zum Anlaß genommen, sie ohne spezielle Erklärungen kleine zweckmäßige Arbeiten ausführen zu lassen, die in einen größeren Arbeitsablauf eingereiht werden können. Diese Einspannung in einen Arbeitsvorgang ermöglicht wieder das Beobachten anderer, spezialisierterer Arbeitsvorgänge, die das Kind auf diese Weise unbewußt erlernt.

Durch das Zuschauen bei allen Vorgängen des täglichen Lebens bahnt sich bereits eine erste geschlechtsspezifische Hinwendung zu dem jeweils männlichen bzw. weiblichen Tätigkeitsfeld an. Die Mädchen ordnen sich den älteren Schwestern und Frauen zu, während sich die Jungen ihre Vorbilder unter älteren Brüdern und Männern suchen. Selbst wenn ein Junge bei Haushaltsarbeiten zuschaut und gelegentlich zu Handreichungen von Frauen herangezogen wird, so empfindet er diese Arbeit nicht in der Weise als ihm gemäß wie Arbeiten, die ihm von Männern aufgetragen werden.

Die frühzeitige Mitarbeit der Kinder dient mehr dem Zweck der Arbeitsbewältigung; sie stellt keinen bewußten Lernprozeß für die Kinder dar.

"Vorbilder" für die Kinder sind immer Personen, die eine Arbeit um der Arbeit willen ausführen und die Kinder lediglich dabei zuschauen lassen. Eine spezielle Anleitung,

Unterweisung oder ein Üben mit den Kindern, um eine bestimmte Fähigkeit oder Fertigkeit zu erlangen, habe ich bei den Lyela nicht erlebt. Der Kindererziehung wird nicht viel Mühe, Überlegung und Zeit gewidmet. Kinder sollen möglichst schnell in den Arbeitsprozeß miteinbezogen werden, damit sie der Familie früh Nutzen bringen können.

Aus dieser grundsätzlichen Einstellung ergibt sich auch folgende Wertvorstellung: Ein "gutes" Kind ist fleißig und arbeitswillig; ein "schlechtes" Kind ist faul und renitent. Fleiß und Faulheit sind wichtige Kriterien zur Beurteilung eines Kindes, insbesondere der Mädchen.

16.3. Traditionelle Verhaltensregeln

Das große Gebiet der traditionellen Religion mit ihrer Ahnenverehrung, ihren Riten, Gebräuchen und Glaubensinhalten wird den Kindern weniger durch Belehrung und theoretische Ausführungen als vielmehr durch langsames Hineinwachsen vertraut. Die Kinder sehen, welchen Platz die Tradition im täglichen Leben der Erwachsenen einnimmt und wie diese damit umgehen.

Der religiöse Bereich im besonderen birgt vielerlei Verhaltensvorschriften in sich, die auch die Kinder mit zunehmendem Alter befolgen müssen. Die Beachtung der Regeln wird sowohl durch Beobachtung und Nachahmung erreicht, als auch durch Gebote, Verbote und Ermahnungen. Bestimmte altersmäßig begrenzte Lehr- und Unterrichtsperioden, so wie man sie bei Initiations- und Reifezeremonien anderer Ethnien findet, existieren bei den Lyela nicht (Ausnahme bildet die früher praktizierte Initiationszeit der Kinder des shú vgl. Kapitel 13.1.4).

Es gibt bei den Lyela spezielle Opfer, die den Ahnen zum Wohle eines Kindes dargebracht werden. Dazu wird das

Kind lediglich von seiner Mutter an die Hand genommen; es muß sein Opferhühnchen tragen und dem Alten zur Opferdarbringung übergeben. Während der Opferzeremonie sitzt das Kind dabei, ohne daß mit ihm gesprochen wird und ohne daß ihm irgendwelche Erklärungen gegeben werden. Ich habe auch niemals erlebt, daß ein Kind bei einer rituellen Handlung Fragen stellt.

Das Befolgen traditioneller Verhaltensregeln ergibt sich durch Mitleben und Imitation. Kinder lernen von ihren Eltern, wie man sich verhält, nicht warum man sich in einer bestimmten Weise verhält. Es werden weder Fragen gestellt, noch Erklärungen gegeben. Beispielsweise bleiben die begleitenden Riten der Mädchenbeschneidung ohne weitere Erklärungen, und sie werden auch ohne zu fragen von den Beschnittenen ausgeführt.

Ebenso werden Tabus (súsúlú) fraglos befolgt, wie z.B. das Verbot für ein Enkelkind, seinem Großvater in die Ohrmuschel zu schauen.

Ein anderes Tabu wurde von vier Geschwistern in meinem Gehöft erstaunlich konsequent geachtet: Sie aßen kein Stück von einer Schildkröte, die von allen anderen Kindern unseres Gehöftes als Delikatesse verspeist wurde. Die vier Geschwister wußten nur, daß sie Schildkröte niemals essen durften, während mir ihre Mutter die Erklärung geben konnte, daß die Schildkröte das Totemtier ihrer Lineage sei und daß deshalb für sie und ihre Kinder dieses Tabu bestehe.

In Goundi ereignete sich ein schwerwiegender Fall von Nichtbeachtung eines Tabus durch Kinder. Bei den Lyela ist die Ausstoßung eines Fluches die gefährlichste und folgenschwerste Beeinflussung einer anderen Person, die sogar tödlich sein und auch auf den Fluchenden zurückwirken kann. Solch ein Fluch darf niemals von jemandem bedenkenlos ausgestoßen werden.

Verbotenerweise sprachen Kinder diesen Fluch in einem
Rollenspiel leichtfertig aus. Ein Erwachsener war Zeuge
dieses Geschehens, berichtete davon dem Familienältesten,
der sofort die Gegenmaßnahme gegen diesen gefährlichen
Fluch einleitete: Er ließ den Schmied kommen, der sogleich
ein Opfer an der Schmiede zur Aufhebung des Fluchs darbrachte. Die Kinder wurden ohne weitere Erklärungen von
ihrem Vater durch Prügel bestraft; der Lerneffekt ergab
sich offensichtlich allein durch das Beobachten der Folge-
erscheinungen ihrer Tat (die Opferdarbringung durch den
Schmied) und durch die drastische körperliche Strafe. Es
wurden keinerlei Fragen gestellt und auch keine weiteren
Erklärungen abgegeben.

16.4. Bestrafungen

Die bestehenden Gebote und Verbote bzw. Tabus sollen von
den Kindern und Jugendlichen selbstverständlich befolgt werden. Mißachtet ein Kind die Regeln oder kommt den Geboten
nicht nach, so bestehen verschiedene Möglichkeiten zur Bestrafung.

Mädchen und Jungen werden gleichermaßen bestraft. Mäd-
chen im Alter von sechs bis zehn Jahren trifft die Strafe
jedoch häufiger, weil ihnen schon früher mehr Aufgaben und
Pflichten übertragen werden als Jungen und von daher öfter
Anlaß zur Bestrafung besteht als bei den Jungen in diesem
Alter. So gesehen könnte man hier von einer "prolongierten
Kindheit" der Knaben sprechen.

Die spontane Reaktion der Erwachsenen auf Ungehorsam von
Kindern ist zumeist eine lautstarke Beschimpfung.

Bubye, ein sechsjähriger Junge aus unserem Gehöft, war
ein ständiger Unruhestifter. Er konnte sich der Gemeinschaft nicht anpassen, ärgerte Geschwister und Nachbars-

kinder, störte die Gemeinschaftsspiele und war ein echter Querulant. Täglich zog er Beschimpfungen sowohl der Kinder als auch der Erwachsenen des Hofes auf sich, wobei diese Beschimpfungen verschiedene Wirkungsgrade zeigten, je nachdem, von welcher Person sie ausgingen. Vorhaltungen seiner älteren Schwester berührten ihn kaum, während Beschimpfungen seiner älteren Brüder ihn schon eher beeindruckten. Seine Mutter mußte großen Stimmaufwand aufbieten, während eine Zurechtweisung von seinem Vater, oder mehr noch von einem Bruder seines Vaters, genügte, ihn sofort zum Gehorsam zu bringen.

Härtere Bestrafungen, wie z.B. Schläge, Einsperren und Essensentzug werden weniger häufig angewandt und bleiben in der Regel den leiblichen Eltern der jeweiligen Kinder vorbehalten. Maßnahmen dieser Art kommen zur Anwendung bei gravierenden Delikten wie Arbeitsverweigerung, Stehlen, Lügen, Autoritätspersonen Widerworte geben.

Laurentine, fünfzehn Jahre, und Pulcherie, sieben Jahre, bezogen aber auch harte Prügel, wenn sie ihre Geschwister nicht sorgsam beaufsichtigten. Laurentine bot des öfteren Anlaß zu Auseinandersetzungen mit ihrer Tante. Laurentine wuchs in unserem Gehöft beim Bruder ihres leiblichen Vaters auf; ihre leiblichen Eltern lebten an der Elfenbeinküste. In erster Linie war Laurentine ihrer Tante, der Frau des Bruders ihres Vaters, anvertraut, und sie mußte auch für diese die meisten Arbeiten verrichten; sie war ihr jedoch nicht als "petite soeur" übergeben worden. Laurentine wurde von ihrer Tante recht streng behandelt. Einmal hatte sie Milch durch das Wassersieb geschüttet, es danach nicht gesäubert und dazu noch beschädigt. Sie wurde dafür von ihrer Tante heftig beschimpft. Aber als Laurentine daraufhin noch Widerworte gab und behauptete, es nicht gewesen zu sein, bezog sie von ihrer Tante solange Schläge mit einem Stock, bis sie laut weinte. Darüberhinaus wurde ihr das Abendessen entzogen.

Pulcherie mußte die gleiche Erfahrung machen, als sie sich nach einem Streit um die Essensverteilung mit ihrem älteren Bruder zu Unrecht behandelt fühlte und deshalb aus Trotz das Abendessen verweigerte. Die Essensverweigerung aus Trotz erboste ihre Mutter in höchstem Maße, da die Menschen oftmals hungern müssen und dem Essen den höchsten lebenserhaltenden Wert beimessen. Pulcherie wurde zur Strafe für ihr Verhalten beschimpft, verprügelt und zum Essen gezwungen. Auch andere Mütter bestätigten mir, daß Essensverweigerung aus Trotz ein schlimmes Vergehen ist, das ernste Bestrafung erfordert.

16.5. Stehlen

Als strafbares Fehlverhalten wird auch der Diebstahl geahndet. Stehlen ist ein täglich vorkommendes Delikt, das unterschiedlich streng bestraft wird, zumal die Übergänge vom Naschen zum Stehlen recht verschwommen sind. Dazu kommt noch, daß in Ländern mit Nahrungsmittelknappheit und Hungerszeiten die Besorgung von Lebensmitteln, auf welche Weise auch immer, lebensnotwendig sein kann. Nach meinen Beobachtungen muß man davon ausgehen, daß alle Kinder naschen. Wie bei vielen Völkern der Dritten Welt bewegt sich auch bei den Lyela die Ernährungslage stets am Rande des Existenzminimums, und so ist jedes Kind bestrebt, sich auf verschiedene Weise noch zusätzliche Nahrung zu verschaffen. Daher wird Naschen zwar bestraft, aber als Vergehen nicht wichtig genommen und den Kindern nicht nachgetragen. Kinder, die beim Naschen erwischt und bestraft werden, nehmen das gelassen hin und bemühen sich beim nächsten Diebstahl um mehr Vorsicht. Auch die Erwachsenen erwarten nicht, mit der Bestrafung eine wirkliche Besserung des Kindes zu erzielen. Alles läuft weiter wie vorher; kluge Frauen ändern ihre Verstecke für die begehrten Nahrungsmittel.

16.6. Schuldbekenntnisse

Interessant waren für mich die Methoden, die angewandt werden, um einen Dieb herauszufinden bzw. ihn zum Geständnis zu bringen.

Eines Tages waren bei uns im Gehöft Erdnüsse, die zum Verkauf auf dem Markt bestimmt waren, verschwunden. Um den Dieb zu entdecken, wandte die Großmutter folgende Methode an: Sie rief alle Kinder zusammen, zeigte ihnen ein schwarzes Pulver, das sie vorher durch Zerstampfen einfacher Kohle gewonnen hatte, und gab dieses Pulver in eine mit Wasser gefüllte Kalebasse. Jedes unschuldige Kind konnte von dieser Flüssigkeit trinken ohne Schaden zu nehmen; der Dieb jedoch mußte, nach Ausführungen der Großmutter, daran sterben. Es kam gar nicht soweit, daß die Kinder davon tranken; der Dieb meldete sich aus lauter Angst schon vorher freiwillig, und er nahm auch willig seine Strafe, Prügel und Essensentzug, entgegen.

Einen Dieb auf diese Weise zum Geständnis zu bringen, kann so variiert werden, daß dem Dieb nicht der Tod, sondern ein dick anschwellender Hals droht. Die Großmutter hatte noch eine andere, ebenso wirkungsvolle Methode: Sie formte eine Kugel aus Lehm und wickelte sie in ein Blatt des Baobab- oder Néré-Baumes. An den Seiten der Kugel befestigte sie lange Stiele der Blätter, so daß die Kugel wie ein Amulett um den Hals getragen werden kann. Die Großmutter legte dann die Kette um den Hals eines jeden Kindes. Sie sagte, wenn der Dieb an die Reihe käme, so würde die Kugel an seinem Hals zerspringen und er wäre entdeckt. Soweit kam es jedoch nie, denn der Dieb wollte nicht auf diese Weise bloßgestellt werden und zog es vor, seine Missetat freiwillig zu gestehen.

16.7. Angst als Bestandteil der Erziehung

Angst ist bei Erwachsenen wie auch bei den Kindern und Jugendlichen der Lyela ein lebensbestimmender Faktor. Sie ist auch ein wesentlicher Bestandteil der Erziehung. Die Erwachsenen drohen den Kindern mit Gefahren aus der natürlichen Umwelt, mit dem Zorn oder der Rache der Ahnen, mit Geistern und Hexen, die sie auch selbst fürchten und die sie sich durch Opfer und Einhaltung bestimmter Verhaltensnormen gewogen machen wollen. Da der Zorn und die Rache der Ahnen, Geister und Hexen oftmals nicht nur den Einzelnen, sondern auch die ganze Familie oder den gesamten Klan trifft, achtet man untereinander sehr auf ein normengerechtes Verhalten; d.h. innerhalb der Gemeinschaft besteht eine ständige gegenseitige Kontrolle und Beobachtung des Einzelnen durch die Gruppe. Angsteinflößen ist der wohl einfachste und auch wirkungsvollste Weg, um Kinder zum Gehorsam zu bewegen. Auch die Person des Vaters oder eines Vaterbruders wird dazu eingesetzt. Oft genügt allein die Androhung ihres bloßen Erscheinens, um Fügsamkeit zu erreichen. Durch das Miterleben der Religionsausübung werden die Kinder schon früh auch mit den Bereichen der Hexerei, der bösen Geister und des Zaubers konfrontiert, d.h. mit Dingen, die Angst einflößen. Mütter drohen ihren Kindern: "Die Hyäne wird kommen", damit sie eine schlechtschmeckende Medizin schlucken. Mit Hyänen, Schlangen und Skorpionen machen die Eltern den Kindern Angst, damit sie sich nicht zu weit vom Gehöft entfernen. Die Großmutter erzählt furchterregende Geschichten von bösen Zwergen, Hexen und Geistern, die sich besonders nachts im Busch herumtreiben und die auch Menschengestalt annehmen können. Von der Existenz dieser bösen Wesen sind auch die Erwachsenen überzeugt; abends werden deshalb alle Hütten im Gehöft und das Hoftor fest verschlossen.

Gruselgestalten höchsten Wirkungsgrades sind die Kopfabschneider, die allen Kindern bekannt sind und ihnen größte Furcht einjagen. Kinder erzählten mir, daß diese Kopfabschneider Kindern die Köpfe abschneiden und sie in der Erde vergraben. Dort liegen sie dann einige Tage und ziehen Gold an, denn das Gold will die Haare, die Haut und das Gehirn der Köpfe fressen. Danach kommen die Kopfabschneider und sammeln das Gold ein.

Nachts sind die Kinder besonders ängstlich; sie suchen körperliche Nähe und Geborgenheit. Die kleinen Kinder schlafen bei ihrer Mutter auf der Matte und die älteren rücken ihre Matten so eng wie möglich aneinander. Um mich machte man sich große Sorgen, da ich allein in meiner Hütte schlief. Mehrere Mütter boten mir immer wieder an, ihre Töchter bei mir schlafen zu lassen, damit ich keine Angst bekäme. Außerdem gab mir die Großmutter strengste Anweisung, trotz großer Hitze Fenster und Tür wegen der umherschwirrenden bösen Geister während der ganzen Nacht geschlossen zu halten.

Diese Beispiele mögen verdeutlichen, daß die gemeinsame Angst vor bösen Mächten bei den Lyela auch in den Bereich der Kindererziehung hineinreicht.

16.8. Schule

Zu der informellen Erziehung in der Familie, die sich auf das Erlernen des praktischen Lebensvollzuges durch selbstverständliches Miterleben, durch Imitation und Einhaltung der traditionellen Vorschriften innerhalb einer Gemeinschaft beschränkt, kommt heutzutage der Einfluß der Schule als formelle Erziehung.

Ich möchte im Rahmen dieser Arbeit keine allgemeingültige Aussage über das Schulsystem in Burkina Faso machen. Die Schule war für meine Forschungen insoweit von Interesse, als sie für die Kinder und Jugendlichen eine tiefgreifende Veränderung ihrer Lebenssituation und ebenso ihrer Zukunftsperspektiven bedeutete. [49]

Die Grundschule in Banankyo, drei Kilometer von Sinkou entfernt, war Ausgangspunkt meiner Untersuchungen. Der primitive, ebenerdige Bau bestand aus sechs Räumen, die mit hölzernen Sitzbänken, einer Wandtafel und einem Pult für den Lehrer ausgestattet waren. Nach dem französischen Schulsystem einer "école primaire" wurden hier sechs Klassen, Jungen und Mädchen gemischt, von sechs Lehrkräften unterrichtet. Die Stärke der Klassen eins bis sechs betrug 81, 79, 73, 68, 54 und 48 Schüler. Die ersten Klassen waren mit 70 bis 80 Schülern total überbelegt. Die Schülerzahl reduzierte sich jedoch bis zur sechsten Klasse merklich, da viele Kinder den Anforderungen nicht gewachsen waren und die Schule wieder verlassen mußten. Der Andrang der Schulanfänger steigt jedoch von Jahr zu Jahr.

Der Rektor der Grundschule in Banankyo äußerte sich zu dieser Entwicklung: "Als diese Schule vor zwanzig Jahren gegründet wurde, hatte ich Schwierigkeiten, Kinder für den Schulbesuch zu werben. Ich selbst besuchte die einzelnen Gehöfte und sprach mit den Eltern, um sie von der Nützlichkeit und Notwendigkeit der Schulbildung zu überzeugen. Für die Eltern bedeutete der Schulbesuch ihrer Kinder deren Abkehr von der Tradition. Vor allem fürchteten sie den Verlust einer Arbeitskraft im Gehöft, denn die Kinder stellen ein wichtiges Arbeitskraftpotential für die Familie dar. Heutzutage hat sich die Einstellung der Eltern gewandelt. Auch die noch traditionell lebenden Familien wollen ihre Kinder zur Schule schicken. Inzwischen haben wir zum Schulbeginn so viele Anmeldungen, daß wir einen großen Teil der Kinder zurückschicken müssen. Mehr als 70 Kinder sollten für eine Klasse nicht angenommen werden". [50]

Um einen Einblick in den erzieherischen Bereich der
Schule zu erhalten, nahm ich Kontakt zu Lehrkräften der
Grundschulen in Goundi, Bonyolo und Banankyo auf, die mich
an ihrem Unterricht teilnehmen ließen und in Interviews
über ihre Erfahrungen innerhalb der Schule berichteten.

Bei meinen ersten Schulbesuchen empfand ich die Unterrichtsmethode als extrem streng und autoritär, weil der
Unterricht in fast militärischer Form und im "Kasernenhofton" durchgeführt wurde. Im Laufe der Zeit habe ich jedoch
eingesehen, daß es nur durch diese strenge und lautstarke
Lehrmethode möglich war, die Aufmerksamkeit und Disziplin
der Kinder aufrechtzuerhalten.

Die drückende Hitze in den überfüllten Klassenräumen und
die unzureichende Lüftungsmöglichkeit durch nur eine offenstehende Tür und kleine Fensterschlitze wirkten gleichermaßen strapazierend und einschläfernd. Der schlechte Ernährungszustand vieler Kinder mag auch ein Grund für das schnelle Absinken ihrer Konzentrationsfähigkeit sein. Sie kamen
oft, ohne etwas gegessen zu haben, in die Schule, und die
Schulspeisung am Mittag (häufig Couscous aus einem amerikanischen Hilfsfond) war ihre erste und manchmal auch einzige Tagesmahlzeit. Für dieses Schulessen müssen pro Kind
300 bis 500F CFA (100F CFA = ca. 0,64 DM) je Schuljahr aufgebracht werden. Schulgeld braucht nicht bezahlt zu werden;
die Familien müssen jedoch die Kosten für Bücher, Hefte und
Schreibmaterial übernehmen. Diese relativ hohen Ausgaben
sind ein Grund dafür, daß viele Kinder die Schule nicht besuchen können.

Von den Kindern des Nachbargehöftes besuchte keines die
Schule; die Mädchen halfen ihren Müttern im Gehöft, und
die Jungen hüteten die Ziegen und verrichteten Garten- und
Feldarbeiten. Der Grund hierfür war offensichtlich, daß
die Familie kein Geld für eine Schulausbildung zur Verfügung hatte.

Besonders beeindruckend bei meinen Besuchen in allen drei Schulen war der offensichtliche Fortschritt, den die Kinder speziell im Laufe der beiden ersten Schuljahre machten; vor allem wenn man bedenkt, daß viele Erstklässler ohne jegliche Grundlagen aus abgelegensten Gehöften kamen, noch nie mit fremden Menschen Kontakt gehabt hatten und daher extrem schüchtern und ängstlich waren.

Meine Befragungen nach der Wertigkeit, die dem Schulbesuch der Kinder beigemessen wurde, ergaben eine zunehmende Bereitschaft der Familien, weitgehend auf die Arbeitskraft der Kinder im Gehöft zu verzichten, um ihnen durch den Schulbesuch die Möglichkeit zum späteren Geldverdienen zu geben. Da Französisch die Amtssprache in Burkina Faso ist, erfuhren auch schon die Kinder, daß es sehr nützlich wäre, Französisch sprechen zu können. Der Schulbesuch bot die beste Möglichkeit zur Erlernung der französischen Sprache. Auch die Eltern, die selbst nicht Französisch sprechen konnten und Analphabeten waren, sahen einen Vorteil darin, daß ihre Kinder diese Sprache lernten. Da es sich inzwischen herausgestellt hat, daß die französische Ausrichtung des Lehrstoffes den Verhältnissen in Burkina Faso nicht angepaßt ist, wurde eine Schulreform geplant. Leontine Njameogo, Lehrerin an der Grundschule in Banankyo, berichtete über diese Änderung des Schulsystems:
"Bisher hatten wir in Burkina Faso ein französisches Schulsystem, das heißt eine Ausbildung der Schüler nach europäischem Muster. Jetzt ist man dabei, ein neues Schulsystem einzuführen, das an die hiesigen Verhältnisse angepaßt ist. Man will nicht mehr nur in französischer Sprache, sondern zusätzlich in einer Stammessprache wie Moore, Dioula oder Fulfuldi unterrichten. Zu der theoretischen Ausbildung soll eine praktische Ausbildung wie Maurerei, Garten- und Feldbau, Handwerk, Handarbeit und Hygiene hinzukommen, damit auch die Jugendlichen, die nach der Grundschulausbildung keine weiterführende Schule mehr besuchen können, auf eine Arbeit im Gehöft und in der Landwirtschaft vorbereitet sind".

Ich habe sowohl den Schulunterricht nach französischem Vorbild als auch die traditionelle Erziehung in der Großfamilie kennengelernt. Beide Richtungen stoßen meines Erachtens zu hart aufeinander; jede für sich ist zu starr in ihrer nur europäischen bzw. nur traditionellen Ausrichtung und entspricht nicht den Erfordernissen der derzeitigen Übergangszeit zwischen Tradition und Moderne. Ich halte eine mehr praxisbezogene und gleichzeitig traditionsbewußte Schulausbildung der Kinder für sinnvoll und nutzbringend.

Im Anhang Nr. 14 finden sich ein Stundenplan und die Schulordnung der Grundschule in Bonyolo.

17. Die Pubertät

Bei den Lyela ist der Eintritt der Pubertät altersmäßig nicht genau festzulegen, da es weder eine Initiation noch besondere Riten und Zeremonien gibt, die den Übergang ins Erwachsenenalter anzeigen. Selbst die Beschneidung gibt keinen Anhaltspunkt, denn sie ist unabhängig vom Alter und von der Geschlechtsreife der Mädchen.

Ich kann in diesem Punkt lediglich von meinen Beobachtungen ausgehen, denn auch Befragungen zu diesem Thema waren recht unergiebig. Die zwölf- bis sechzehnjährigen pubertierenden Jugendlichen waren meist zu schüchtern, um überhaupt etwas zu sagen, und außerdem lag dieses Thema völlig außerhalb ihrer Ausdrucksmöglichkeiten. Auch die Erwachsenen äußerten sich nur sehr zögernd und ungenau zu diesem Bereich. Ausführliche Informationen erhielt ich lediglich von zwei Frauen unseres Gehöftes, Elisabeth Kanmouni und Alice Kando, und von Mme Bazyomo, der Ehefrau eines Lehrers aus Réo, mit denen ich auf freundschaftlicher Basis über dieses Thema sprechen konnte. Hier das Resultat dieser Gespräche, die sich während meines Aufenthaltes immer wieder einmal ergaben:

Der Eintritt der Geschlechtsreife ist bei den Lyela kein Anlaß zu besonderen Maßnahmen oder Festlichkeiten. Es bestehen lediglich einige Anhaltspunkte und Verhaltensweisen:

Beginnen sich bei einem jungen Mädchen die Brüste zu entwickeln, so trägt es außerhalb des Gehöftes eine Bluse.

Bei Eintritt der ersten Menstruation (generell im Alter von zwölf bis vierzehn Jahren) steht die Mutter oder die Tante dem Mädchen bei.

Elisabeth Kanmouni aus meinem Gehöft erzählte mir, daß sie ihrer Tochter den Vorgang der Menstruation als normal und natürlich erklärt und sie gleichzeitig vor der Gefahr einer Schwangerschaft gewarnt habe.

Menstruationsblut gilt als gefährlich und darf nicht
mit heiligen Dingen (z.B. Fetischen, Opferaltären, Masken)
in Berührung kommen.
Die Mensis ist ein Zeichen dafür, daß ein Mädchen heiratsfähig ist.
Zum Zeitpunkt der Pubertät muß ein Mädchen fähig sein,
alle Frauenarbeiten selbständig zu verrichten.

Auch bei den Jungen gibt es bei Eintritt und Beendigung
der Reifezeit keine Zeremonien. Früher fiel die Pubertät
in die Hirtenzeit, die jeder Junge absolvieren mußte. Der
Abschluß dieser Hirtenzeit bildete gleichzeitig den Abschluß der Pubertät und den Eintritt in das Erwachsenenalter. Dieser Übergang war jedoch nicht mit besonderen
Riten verbunden. Die Jungen erwarben mit Abschluß der Hirtenzeit den Status reifer, heiratsfähiger Männer, die eine
Familie gründen konnten (vgl. Kapitel 14). Heute ist nicht
mehr jeder Junge Hirte,und somit ist auch das Ende der
Pubertätszeit nicht mehr so deutlich abzugrenzen.
Jungen schlafen mit Eintritt der Pubertät (etwa ab dem
zwölften Lebensjahr) nicht mehr im Hause ihrer Mutter und
der jüngeren Geschwister; sie ziehen ins Männerhaus. Von
diesem Alter an werden die Jungen verstärkt von ihrem Vater in die speziellen Männerarbeiten eingewiesen (z.B.
Schmieden, Mauern, Schnitzen, Mattenflechten). Bei religiösen Anlässen und bei Opferhandlungen dürfen sie jetzt
auch wichtige Handreichungen übernehmen,und damit geht eine sukzessive Einweihung in Glaubensinhalte, Riten und Gebräuche durch die alten Männer der Familie einher.
Wenn z.B. der Fetisch des Bapio N'do in Goundi zur Opferhandlung aus seinem Unterbringungshaus zum Altar vor dem
Gehöft getragen werden mußte, so war dieser Transport die
Aufgabe der Jungen ab etwa dem fünfzehnten Lebensjahr.
Jungen dieses Alters durften das Opfertier während der
Opferung mit festhalten und anschließend die Zerteilung

des Tieres und die Zubereitung des Fleisches vornehmen.

Meine Beobachtungen zeigten auch typisch pubertäre Verhaltensweisen der Mädchen und Jungen dieses Alters im Umgang miteinander. Frühere gegenseitige Kontakte (z.B. in gemeinsamen Spielen) lösten sich in der Pubertät; Mädchen sowie Jungen hielten sich eng an ihre Geschlechtsgenossen, und beide Geschlechterseiten hielten merklich Abstand voneinander. Aufkommendes Interesse für das andere Geschlecht äußerte sich bei den Jungen durch Imponiergehabe und bei den Mädchen durch vorgegebenes Desinteresse, bei gleichzeitiger verstohlener Neugier.

In unserem Gehöft sprachen Louis (siebzehn Jahre) und sein Freund (fünfzehn Jahre) lautstark Französisch miteinander, sowie Laurentine und Lycie (beide fünfzehn Jahre) mit ihren Freundinnen in der Nähe waren. Dabei konnte ich beobachten, daß die Jungen weniger an ihrem Gespräch interessiert waren als vielmehr daran, ob die Mädchen auch ihr Französisch hörten, wovon sie sich immer wieder durch kontrollierende Blicke überzeugten. Die Mädchen ihrerseits heuchelten Desinteresse, aber ich sah genau, daß auch sie verstohlene Blicke zu den Jungen hinüberwarfen.

Im Alter der Pubertät legten die Mädchen offensichtlich gesteigerten Wert auf ihr Äußeres (bwéỹ), auf schöne Kleider und Schmuck. Bei der Herstellung von Frisuren wurden größte Sorgfalt und sehr viel Freizeit aufgewendet.

Beide Seiten (Mädchen und Jungen) fühlten sich plötzlich unsicher im Umgang miteinander. Sie suchten deshalb Schutz in der Gruppe der Geschlechtsgenossen(innen), wobei sie andererseits doch gerne die Aufmerksamkeit des anderen Geschlechts auf sich lenken wollten. Aber keiner wagte, ohne den Rückhalt der eigenen Gruppe, einem Mitglied der Gruppe des anderen Geschlechts gegenüberzutreten. Auf dem Weg zum Markt oder zur Schule konnte ich solches Verhalten häufig beobachten.

Diese Verhaltensweisen der Jugendlichen im pubertären Alter wurden besonders bei den nächtlichen Ringkämpfen offensichtlich. Die Mädchen schlossen sich dort zu Gruppen zusammen, die Desinteresse heuchelnd am Rande des Geschehens umherflanierten, während die Jungen ihrerseits in Gruppen durch lautstarke Fachgespräche bemüht waren, die Aufmerksamkeit der Mädchen auf sich zu ziehen und ihnen zu imponieren. Bei den Jungen war innerhalb ihrer Gruppe eine starke Bewunderung der Älteren deutlich zu beobachten. Die Jüngeren eiferten den Älteren unter anderem darin nach, sich den Mädchen überlegen zu fühlen und kühles Desinteresse herauszukehren.

Dieses Verhalten während der Pubertät bestätigte mir auch der Lehrer Joanny Bazyomo durch seine Beobachtungen in der Schule.

Engere Kontakte zwischen Mädchen und Jungen wurden in diesem Alter weitgehend vermieden. Wenn jedoch bei Besuchen eine Begrüßung unumgänglich war, so begegneten sich beide Teile nur mit gesenktem oder sogar abgewandtem Blick. Die Erwachsenen erschwerten diese ohnehin problematische Zeit noch durch Neckereien wie: "Der dort ist wohl dein Freund?!" oder "Schau, da kommt dein Ehemann!".

Sowohl die Jungen als auch die Mädchen wurden somit in dieser Pubertätsphase unter der Obhut der Familienmitglieder vor zu frühen sexuellen Kontakten bewahrt. Sie fanden in der Gemeinschaft und im Verband der Großfamilie Rückhalt und Geborgenheit.

Auch hier machte sich jedoch schon der Einfluß der Zivilisation mit dem Streben nach Individualität und "Einzelwirkung" bemerkbar. Bei einer Festlichkeit in einem modern beeinflußten Gehöft am Rande von Réo konnte ich einige sechzehn- bis siebzehnjährige Mädchen beobachten, die an der Elfenbeinküste aufgewachsen und in unsere Familie zu Besuch gekommen waren. Ich konnte ihr Verhalten mit dem der in Sinkou lebenden Mädchen vergleichen und grundlegende

Unterschiede feststellen. Die an der Elfenbeinküste aufgewachsenen Mädchen trugen enganliegende, kurze, europäische Kleider; sie waren geschminkt, hatten rotlackierte Finger- und Fußnägel und trugen Schuhe mit hohen Absätzen. Sie tanzten selbstbewußt und scheuten keinen Blickkontakt mit ihren Tanzpartnern, während die Mädchen aus Sinkou am Rande der Tanzfläche mit gesenktem Blick in einer Mädchenrunde tanzten.

Die Frauen meines Gehöftes redeten untereinander über das Verhalten der von der Elfenbeinküste kommenden Mädchen, und auf mein Befragen hin wurde mir von W.A. (Sinkou) und W.B. (einer jungen Frau aus dem Gehöft meiner Dolmetscherin) erzählt, daß viele dieser Mädchen nach solchen Festlichkeiten mit den jungen Männern "in den Busch gingen".

Berichte von der Elfenbeinküste besagen, daß dort schon fünfzehnjährige Mädchen der Prostitution nachgehen. Die Mädchen, die zeitweise bei Verwandten an der Elfenbeinküste gelebt haben und die zu ihren Familien in die Heimatdörfer zurückgeschickt werden, um dort verheiratet zu werden, wollen sich nicht mehr den traditionellen Vorschriften unterwerfen, wollen keine traditionellen Frauenarbeiten verrichten und können sich weder dem Familienverband noch der Gruppe ihrer Altersgenossinnen einfügen. In unserem Gehöft in Sinkou lebte eine zeitlang W.D., siebzehn Jahre alt, die von der Elfenbeinküste in die Familie des Bruders ihres Vaters (zurück aufs Land) geschickt worden war, um hier verheiratet zu werden. Da sie gut Französisch sprach, arbeitete sie eine kurze Zeit für mich als Dolmetscherin. Innerhalb unserer Familie blieb sie jedoch immer eine Außenseiterin und wollte die täglich anfallenden Arbeiten im Gehöft nicht mitverrichten. Sie hatte Kontakt zu jungen Männern aus der Umgebung, kam nächtelang nicht nach Hause und verschwand eines Nachts für immer.

Unser Gehöftherr vertraute mir an, daß dieses Mädchen
eine Schande für die ganze Familie sei. Von den Mädchen
unseres Gehöftes erfuhr ich, daß im ganzen Dorf über diesen Fall geredet wurde. Nach einigen Wochen brachte M.C.
aus Réo die Nachricht mit, W.D. sei in Begleitung von jungen Männern in Bobo Dioulasso gesehen worden. Das war für
die Dorfbewohner ein sicheres Zeichen dafür, daß das Mädchen nun endgültig aus dem Familienverband ausgeschieden
war und ein "modernes" Leben führen wollte. Der Hinweis
auf Männerbegleitung gab Anlaß zu der Vermutung oder sogar
Behauptung, W.D. würde jetzt der Prostitution nachgehen.

18. Zukunfts- und Wunschvorstellungen der Kinder und Jugendlichen

Über den Rahmen meiner teilnehmenden Beobachtung innerhalb der Familien hinaus versuchte ich, in das Denken und Fühlen der Kinder und Jugendlichen auch außerhalb meines Dorfes einzudringen, um hierüber zu einer deutlicheren und auch umfassenderen Aussage zu kommen.

Da die Kinder und Jugendlichen große Hemmungen hatten, auf Fragen Erwachsener, speziell einer "weißen" Frau, ausführliche Antworten zu geben (die meisten Antworten beschränkten sich auf JA oder NEIN), verzichtete ich auf Interviews mit fremden Kindern und beauftragte meine beiden Mitarbeiter Claude Bationo (14 Jahre) und Valentin Bazie (18 Jahre), die Kinder in der Umgebung von Réo und Goundi zu verschiedenen Themen zu befragen. Es stellte sich jedoch heraus, daß nicht nur meine Person die Jugendlichen in ihrer Bereitschaft zum Reden hinderte, denn die Ergebnisse, die die beiden Mitarbeiter aufweisen konnten, waren oft auch nicht viel ausführlicher als die bei meinen Befragungen erzielten. Die Kinder, die keine Schule besuchten, blieben auch ihnen gegenüber scheu und verschlossen; sie waren es nicht gewohnt, nach ihrer Meinung, ihren Vorstellungen und Wünschen gefragt zu werden.

Claude Bationo aus Sinkou brachte z.B. von seinen Freunden, die mit ihm die Grundschule besucht hatten, recht ausführliche Befragungsergebnisse, während er zu den gleichaltrigen Hirten aus der Nachbarschaft, mit denen er aufgewachsen war, keinen Zugang mehr fand. Dafür führte er zwei Gründe an: Hirtenjungen sind schon durch ihre Tätigkeit sehr zurückhaltend und wenig mitteilsam, weil sie den ganzen Tag mit den Tieren unterwegs sind. Zweitens entfremden sich die Jungen, die die Schule besuchen, von ihren Altersgenossen, die nur Feldarbeit verrichten und Vieh hüten, wobei die Fähigkeit der Schüler, Französisch zu sprechen, von größter Bedeutung ist.

Meine Dolmetscherin Claudine Kaboré und ihre Tochter
Sidoni (15 Jahre) befragten Freundinnen und Nachbarskinder mit unterschiedlichem Erfolg, der davon abhing, in
welcher Umgebung die Kinder aufwuchsen, und ob sie die
Schule besuchten. Außerdem erstellte ich verschiedene
Fragenkataloge und Aufsatzthemen, die in den Schulen durch
die Lehrer verteilt wurden, und die ich selbst in den umliegenden, mir bekannten Familien an die Kinder vergab.
Diese zahlreichen Interviews, Fragebögen und Aufsätze sind
schwerlich in einer Statistik zu erfassen und darzustellen,
da Faktoren wie Alter, Religionszugehörigkeit, Bildungsstand, Familienzugehörigkeit, Ort des Aufwachsens, moderne
Einflüsse im elterlichen Gehöft, Stadtnähe u.a.m. zu breit
gefächert sind, um in einzelnen Rubriken erfaßt zu werden.
Trotzdem zeigen diese Aussagen von Kindern mit unterschiedlichem Hintergrund deutlich erkennbare Tendenzen.

Ich möchte im folgenden eine Zusammenfassung aus diesem
Antwortenkomplex geben und zur Veranschaulichung im Anhang
Nr. 15 einige typische Aussagen als Beispiele anfügen.
Hierbei sollen jedoch nur solche Bereiche der Befragungen
herausgenommen werden, die deutlich zeigen, in welcher Weise die Kinder zwischen den neuen Einflüssen und den althergebrachten Lebensformen stehen. [51]

Die Aufsätze über die Zukunftsvorstellungen zeigten unterschiedliche Ergebnisse. Während etwa die Hälfte der Jungen und Mädchen in ihren Zukunftsvorstellungen von modernen
Aspekten beeinflußt waren, blieb eine große Anzahl, sowohl
Jungen als auch Mädchen, bei traditionellen Wertvorstellungen. Aus allen Aufsätzen und Befragungen ging jedoch hervor, daß die Kinder heiraten und eine Familie gründen wollten. Dabei lehnte die Mehrzahl der Jungen und Mädchen die
Polygamie mit der Begründung ab, es gäbe zuviel Streit,
wobei die Jungen noch zusätzlich Eifersucht und finanzielle Belastung als Gründe für die Ablehnung anführten.

Bei der Wunschvorstellung in Bezug auf den zukünftigen
Wohnort waren die Meinungen geteilt: Einige bevorzugten
die Stadtnähe, wegen der besseren finanziellen und wirtschaftlichen Möglichkeiten; andere wählten das Leben auf
dem Lande, wegen der familiären Bindungen und Verpflichtungen und aus Gewohnheitsgründen.

Die Frage nach der gewünschten Kinderzahl zeigte die
Tendenz zu drei bis sechs Kindern. Die Befragten meinten,
das Leben würde immer teurer; viele Kinder könne man
nicht ernähren. Nur ein kleiner Teil wünschte sich acht
bis zehn oder mehr Kinder mit der Begründung, man habe
dadurch mehr Arbeitskräfte im Gehöft und gleichzeitig
eine gute Altersversorgung.

Neuzeitliche Einflüsse zeigten sich besonders in den
Antworten auf die Frage nach dem Berufswunsch. Die Mehrzahl der Mädchen wünschte sich einen Beruf wie Lehrerin,
Hebamme, Krankenschwester oder Büroangestellte. Auch wenn
sie verheiratet wären und Kinder hätten, wollten sie
selbständig sein und eigenes Geld verdienen. Die Jungen
strebten in der Mehrzahl moderne Berufe an wie Arzt, Lehrer, Mechaniker, Beamter oder Büroangestellter. Nur einige Jungen, die keine Schule besuchten, wollten wie ihre
Väter durch Feldarbeit und traditionelle Berufe ihre Familie ernähren.

Bei der Wahl der Ehepartner wurde auf folgende Attribute besonderer Wert gelegt. Für den Ehemann: Er sollte
viel Geld verdienen, sparsam sein, nicht rauchen und
nicht trinken, verständnisvoll und verantwortungsvoll
für seine Familie sorgen, friedfertig sein, einen guten
Charakter und gutes Benehmen haben. Er sollte häuslich
sein und nicht anderen Frauen nachlaufen.

Für die Ehefrau: Sie sollte eine gute Hausfrau sein,
wenn möglich selbst Geld verdienen, fleißig, stark,
freundlich, höflich und ruhig sein, nicht streitsüchtig
sein und gut wirtschaften können. Sie sollte gehorchen,
sich der Familie des Ehemannes anpassen und Respekt vor
den Alten haben.

Was die Schönheit anbetrifft, so bevorzugten beide
Seiten eindeutig eine heller getönte Hautfarbe. Außerdem
legten sowohl Mädchen als auch Jungen großen Wert auf
die gleiche Stammes- und Religionszugehörigkeit des Ehepartners.

Die Vorstellungen der Kinder von den Verhältnissen an
der Elfenbeinküste, als Inbegriff des modernen Lebens,
waren vorwiegend positiv: Die Menschen dort haben genug
zu essen, trinken Kaffee, essen Brot; sie müssen weniger
arbeiten, sie fahren mit dem Bus oder der Taxe, sie können viel spazierengehen und sich amüsieren, abends ausgehen; es gibt Fernsehen und Kino; man erkennt die Menschen von der Elfenbeinküste an ihren schönen Kleidern;
sie sind glücklicher und freier.

Trotzdem wollten nur wenige Kinder für immer dort leben; die meisten würden gern einmal besuchsweise dort
weilen.

Nur einige ältere Kinder (ab sechzehn Jahren) sahen
auch die negativen Seiten des Lebens an der Elfenbeinküste: Das Leben ist teuer; es herrschen dort Mißgunst,
Kriminalität und Arbeitslosigkeit. Gut leben können dort
nur die Reichen.

Eine einsetzende Abkehr von der Tradition zeigte sich
in der Beantwortung der Frage nach Opfer- und Kulthandlungen. Fast alle Kinder hatten schon einmal an Opferhandlungen teilgenommen, wußten aber von den dabei zu
beachtenden Regeln und den Hintergründen wenig. Sie konnten nur den Anlaß und den äußeren Ablauf der Riten schildern. Die Mehrzahl der Kinder lehnte die Opferhandlungen
ab (häufig Kinder aus christlichen Familien). Ebensoviele
Kinder fanden die traditionellen Bräuche gut, würden sie
aber trotzdem in Zukunft nicht selbst praktizieren. Nur
einige wenige bezeichneten die traditionellen Bräuche als
wichtig und wollten sie auch gerne beibehalten.

19. Fortschreitende Zivilisationseinflüsse

Um die tiefgreifende Einflußnahme der Moderne auf die Kinder und Jugendlichen bei den Lyela zu verdeutlichen, möchte ich die verschiedenen Lebensbereiche noch einmal unter diesem Aspekt zusammenfassen.

Wenn ich in dem bisherigen Verlauf meiner Arbeit insbesondere die traditionelle Lebensweise der Familien und somit auch das Umfeld der Kinder und Jugendlichen untersucht habe, so galt das als Grundlage zur Erkenntnis der Auswirkungen der langsam fortschreitenden neuzeitlichen Einflüsse.

19.1. Geburt

Durch die Einrichtung von Maternitéstationen in größeren Ortschaften finden z.B. in Réo und Ténado die Geburten zunehmend in diesen neuzeitlichen Einrichtungen statt. Dadurch kommen viele Neugeborene nicht mehr inmitten und unter Anteilnahme der ganzen Familie zur Welt, sondern sie werden gleich bei der Geburt fremden Umweltbedingungen ausgesetzt. Das Ereignis der Geburt wird aus dem traditionellen Rahmen genommen; es verliert damit seinen religiösen Hintergrund im Lebenszyklus, und die eine traditionelle Hausgeburt umgebenden Riten und Gebräuche gehen verloren. Ich verweise auf die traditionelle Hausgeburt in Kyinkyanly (vgl. Kapitel: Der Geburtsvorgang, S. 36ff.) und die Wichtigkeit, die dabei der Behandlung von Plazenta und Nabelschnur beigemessen wird (vgl. Kapitel: Die Behandlung der Nachgeburt und Die Behandlung der Nabelschnur, S. 39 ff.). Auch die traditionellen Verhaltensvorschriften bei Geburtskomplikationen (vgl. Kapitel: Komplikationen bei der Geburt, S. 42 ff.) werden bei Geburten in der Maternité nicht befolgt.

Mit der Verlegung der Geburt aus dem Gehöft in die Maternité bahnt sich ein erstes Abrücken von der Tradition an; ein Trend, der sich auch in der weiteren Behandlung des Säuglings und des Kleinkindes fortsetzt.

19.2. Säuglingspflege, Körperkontakt, Ernährung

Die "modernen" Mütter stellen die Säuglingspflege mehr auf die Verwendung von Cremes, Seife und Puder ein, als auf die eigenen traditionellen Produkte aus der Natur, wie Heilkräuter zum Waschen und Karitébutter zum Einfetten der Haut des Neugeborenen (vgl. Kapitel: Säuglingspflege, S. 54 ff.). An die Stelle von rituellen Heilmethoden der Wahrsager und Fetischbesitzer im Krankheitsfall und von Amuletten zum Schutz des Säuglings tritt zunehmend die Versorgung durch die Krankenstation mit Medikamenten, die von den Müttern häufig falsch angewandt werden.

Ausdruck der neuen Zeit ist auch eine bei dem Klima völlig unangebrachte europäische Babykleidung. Eine junge Mutter in Réo (Lehrerin) besaß sogar ein Körbchen für ihren Säugling; ein Utensil, das für traditionell lebende Mütter völlig unangebracht ist, weil sie ihr Kind ständig mit sich umhertragen. Dieses Körbchen mag ein erstes Zeichen dafür sein, daß auch der für ein Kind so wichtige dauernde Körperkontakt mit der Mutter durch unser europäisches Vorbild in Frage gestellt wird.

Ernährungsmäßig entsteht durch das Verteilen von Baby-Fertignahrung und Milchpulver eine Abhängigkeit von der regelmäßigen Versorgung mit diesen Produkten und gleichzeitig eine Abkehr von den zwar spärlichen und mühevollen, aber doch vorhandenen Ernährungsmöglichkeiten mit Produkten aus der Natur, die der Lebensweise angepaßter sind und nicht vernachlässigt werden sollten.

19.3. Namengebung

Islam und Christianisierung zeigen ihren Einfluß und ihre Auswirkungen auf die Namengebung. Während heute die meisten christlichen und islamischen Namen noch Zusatznamen zu den üblichen traditionellen Namen sind, wird zunehmend schon vielerorts (besonders in den Städten) der traditionelle Name fallengelassen. Die traditionellen Namen sind ganz persönlich auf ihre Träger abgestimmt und haben immer eine tiefe Bedeutung (vgl. Kapitel: Die traditionelle Namengebung, S. 48). Die Zeremonie der Namengebung mit ihrer speziellen Opferdarbringung weist auf den religiösen Hintergrund der traditionellen Namen hin (vgl. Kapitel: Namengebungszeremonie im Hof Bationo, S. 48 ff.). Die traditionellen Namen binden ihre Träger lebenslang an ein bestimmtes Heiligtum, an einen bestimmten Ahnen oder an den heiligen Ort ihrer Herkunft und sie geben, je nach Art des Namens, persönliche Vorschriften oder Richtlinien.

Mit dem Wegfall der traditionellen Namen geht (wiederum) Halt und Bindung an die Tradition und die Glaubensinhalte verloren.

19.4. Spiel und Freizeit

Deutliche Einflüsse der Neuzeit zeigen sich in den Spielen der Kinder. In abgelegenen traditionellen Gehöften spielen die Kinder hauptsächlich mit Dingen, die sie in der Natur finden, wie Lehm und Sand, Steine, Stöcke und Blätter, und sie entwickeln eine erstaunliche Phantasie beim Erfinden von Spielzeug aus einfachsten Materialien.

In zunehmendem Maße werden mit dem Einfluß der Neuzeit
nun technische Fortbewegungsmittel gebastelt und nachgeahmt, wie Autos, Fahrräder und Flugzeuge. Dazu benutzen
die Kinder am liebsten Draht, der aber nur in Stadtnähe
zu finden ist (vgl. Kapitel: Kinderspiele, S.94).
Die Inhalte der Rollen- und Imitationsspiele bringen
das wachsende Interesse der Kinder an westlichen Lebensformen zum Ausdruck, wobei sie moderne Berufe und Familienleben in der Kleinfamilie und in der Stadt als Themen
wählen (vgl. Kapitel: Situations- und Rollenspiele, S.99
und Anhang Nr. 7).

Die traditionellen Gruppen-, Sing-, Klatsch- und Kreisspiele mit althergebrachten Texten werden immer seltener
veranstaltet; sie werden mehr und mehr von europäischen
Spielen mit französischen Texten, die keinen kulturspezifischen Bezug mehr haben, verdrängt. Die Kinder lernen
diese Spiele in den französisch ausgerichteten Schulen
und sie geben sie an ihre Geschwister weiter.

Bei den traditionellen Ringkämpfen zeichnet sich eine
ähnliche Entwicklung ab. Die ursprünglichen traditionellen Texte zum Anfeuern der Kämpfer werden mehr und mehr
verdrängt von obszönen Texten zum Thema Sexualität und
von vulgären Beschimpfungen. Gleichzeitig geht der ursprüngliche Sinn dieser Spiele als eine Ausprägung von
Rollenspielen zur Selbstverteidigung und als Wettkampf
verloren. Die Ringkämpfe verflachen zu turbulenten Veranstaltungen, die genutzt werden zur Partnersuche und zu
frühen sexuellen Kontakten. Hier zeigt sich deutlich der
Einfluß der Neuzeit auch auf die Beziehung der Geschlechter untereinander. Das traditionell bestehende Erdtabu,
das Geschlechtsverkehr im Busch auf der Erde verbietet,
verliert allgemein an Beachtung und wird häufig übertreten. Deutliches Zeichen dafür sind die zahlreichen außerehelichen Schwangerschaften nach dieser Zeit der Ringkämpfe (vgl. Kapitel: Ringkämpfe, S. 107).

Moderne Einflüsse verändern den ursprünglichen Charakter des abendlichen Hoflebens und der geselligen Zusammenkünfte der Kinder und Jugendlichen. An die Stelle von Tanz, Trommeln, Singen und Geschichtenerzählen tritt die Vorliebe für "Discosound" von Kassetten und lautstarke Radioprogramme.

19.5. Arbeit

Auch im Bereich der Arbeit und in der Einstellung der Jugendlichen zur Arbeit machen sich bereits starke moderne Einflüsse bemerkbar.

Durch die Einführung des Schulwesens treten, besonders für die Mädchen, die ersten Veränderungen bezüglich ihrer traditionellen Aufgaben und Pflichten im Arbeitsalltag ein. Durch den Schulbesuch können die Mädchen schon rein zeitlich gesehen nicht mehr voll zu den ihnen traditionell obliegenden Arbeiten herangezogen werden. Hinzu kommt, daß seitens der Mädchen auch eine Ablehnung der mühsamen und harten Frauenarbeiten einsetzt. Sie versuchen, sich unter Hinweis auf Schularbeit vor der Haus- und Feldarbeit zu drücken (vgl. Kapitel: Die Arbeiten der Mädchen, S.117).

Auch ihre Zukunftsvorstellungen weichen zunehmend von dem traditionellen Frauenbild ab. Die jungen Mädchen wollen nicht mehr viele Kinder gebären und die schweren Feld- und Hausarbeiten verrichten, sondern finden ein modern geprägtes Leben in Berufen wie Lehrerin, Krankenschwester oder Friseuse oder als Ehefrau eines gutverdienenden Mannes in der Stadt erstrebenswerter (vgl. Kapitel: Zukunfts- und Wunschvorstellungen, S. 216).

Für die Mädchen gewinnt der Wert des Geldes an Bedeutung. Sie wollen Arbeiten tun, die Geld einbringen. Dafür sind sie auch bereit, sich aus dem Familienverband zu lösen, um in der Stadt einen Gelderwerb oder einen großzügigen Ehemann zu suchen.

Die Jungen sind ähnlichen Einflüssen unterworfen. Durch den Schulbesuch ändert sich ihre Einstellung zu den traditionellen Lebensformen. Jungen, die zur Schule gehen, können auch zur Feldarbeit nur noch in den Ferien herangezogen werden. Sie fühlen sich ihren Altersgenossen, die die Schule nicht besuchen, überlegen und streben moderne Berufe an, für die im traditionellen Dorf kein Tätigkeitsfeld vorhanden ist. Die traditionelle Jungenarbeit des Viehhütens können sie nicht mehr verrichten.

In modern lebenden Familien habe ich festgestellt, daß die Trennung der geschlechtsspezifischen Arbeitsfelder nicht mehr streng eingehalten wird. Auch Jungen werden zu kleineren Arbeiten im Haushalt herangezogen, so daß die täglich anfallenden Routinearbeiten gleichmäßiger auf Mädchen und Jungen verteilt werden.

Meine Befragungen ergaben, daß heutzutage bei den Lyela auch die Jungen zu Tätigkeiten tendieren, mit denen sie Geld verdienen können. Technik und Automatisierung üben einen starken Reiz auf die Jungen aus und verstärken den Trend zur Abwanderung aus den Subsistenzwirtschaft betreibenden Großfamilien in die Städte.

Die acht- bis fünfzehnjährigen Jungen meines Gehöftes interessierten sich in höchstem Maße für meine Mofa und speziell für die technischen Details. Wo immer ich die Mofa abstellte, mußte ich damit rechnen, daß sie von Jungen untersucht wurde und daß die Jungen auch ein bißchen an den Schrauben und beweglichen Teilen gedreht hatten. Beneidet wurde derjenige, der vor meiner Abfahrt den Motor anlassen durfte. Automechaniker zu werden, ist bei den Jungen ein beliebtes Ziel für die Zukunft.

19.6. Hexenglaube und Fetische

Mit der materiell ausgerichteten Beeinflussung der Jugendlichen geht eine Loslösung von alten Glaubensinhalten und Glaubensvorschriften einher. Aus den Erzählungen der verschiedensten Besucher von der Elfenbeinküste wurde deutlich, daß dort der Hexenglaube sogar noch in verstärktem Maße vorhanden ist.
Der dort fehlende Schutz des Familienverbandes, Neid und Mißgunst untereinander verursachen Unsicherheit und Ängste, die die Erwachsenen in verstärktem Maße am Hexen- und Fetischglauben festhalten lassen. Die Kinder und Jugendlichen werden wesentlich von dieser Haltung beeinflußt (vgl. Kapitel: Hexerei und Fetische, S.140).

19.7. Mädchenbeschneidung

Augenfälligstes Beispiel für den Fortbestand der Tradition und ihren noch wirksamen Einfluß auf das Leben der Jugendlichen ist das Ritual der Mädchenbeschneidung, dem sich die Mädchen und Frauen der Lyela noch in starkem Maße verhaftet fühlen. Ich habe festgestellt, daß die Mädchenbeschneidungen zwar ihren rituellen Charakter teilweise eingebüßt haben, aber als Faktum noch in großem Ausmaß vorhanden sind. Die neuzeitlichen Einflüsse haben lediglich erreicht, daß die Beschneidungen in Stadtnähe geheim und ohne jeglichen rituellen Kontext vor sich gehen und daß nunmehr Rasierklingen anstelle von traditionellen Messern benutzt werden.
Im Busch wird die Mädchenbeschneidung, abgesehen von einer zunehmenden Verkümmerung und Sinnentleerung der be-

gleitenden Riten, jedoch noch in alter Form und Selbstverständlichkeit durchgeführt (vgl. Kapitel: Die Mädchenbeschneidung, S. 167).

19.8. Erziehung, Generationskonflikt

Ein tiefgreifender Einfluß der Zivilisation zeigt sich auf dem Gebiet der Erziehung der Kinder und Jugendlichen. Die traditionellen Erziehungsziele wie Respekt vor den Alten, Beachtung der Tradition und Fleiß, bestehen zwar noch in den Großfamilien, werden aber von den Kindern und besonders von den Jugendlichen nicht mehr angenommen oder zumindest nicht mehr für erstrebenswert gehalten (vgl. Kapitel: Erziehung, S. 195).

Die Institution des shú als traditionelles formales Erziehungssystem besteht heutzutage nicht mehr (vgl. Kapitel: Das shú; seine Hintergründe und Bedeutung als Sozialisationsfaktor, S. 140).

Die Erziehungsfunktion liegt immer weniger bei den Alten und den traditionell autorisierten Personen der Familie; sie wird mehr und mehr von Schule, Mission und westlich orientierten Bezugspersonen übernommen (vgl. Kapitel: Schule, S. 205).

Mit der ständig fortschreitenden Änderung der Lebensformen und der Wertvorstellungen geschieht diese Abwendung von den traditionellen Erziehungsnormen unbewußt, aber stetig. Im Familienleben meines Gehöftes konnte ich beobachten, daß der fünfzehnjährige Claude, der die Schule besuchte, keine Verwendung und keinen Sinn mehr für die Regeln der Tradition und Lebensweisheiten hatte, die die Alten ihm übermitteln konnten. Er zog eine Unterhaltung in französischer Sprache mit Schulfreunden der

Gesellschaft der Alten vor. Er interessierte sich vorwiegend für moderne Dinge wie Radio, Kassettenrekorder, Kartenspiele und die Reparatur von Fahrrädern und Mofas.

Moderne westliche Musik aus Kassettenrekordern wird von der Elfenbeinküste mitgebracht und zeigt schon ihre Wirkung speziell auf die Jugendlichen. Die Kreativität und die Freude an Tanz und Bewegung gehen weitgehend verloren. Die Kinder werden passiv und lassen sich von der Musik berieseln. Die Kommunikation untereinander läßt merklich nach. Mit erschreckender Deutlichkeit hat sich mir in vielen Situationen gezeigt, daß diese Medien, die die westliche Jugend geprägt haben, nun auch beginnen, die afrikanischen Jugendlichen in Passivität und Abhängigkeit zu führen.

Zwei siebzehn- und fünfzehnjährige Jungen, Söhne aus meiner Gastfamilie, lebten bei Verwandten an der Elfenbeinküste. Wenn sie zu Besuch in unser Gehöft kamen, brachten sie ein Radio mit eingebautem Kassettenrekorder mit. Ihr Erscheinen änderte schlagartig die Atmosphäre in unserem Hof. Die Kinder verloren ihre Fröhlichkeit und Spontanität. Das übliche abendliche Tanzen, Singen und Trommeln erstarb, alles drängte sich um die beiden Jungen, die herablassend ihre Überlegenheit und Erfahrung zur Schau stellten, während ununterbrochen ihr Kassettenrekorder tönte. In der ganzen Zeit ihres Aufenthalts waren das Transistorgerät und die Popmusik Mittelpunkt des Hoflebens, d.h. solange die Batterien reichten. Dazu unterhielten sich die "welterfahrenen" Jungen absichtlich in Französisch über das "tolle" Leben an der Elfenbeinküste; Vergnügen, reichliches Essen, Mädchen, Kino waren die häufigsten Themen.

Durch diese Besucher von auswärts (speziell aus Ouagadougou oder von der Elfenbeinküste) wird in starkem Maße die Infiltration der modernen Einflüsse in die noch traditionell lebenden Familien ermöglicht. So werden bei

den Kindern Illusionen über das moderne Leben (an der Elfenbeinküste) geweckt. Hier scheint sich bei den Jugendlichen unbewußt auch eine Veränderung ihrer Wert- und Wunschvorstellungen anzubahnen (vgl. Kapitel: Zukunfts- und Wunschvorstellungen, S. 216, und Anhang Nr. 15).
Zwar wird den Alten äußerlich noch Höflichkeit entgegengebracht, aber es zeigt sich bereits deutlich die Kluft, die zwischen den Generationen entsteht. Ein alter, ehrwürdiger Gehöftherr, in seiner Funktion als Träger der Tradition und Vermittler von alten Glaubensinhalten, ist heutzutage für die Generation seiner Enkel kein absolutes Vorbild mehr. Traditionelle Erziehung geht mehr und mehr verloren zugunsten einer nutz- und zweckorientierten Ausbildung. Die Ausrichtung der Kinder und Jugendlichen zielt auf eine vermeintlich bessere Lebensqualität, die auf materiellem Wohlstand beruht und menschliche Werte unberücksichtigt läßt.

19.9. Schulerziehung

Der Besuch einer Schule, das heißt die Wahrnehmung eines Bildungsangebotes nach westlichem Muster, bewirkt bei den Jugendlichen und Kindern der Lyela einen tiefgreifenden Wandel in ihrem sozialen Bewußtsein.
Die in traditionellen Stammesgesellschaften selbstverständliche enge Bindung an die Familie wird gelockert und die Kinder kommen erstmalig in Berührung mit Personen und Institutionen außerhalb ihres Familienkreises. Die Ausbildung, die die Kinder in der Schule erfahren, kann im traditionellen Familien- und Dorfleben kaum Anwendung finden; sie bewirkt eher eine Hinwendung der Jugendlichen zu "modernen" Lebensformen. Daraus ergibt sich eine Lockerung der Familienbande zugunsten einer selbständigen Existenz-

form, die sich an westlichen Wirtschafts- und Wertsystemen orientiert. Die Kinder entfremden sich der Tradition, den Lebensformen und Lebensbedingungen in ihrer Großfamilie. Sie scheuen aufgrund ihres Bildungsniveaus die körperlichen Arbeiten im Gehöft und auf dem Feld und verlieren mehr und mehr den althergebrachten, selbstverständlichen Respekt gegenüber den Ahnen und den Familienältesten.

Außerdem entwickeln die Jugendlichen ein Überheblichkeitsgefühl gegenüber solchen Kindern und Jugendlichen, die keine Schule besuchen können und als volle Arbeitskräfte in der Familie bleiben müssen. Dadurch entstehen erhebliche Störungen innerhalb der Sozialstruktur der Familie. Die Einstufung der einzelnen Personen und deren Autorität in der Familienhierarchie wird in Frage gestellt.

Die Kinder orientieren sich zunehmend an neuen Vorbildern, die erheblich von den traditionellen Geschlechterrollen abweichen. Bei den Mädchen ist es z.B. die Lehrerin, die unabhängig ist, selbst Geld verdient und sogar einen Motorroller besitzt; bei den Jungen ist es der Verwaltungsbeamte in einem Büro, der manchmal sogar ein Auto fährt, dessen Lebensweise den Kindern erstrebenswert erscheint.

Bei den Lyela wandeln sich die Zielvorstellungen in der Erziehung; eine sich weiterentwickelnde und komplexer werdende Kultur verlangt eine Ausbildung, die über das bloße Erlernen der praktischen Lebensbewältigung im traditionellen Rahmen hinausgeht. Gleichzeitig sollten aber auch die Belange der Tradition und der subsistenzwirtschaftlichen Lebensform der Lyela nicht außer acht gelassen werden.

20. Schlußbemerkung

Die menschlichen Gesellschaften sind auf allen Gebieten stetigem Wandel unterworfen. Heute befinden sich die Völker Afrikas in einem Stadium der Anpassung an die westliche Welt und an deren Lebensstandard.
Die Ethnie der Lyela steht mitten in diesem Entwicklungsprozess. Die Jugend dieses Volkes muß sich als Träger der Zukunft mit den neuzeitlichen Einflüssen auseinandersetzen, die ihr Leben wesentlich bestimmen werden.
Meine speziellen Forschungen in den Familien der Lyela haben gezeigt, daß die traditionellen Werte und Bindungen verlorenzugehen drohen. Es ist den Lyela noch nicht gelungen, eine homogene Verbindung von Tradition und Neuzeit zu finden und daraus eine neue Eigenständigkeit zu entwickeln.
Die Jugendlichen sind die Hauptbetroffenen; sie stehen zwischen Tradition und Moderne. Alte Familienstrukturen lösen sich weitgehend, Bindungen an Tradition und Glaubensinhalte werden in Frage gestellt und gehen immer mehr verloren zugunsten einer Illusion europäisch geprägten Wohllebens, die - bar aller inneren Werte - zu Haltlosigkeit und Entwurzelung führt.
Hauptanliegen meiner Arbeit ist es, die traditionellen Hintergründe und Lebensbereiche aufzuzeigen, aus denen die heranwachsende Generation hervorgeht und denen sie noch unbewußt verhaftet ist. Unter diesem Gesichtspunkt ist die Konfrontation mit den neuzeitlichen Einflüssen von einschneidender Bedeutung für die Lebenshaltung und Lebenseinstellung der Jugendlichen. Von ihrer Fähigkeit, die positiven Möglichkeiten der modernen Technik zu nutzen und gleichzeitig die negativen Einflüsse auf das menschliche Zusammenleben zu meiden, wird es abhängen, wie sich der kulturelle Wandel in Zukunft auswirkt.
Möge diese Studie zum besseren Verständnis der Konfliktsituation beitragen, in der sich die Kinder und Jugendlichen der Lyela heute befinden.

ANHANG

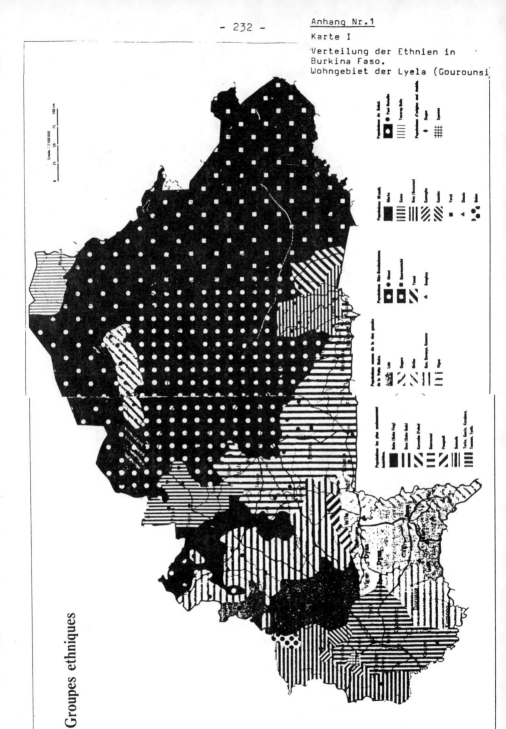

Anhang Nr. 1
Karte I
Verteilung der Ethnien in Burkina Faso.
Wohngebiet der Lyela (Gourounsi)

Groupes ethniques

Anhang Nr.1

Karte II

Die Lage von Sinkou, Réo und Goundi.

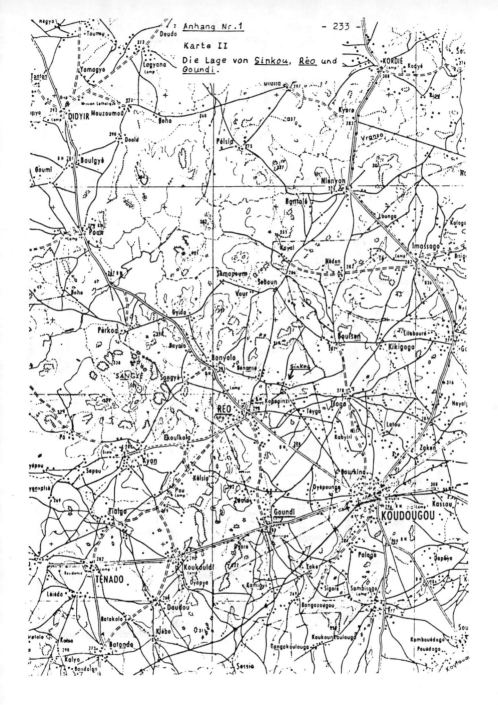

- 234 -

Skizze des Gehöftes meiner Gastfamilie　　　　　　　　　　　　　　Anhang Nr.2

Wohnhaus (26, 57, 67)

Waschecke

Vorhof

Holzstoß

Feuerstelle

Wohnhaus (52, 49, 27, 62, 64, 65, 66)

Feuerstelle

Vorhof

Holzstoß

Wohnhaus (55, 56, 68, 70, 71, 73, 74, 75, 76, 77)

Schlafstelle für Ziegen

Lehmpodest

Hirsespeicher

Treppe
Schlafstelle

Feuerstelle

Wohnhaus (25, 33, 34, 38, 72, 39, 40, 41, 46, 48)

Platz für Schweine

Schlafstelle

Feuer
Küche
Waschraum

Holzstoß

Ofen　Feuerstelle

Vorhof

Feuerstelle
Feuer
Küche

Lehmpodest

Schlafstelle

Holzstoß

Baum

Eingang

Hühnerstall

Waschecke

Mein Haus

Vorhof

Grube

Wohnhaus (32, 36, 37, 44, 45, 47, 63)

Die Zahlen in Klammern stehen für die Bewohner. Ihre Identität ist aus der Genealogie zu ersehen.

ANHANG Nr.3

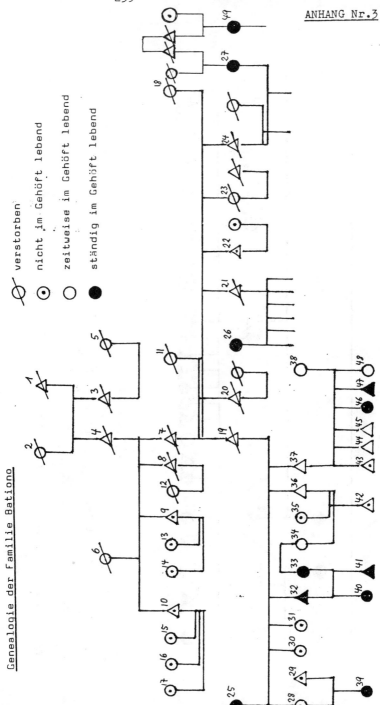

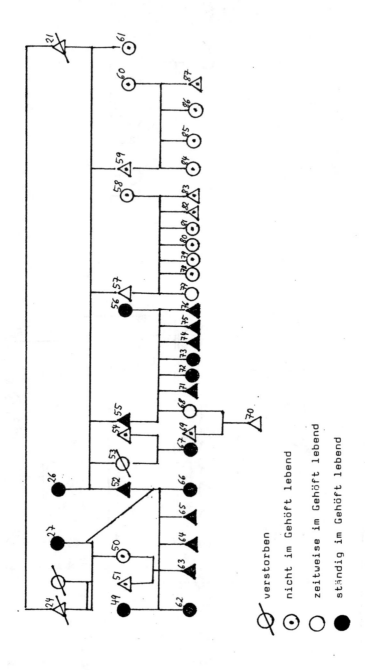

Namen zur genealogischen Übersicht und zu der Gehöftskizze

1. Bedabo Bationo
2. Solena (?)
3. Bezomboue Bationo
4. Bassana Bationo
5. Ejilbye (?)
6. Ezouma Kanko
7. Badju Bationo
8. Badjuboue Bationo
9. Antoine Bationo
10. Albert Bationo
11. Wango (?)
12. Eyomboue (?)
13. Eyom (?)
14. Ezouma (?)
15. Elema (?)
16. Martine (?)
17. Ebu (?)
18. Sentewo (?)
19. Baya Bationo
20. Félice Bationo
21. Roger Bationo
22. Patrice Bationo
23. Eya Kantiono
24. Jakoyila Bationo
25. Epio (Margareta) Kanmouni
26. Philomène Kanzié
27. Evurbye Kanmouni
28. Claudine Kantiono
29. Pierre Bado
30. Eama Kantiono
31. Clementine Kantiono
32. Bassana (Laurent) Bationo
33. Alice Kando
34. Emilienne Kando
35. Sylvie Kantiobo
36. Paul Bationo
37. Jean-Baptiste Bationo
38. Elisabeth Kanmouni
39. Rita Kando
40. Pulcherie Kantiono
41. Jhislain Bationo
43. Serge Bationo
44. Honora Bationo
45. Claude Bationo
46. Laurentine Kantiono
47. Gaston Bationo
48. Gisèle Kantiono
49. Eli Kanmouni
50. Esona Kantiono
51. Babo Kinda
52. Jean Bationo
53. Jeanne d'Arc Kantiono
54. Barnabé Bado
55. Eloa Bationo
56. Pierette M'po
57. Cyprien Bationo
58. Emilienne M'po
59. Victoire Bationo
60. Monique Kanyala
61. Helène Kantiono
62. Suzanne Kantiono
63. Didjan Kinda
64. Bubye(Valentin)Bationo
65. Buma(Frederick)Bationo
66. Irène Kantiono
67. Francoise Kando
68. Brigitte Kantiona
69. (?) Bazié
70. (?) Bazié
71. Louis Bationo
72. Lycie Kantiono
73. Angèle Kantiono
74. Raul Bationo
75. Richard Bationo
76. Félicien(David)Bationo
77. Virginie Kantiono
78. Geneviève Kantiono
79. Lydie Kantiono
80. Sylvie Kantiono
81. Lea Kantiono
82. Maxime Bationo
83. Pascale Bationo
84. Marie Kantiono
85. Yvette Kantiono
86. Bernadette Kantiono
87. Anatole Bationo

ANHANG Nr.4

Rituelle Teilstrukturen

Kröger (1978:316 ff.) unterscheidet folgende "rituelle Teilstrukturen" bei Gur-sprachigen Völkern in Bezug auf Schwangerschaft, Geburt und Namengebung:

Schwangerschaft

S1 Die (erste) Schwangerschaft einer Frau wird in den ersten Monaten geheimgehalten und darf besonders der Schwangeren gegenüber nicht erwähnt werden.

S2 Durch "Wasserschütten" wird die Schwangerschaft bekannt gemacht und werden Verbote aufgehoben.

S3 Die Schwangere erhält (bei der "Bekanntmachung") eine besondere (Hüft-)Schnur.

S4 Bei der "Bekanntmachung" spielt eine Frau aus der Linie des Gatten (oft Schwester des Gatten) eine besondere Rolle.

S5 Nach der "Bekanntmachung" darf die Schwangere beschimpft oder verspottet werden (Scherzverhältnis?).

S6 Während der Schwangerschaft sollen keine Zahlungen an das Elternhaus der Schwangeren entrichtet werden.

Geburt

G1 Eine schwere Geburt oder andere Komplikationen (z.B. Tod des Kindes) beruhen auf einer Schuld der Gebärenden. Abhilfe: Bekenntnis und Opfer an die Ahnen.

G2 Die Plazenta wird in einem (Ton)Topf (2 Tontöpfen, 2 Topfhälften) im Abfallhaufen begraben.

G3 Die abgefallene Nabelschnur wird (oft in einer Nußschale) in der Innenwand des Wohnraumes der Mutter eingemauert.

G4 Das neugeborene Kind wird in den ersten Lebenstagen als Fremdling oder nichtmenschliches Wesen bezeichnet.

G5 Ausführung des Kindes und/oder der Mutter nach 3 (Jungen) oder 4 (Mädchen) Tagen.

G6 Während der Stillzeit (2-3 Jahre) soll die Mutter keinen Geschlechtsverkehr haben (eine neue Geburt ist zu dieser Zeit unerwünscht).

G7 Zwillinge werden abgelehnt u./od. bedürfen einer besonderen Behandlung.

G8 Bestimmte körperliche Eigenarten des Kindes (Geburt mit schon vorh. Zähnen, Kopfhaar usw.) und Mißbildungen lassen auf Geistergeburten schließen u./od. bedürfen einer besonderen Behandlung (früher oft getötet).

G9 Kleinkinder können leicht der gleichen Mutter wiedergeboren werden.

G10 Bei häufigen Fehlgeburten und Säuglingssterblichkeit werden Verstümmelungen am Kleinkind vorgenommen.

G11 Nach einer (ersten) Fehlgeburt oder nach frühem Tod des Kleinkindes werden den Eltern die Haare geschoren.

G12 Tote Kleinkinder (meistens Frühgeburten od. Totgeburten) werden im Abfallhaufen begraben.

G13 Tote Kleinkinder werden an einem Flußpfad begraben.

G14 Tote Kleinkinder werden hinter dem Gehöft oder an der Außenmauer des Gehöftes begraben.

G15 Stirbt eine schwangere Frau, wird ihr der Embryo entnommen.

G16 Stirbt eine schwangere Frau, so erhält sie keine ordentliche Bestattungsfeier (wird oft im Busch vergraben).

<u>Namengebung und Namen</u>

N1 Anlaß der Namengebung ist eine Erziehungsschwierigkeit, Unruhe oder Krankheit des Kindes.

N2 Das Kind wird einem Schutzgeist (Wurzel od.ähnl.) dargebracht oder nach einem Schutzgeist benannt.

N3 Der Wahrsager ermittelt den Schutzgeist oder einen reinkarnierten Ahnen.

N4 Bis zur offiziellen Namengebung trägt das Kind einen vorläufigen Namen.

N5 Nach vorausgehenden Fehlgeburten erhält das Kind den Namen "Sklave" oder wird nach einem "Sklavenstamm" benannt (z.B. Kantussi, Mossi, Haussa u.a.).

Für die Lyela ergibt sich eine Übereinstimmung der rituellen Teilstrukturen vor allem mit den auch linguistisch eng verwandten Sisala und Dagarti (vgl. beigefügte Tabelle).

Tabelle zu den rituellen Teilstrukturen

Rituelle Teilstruktur	Bulsa	Mamprusi	Nankanse	Tallensi	Kusasi	Dagarti	Dagomba	Kasena	(S)isala	Lyela
S1	x								x	(x)?
S2	x								x	x
S3	x			x					x	(x)?
S4	x								x	
S5	x								x	
S6	x									
G1	x		x		x	x	x		x	x
G2	x		x		x	x	x		x	x
G3	x		x		x	x			x	x
G4	x		x		x		x		x	x
G5	x		x	x	x	x	x		x	x
G6	x		x	x	x	x	x		x	x
G7	x		x		x	x			x	x
G8	x		x		x		x		x	(x)?
G9	x					x			x	x
G10	x		x			x			x	(x)?
G11	x		x							
G12	x	x			x	x		x		
G13	x				x					
G14	x					x			x	x
G15	x	x				x	x		x	x
G16	x						x			
N1	x									
N2	x		x	x		x	x	x	x	x
N3	x		x	x	x	x	x	x	x	x
N4	x		x				x	x		
N5	x				x	x				x

ANHANG Nr. 5

Tabellarische Aufstellung der traditionellen Namen
(Bei den mit + versehenen Namen sind Schreibung und
Tonhöhen nicht gesichert)

Name		Namen in Verbindung mit Heiligtümern
männl.	weibl.	Herkunft, Bedeutung der Namen
Babou (Obu)	Ebu	bũ, pl. burh, bwĭsi - Fluß, Wasserstelle "marigot"
Bece	Ece	cɛ, pl. cɛrh, cɛsɛ- Erde, Boden
Bacio (Ocio)	Ecio	cŏ, pl. cĕmé - 1. Baum, 2. Fetisch
Bedwa	Edwa	dwȧ, pl. dwėrh, dwėsė - Regen (Donner, Blitz, Unwetter)
Bakwala	Ekwala	kwálá, pl. kwálsɛ- Familien- oder Klanheiligtum repräsentiert durch ein Kultobjekt. Jedes Neugeborene mit diesem Namen muß dem kwálá als neues Mitglied vorgeführt werden.
Bali (Oli)	Eli	láli, pl. lályɛrh - Schmiede
Bemu	Emu	mú, pl. mú, múmí - 1. Die schwarze Volta; 2. Medizin aus dem Wasser der schwarzen Volta. Kinder mit diesem Namen müssen mit dieser Medizin gewaschen werden. Ebenso ist es eine Medizin für Schwangere, die zwischen den Schwangerschaften nicht ihre Regel gehabt haben.
Nebilbe		nėbil, pl. nėbilɑ- Schwanz, heiliger Schwanz, Fetisch, Kultobjekt
Necilu		nėcílí, pl. necilse, necilɑ- 1. Buschgeist, Zwerg, 2. Zwilling
Benyɔmɔ	Enyɔmɔ	nyɔmɔ - Holzmaske (vom Kapokbaum)
Bapiɔ (Opiɔ)	Epiɔ	phɔ́, pl. pyȧr - Hügel, Gebirge, kleine Anhöhe
Bashu (Oshu)	Eshu	shú - Maskenbund, Maske
Bevur	Evur	vur, pl. vura - Geheimbund mit Initiationsriten; vurbal - Priester dieses Bundes, Wahrsager

Namen mit unterschiedlichen Bedeutungen

Name		Ereignisse und Umstände bei der Geburt
männl.	weibl.	Herkunft, Bedeutung der Namen
Bebwer	Ebwer	bo, pl. bwær - mit Wasser vermischter Ton
Beca	Eca	⁺ca, pl. ⁺cer - 1. Amboß, 2. heiliger Wald, in dem die Versammlungen des Maskenbundes stattfinden.
Bacana	Ecana	càná, pl. cànsè - Mond (Kind wurde im Mondschein bzw. zur Zeit des Mondes geboren).
Bagɔ (Begɔ)	Egɔ	gɔ, pl. gar - Busch, Savanne (Kind wurde im Busch geboren).
Begu	Egu	gu - töten (Kinder deren Eltern blutsverwandt sind, Inzest).
Begwara	Egwara	gwárá, pl. gwársɛ - ein Stück kultiviertes Land vor dem Gehöft (Kind wurde außerhalb des Gehöftes geboren).
Bekɛlɛ	Ekɛlɛ	kɛ́lɛ́, pl. kǎlsɛ - Gehöft (Kind wurde mitten im Gehöft geboren).
Bedju	Edju	kɛỹ jú - "heiraten" wörtl.: "die Frau essen" (Die Mutter des Kindes ist mit jdm. aus der entfernten Verwandtschaft verheiratet).
Belili	Elili	⁺lili, pl. ⁺lilse - Das Verlieren der Milch, bevor die Geburt stattgefunden hat. (Vor der Geburt dieses Kindes hat seine Mutter schon Milch verloren). yil, pl. yil - Milch
Belua	Elua	lú, lw̃i, pl. lur, lwisi - Totenfeier, 3 Tage für Männer, 4 Tage für Frauen. (Kind wurde am Tag einer Totenfeier geboren).
Balele	Elele	⁺lyele, pl. ⁺lyelse evt. von lyé - verbinden (Ein nach Zwillingen geborenes Kind).
Bemwɛ	Emwɛ	⁺mw̃ɛ, pl. ⁺mw̃a - Vulva
Benyini	Enyini	nyini, pl. nyinse, nyinsi - Hüftschnur (Kind wurde geboren, während die Mutter noch die Hüftschnur trug).
Bepulu	Epulu	⁺pulu, pl. ⁺puli - 1. Misthaufen, Müllhaufen im Gehöft, 2. abgeschlagener Hirsekolben
Beswera	Eswera	sèswǽrǽ, pl. sèswǎrse - rutschiger Ort (Kind wurde an rutschigem Ort geboren).
Besana	Esana	sɛ́ỹ, sáná - Hirsebier (Kind wurde an einem Tag geboren, an dem das Hirsebier gebraut wurde).

Namen mit unterschiedlichen Bedeutungen

Name		Ereignisse und Umstände bei der Geburt
männl.	weibl.	Herkunft, Bedeutung der Namen
Besher	Esher	⁺shyer(pl.) - Glück, das Unglück vermieden zu haben
Beya	Eya	ya, pl. yerh, yese - Markt (Das Kind wurde an einem Markttag geboren).
Bayi (Beye)	Eyi (Eye)	yi, pl. yæ - 1. Hochgott, Himmelsgott, 2. Sonne (Die Schwangere hörte nachts Geräusche des Gottes "Yi", mußte daraufhin ein Opfer darbringen und wurde dadurch sehr fruchtbar. Die dann geborenen Kinder sollen den Namen dieses Gottes tragen. Es heißt auch: Wer die Sonne nach ihrem Untergang noch sieht wird fruchtbar). da yi - Familienaltar, Heiligtum
Bayom	Eyom	yóm, pl. ywǽm, ywǽmǽ - Sklave (Erstes überlebendes Kind nach einer Reihe von Totgeburten. Das Neugeborene wird mit einem Tuch bedeckt zum symbolischen Verkauf über den Markt getragen. Es soll damit bekanntgemacht werden, damit es nicht wieder stirbt).
Bazilu	Ezilu	wahrscheinlich abgeleitet von: zhílí, pl. zhǐlse - trichterförmiger Brunnen

Namen in Verbindung mit Pflanzen und Bäumen

Name männl.	weibl.	Herkunft, Bedeutung der Namen
Bebwɔ	Ebwɔ	bŏ, pl. bwăr - Sorghum saccharatum (rote Hirse, besonders zur Verwendung für Hirsebier).
Bewala	Ewala	⁺édõwolo, pl. ⁺édõwãlɛ - Anona senegalensis (Savannengewächs, Blätter und Knospen werden zur Zubereitung von Soßen genutzt).
Befo	Efo	fúfõ, éfõ, pl. fúfwǽr - Bombax angulicarpum (Kapok-Baum mit roten Blüten. Sie werden zur Zubereitung einer Soße verwandt).
Bekolo	Ekolo	kòló, pl. kwǽɑ̌le - 1. Loranthus sp. (Mistel, weiße Blüten); 2. wilder Baum
	Ekulu	kúkúlú, pl. kúkúuli - Adansonia digitata (Baobab-Baum)
Bemela	Emela	myɛlɛ, pl. myɛla - Pennisetum sp. (Hirse, "petit mil").
Bepin	Epin	⁺pinu, pl. ⁺pindé - Khaya senegalensis (Akazie aus dem Senegal).
Beshimi	Eshimi	shimi, pl. shimse - Parkia biglobosa (Néré-Baum)
Basɔ	Esɔ	sɔ̃, pl. sɔ̃mɛ́ - Butyrospermum parkii (Karité-Baum)
Besɔlɔ	Esɔlɔ	sɔ̀lɔ́ pl. swàalɛ́ - kleine Tamariske
Beyala	Eyala	yálá, pl. yálsɛ - Sorghum vulgare (Hirse, Sorgho; Kind wurde zur Hirseernte geboren).

Namen in Verbindung mit Tieren

Name männl.	weibl.	Herkunft, Bedeutung der Namen
Becele	Ecele	cèlè, pl. cǽlse - Küken
Belwa	Elwa	gɔ́mlwà, pl. gɔ́mlwèrh, gɔmlwese - Chamäleon (Die Eltern des Kindes sahen zwei Chamäleons beim Geschlechtsverkehr. Dadurch erhielten sie deren Zeugungs- bzw. Gebärkraft. Sieht man nur ein Chamäleon, so bringt das Pech).
Bekuli (Okuli)	Ekuli	kùlí, pl. kǔlse - Hund
Bekwele	Ekwele	⁺kwele, pl. ⁺kwelse - kleine Feldmaus
Bekwera	Ekwera	⁺kwer, pl. ⁺kwera - Eidechse Varanus exanthematicus
Lale	Lale	⁺lãlé - kleine Maus (Tötet eine Frau diese Maus, so wird sie unfruchtbar. Um dieses Unglück abzuwenden, muß die Frau mit ihrem Mann· den Tanz der lãlé aufführen. Dazu tragen beide nur einen Blättergürtel um die Hüften. Die Frau muß außerdem ihre Tat bereuen. Das nächstgeborene Kind trägt dessen Namen).
	Epɔlɔ	pɔ́lɔ̃, pl. pwàalé - Tragelaphus scriptus, (Antilope)
Beshila	Eshila	shí, pl. shírh - Gazella rutifrons., (Gazelle)
Beta	Eta	⁺ta, pl. ⁺ter - Ourebia ourebi (Huftier, gerade schmale Hörner)
Bezona	Ezona	⁺zonõ, pl. ⁺zoné - Zebu - Rind
Bezweme	Ezweme	zwèmé, pl. zǒmse - Hase

Namen mit unterschiedlichen Bedeutungen

Name männl.u. weibl.	Herkunft, Bedeutung der Namen
Batucilu	"Ich wurde wiedergeboren, um zu hören, was auf der Welt gesprochen wird". (ba-kommen; tu-ankommen; ci-sagen; lũ-Welt)
Bekorhyo	"Sie haben das Dorf verkleinert". (be-3.Pers.Pl.1.Kl.; korh-verkleinern; cɔ-Dorf)
Belato	"Sie werden mit Pfeil und Bogen schießen". (Kind wurde während einer Revolte geboren). (be-3.Pers.Pl.1.Kl.; la-gehen; tɔ-mit Pfeil schießen)
Benyɑyi (Begnadeyi)	"Die Worte, die du sprichst kommen nicht von Gott". (be-Neg.; nyɛ́-Worte; dè-nicht; yi-Gott)
Belegye	"Man kann seine männliche Kraft nicht mehr gebrauchen". (be-Neg.; lɛ́-hervorbringen; jẽy-Kraft)
Bepocina	"Sie haben sich ausgeliefert". (be-3.Pers.Pl.1.Kl.; po-wechseln; be-Poss.pron.3.Pers.Pl.; cínɑ́-Herzen)
Beselyere	"Sie haben bei den Feldarbeiten vor der Aussaat geholfen". (be-3.Pers.Pl.1.Kl.; sɛ̃y-helfen; lyere- ?)
Fulayo	"Mageres Kind". (fulɑɑ-leicht, dünn; yó-Kopf)
Gidu	Name eines Dorfes (Kind wurde im Dorf Gidu geboren; rechtes Ufer am Bogen der schwarzen Volta)
Gyanbezwi	"Man kann nicht einen alten Mann wieder zu einem jungen Mann machen". (jàn-Kraft; be-Neg.; zwí-ergreifen)
Gyeboalu	"Welt der leeren Hände". (Kind wurde in einer Hungerperiode geboren). (jɛ́rh-Hände; bwa-leer(?); lũ-Welt)
Jɔ	Name eines Dorfes (Kind wurde im Dorf Jɔ (Réo) geboren)
Banyɑjìrh	"Die Worte der Menschen haben sich verändert". (ba-kommen; nyɛ́-Worte; jìrh-sich ändern)

ANHANG Nr.6

Einige Pflanzen für den Einlauf

Folgende Pflanzen werden u.a. für die Einläufe verwendet:

Pflanze, Baum (bot.Name)	Lyele	Verwendung
Moryinga ptergosperma	Nasar-Shimi	Blätter
Diospyros mespiliformis	Kolo	Blätter
Terminalia avicennioides	Neyuru	Blätter
Daniellia oliveri	Ekyolo	Blätter
Andansonia digitata (frz. Baobab)	Ekulu	Blätter
Detarium microcarpum	Nepo	Blätter und Rinde der Wurzel
Lannea velutina	Nebwa kan Labila	Wurzeln
Guiera senegalensis	Newulenwi	Wurzeln
Acacia albida (frz. Gao)	Esonon	Rinde
Euphorbia hirta	Bonyila	ganze Pflanze und Wurzeln

ANHANG Nr. 7

Beispiele für Situations- und Rollenspiele

1) Thema: Mutterschaft
Teilnehmer:
Kama, Eli (7 J.) "Schwiegermutter" (Mutter des Mannes)
Kama, Enyomo (6 J.) "Schwangere"
Kama, Ebole (8 J.) "Hebamme"

Ablauf:
Enyomo hat sich alte Tücher unter den Rock (Hüfttuch) gesteckt, damit es so aussieht, als sei sie schwanger. Sie geht gebeugt, weint laut und sagt, daß das Kind bald geboren werden müsse. Eli, die Mutter ihres Ehemannes, hat sie am Arm genommen und gestützt; so wollen die beiden zur Hebamme gehen. Die Hebamme, gespielt von Ebole, sitzt auf einem Lehmziegel in einer alten Hütte (ein nicht fertiges Haus am Dorfrand). Ebole sagt zu der Schwangeren, sie solle sich hinlegen und tastet dann ihren Bauch ab. Sie sagt, das Kind sei zu groß, deshalb würde die Geburt sehr schwierig werden. Sie nimmt etwas Kohle und zerbröselt sie in Wasser. Enyomo muß diese dunkle Flüssigkeit trinken (sie tut nur so). Nun soll Enyomo tief durchatmen. Ebole nimmt ein Stück Holz von der Größe eines Neugeborenen und legt es neben die liegende Enyomo. Sie sagt, Enyomo hätte jetzt gerade dieses Kind geboren. Die Hebamme nimmt Staub vom Boden und wäscht damit das Stück Holz; das soll die erste Waschung des Neugeborenen darstellen. Bald darauf steht Enyomo auf, nimmt das Stück Holz, bindet es sich auf den Rücken und geht damit nach Hause.

2) Thema: Mutterschaft
Teilnehmer:
Kanyala, Clemence (4 J.) "Mutter"
Ihre wirkliche Mutter
Herman, ihr Bruder
Kinder des Gehöftes

Ablauf:
Clemence ruft ihre Mutter und fragt, ob sie schon ihr Baby gesehen habe. Die Mutter verneint und geht mit, um zu sehen, was das Baby sein soll. Clemence zeigt ihr ein totes Küken

von Herman. "Das ist ein besonders schönes Baby", sagt
Clemence. Die anderen Kinder sehen, was für ein Baby sie
sich ausgesucht hat,und sie lachen Clemence aus. "Das
tote Küken hat sich in ein hübsches Baby von Frau Clemence
Kanyala verwandelt!" rufen sie und tanzen um Clemence herum. Clemence fängt an zu weinen und läuft zu ihrer Mutter.
Die Mutter tröstet Clemence und sagt, sie solle nicht auf
die anderen Kinder hören, die sie nur ärgern wollen. Sie
schimpft mit den anderen älteren Kindern, weil sie sich
über so ein kleines Mädchen lustig machen. Herman sagt, es
sei sein Küken. Er wolle es zurückhaben und aus dem Gehöft
bringen, denn bald wird es anfangen zu stinken und zu faulen. Clemence fängt noch heftiger an zu weinen, weil man ihr
das Baby wegnehmen will. Die Mutter tröstet Clemence wieder, aber Clemence ist nicht zu beruhigen, bis ihre Mutter
ihr etwas zu essen gibt; da hört sie endlich auf zu weinen
und vergißt den Kummer.

3) Thema: Mutterschaft

Teilnehmer:

Kanyala, Clemence (4 J.) "Mutter"

Kansono, Flora (6 J.)

Kansono, Valerie (8 J.)

Ablauf:

Clemence spielt allein Mutter und Kind; ihr Kind wird durch
ein großes Stück Holz dargestellt. Seitdem sie morgens erwacht ist, kümmert sie sich um dieses Kind. Es trägt den
Namen Ghidit. Sie wiegt es in ihren Armen, spricht mit ihm
und fragt, was es möchte. Sie singt ihm Lieder vor, deren
Text sie selber erfindet und der besagt, wie schön und
brav ihr Baby ist. Sie tut so, als gäbe sie dem Kind einen
Einlauf, dann bindet sie einen alten Lappen um das Holz,
damit es auch schön angezogen ist. Sie legt das Baby neben
ihre Mutter, damit sie darauf aufpasse, während Clemence
sich nun wäscht. Sie kommt dann schnell zu ihrem Kind zurück und beschäftigt sich mit ihm, indem sie ihm etwas vorsingt und mit ihm spricht. Valerie und Flora kommen vorbei und fragen, wie das Kind heiße und ob es artig sei.
Clemence bejaht und geht dann zu ihrer Mutter und bittet
sie um ein paar Erdnüsse für ihr Kind. Sie tut so, als
füttere sie ihr Kind damit und ißt die Erdnüsse dann selber. Danach schlägt sie sehr vorsichtig mit der Hand auf
das Holz, damit das Kind auf diese Weise einschläft. Die
beiden anderen Mädchen Valerie und Flora haben eine zeitlang zugeschaut und beginnen dann auch ein Mutter-und-Kind-Spiel.

4) Thema: Familie

Teilnehmer:

Kansono, Valerie (8 J.) "Mutter"
Kansono, Nene (6 J.) "Tochter"
Kanyala, Clemence (4 J.) "andere Mutter"
Bayala, Ghidit (4 J.) "Pfleger"
Bayala, Babou (5 J.) "Ehemann"
Bassono, Herman (10 J.) "Doktor"

Ablauf:

Die Kinder wollen Familie spielen; Herman bestimmt die Rollen. Das netteste Mädchen soll die Mutter spielen. Valerie meldet sich, sie sei die Netteste (la plus aimable). Alle Kinder rufen: "Gib uns ein Bonbon, Mutter!" Valerie verteilt an jedes Kind einen kleinen Stein. Dann geht die Mutter zu einem Platz, wo sie schon einen kleinen Busch, dessen Wurzeln sie entfernt hat, zurechtgelegt hat. Das soll ihr Baby sein; es heißt Aimée Kantiono. Sie nimmt das Kind in ihren Arm, wiegt es hin und her und tut so, als gäbe sie ihm die Brust. Dann legt sie das Baby wieder hin, dreht sich zu den anderen Kindern und sagt ihnen, daß sie jetzt das Essen für sie zubereiten wolle. Sie legt drei Steine zusammen und stellt eine kleine alte Blechdose, die sie vorher gefunden hat, darauf. Sie tut Sand und Wasser hinein; der Sand ist ihr Hirsemehl. Ihre Tochter Nene hilft bei der Zubereitung. Sie schöpft ein wenig vom Wasser ab, das soll die Hirsesuppe sein, die sie ihren Kindern zu essen gibt. Mit dem Rest fährt sie fort, den Hirsebrei zu kochen, d.h. sie rührt lange und kräftig in der Dose. Wasser und Sand vermischen sich zu einem dicken Brei. Sie verteilt den Brei auf kleine Blechstücken oder Blätter, das sind die Teller. Dann ißt die Familie gemeinsam das Tô. Während sie essen, kommt plötzlich Clemence mit einer Neuigkeit gelaufen. "Mir ist ein Unglück passiert. Man hat mein Kind mit einem Messer verwundet! Mein armes Kind, das ich so sehr liebe! Es ist schwer verwundet und muß sofort ins Krankenhaus gebracht werden!" Sie zeigt den Kindern ein zerbrochenes Stück Holz; das ist ihr verletztes Kind. Babou spielt ihren Ehemann. Die beiden nehmen einen Hirsestengel zwischen die Beine und laufen mit dem Holz in der Runde. Im Krankenhaus angekommen, sitzt dort Herman, der Doktor. Herman untersucht das kranke Kind genau. Dann beruhigt er die Mutter und sagt, es sei nicht so schlimm. Er ruft Ghidit, der den Pfleger spielt, und trägt ihm auf, das verwundete Kind zu pflegen. Der

Pfleger gibt etwas Hirsemehl (in der Küche gestohlen) auf
einen Holzlöffel und vermischt es mit Wasser. Diesen Brei
schmiert er auf die Stelle, wo das Holz zerbrochen ist.
Nach der Behandlung fahren alle nach Hause. Das Kind wird
auf den Boden gelegt, und die Mutter sagt allen Kindern,
ihr Baby brauche jetzt Ruhe, man solle es schlafen lassen.
Das Familienspiel geht weiter, aber das Holzstück wird an
diesem Tag nicht mehr gebraucht.

5) Thema: Familie

Teilnehmer:

Kantiono, Suzanne (8 J.) "Mutter"

Bationo, Bubye (6 J.) "Vater"

Kantiono, Irene (2 J.) "Kind"

Bationo, David (3 J.) "Kind"

Ablauf:

Die Kinder spielen Familie; Suzanne hat alte Tomaten- und
Sardinendosen gefunden. Sie hat drei Steine zusammengelegt;
das ist ihre Kochstelle, darauf kocht sie jetzt das Tô in
den Dosen. Die Zubereitung erfolgt durch Vermischen von
Erde und Wasser; ganz vorsichtig wird auf der Feuerstelle
in der Dose gerührt. In der zweiten Dose wird noch einmal
Tô zubereitet. Als nächstes wird die Blättersoße gekocht.
Einfache Blätter von einem beliebigen Baum werden zerkleinert und dann mit Wasser in der Dose vermischt. Der Vater
ist währenddessen bei der Arbeit. Plötzlich kommt er auf
einem Hirsestengel nach Hause zu seiner Frau gerannt (d.h.
er kommt mit dem Auto oder der Mobilette). Die Frau gibt
ihm Wasser; sie stellt ihm eine kleine Dose hin und er tut
so, als wasche er sich damit. Anschließend setzt er sich
hin und seine Frau kommt mit der zubereiteten Mahlzeit.
Die beiden jüngeren Geschwister spielen die Kinder des
Ehepaares. Sie bekommen nun auch zu essen. Nach dem Essen
gehen die Kleinen zum Spielen, vorher müssen sie aber das
Geschirr abräumen. Die Frau unterhält sich nach dem Essen
mit ihrem Mann.

6) Thema: Essenszubereitung
Teilnehmer:
Kanzie, Ebu (2 J.)
Bazie, Bazona (3 J.) "Müller"

Ablauf:
Ebu spielt ganz für sich allein in einer Ecke des Hofes. Sie buddelt ein Loch und schüttet Sand hinein. Sie nimmt einen kleinen Hirsestock, um damit den Sand, der ihre Hirse darstellt, zu stampfen. Die gestampfte Hirse tut sie in kleine Dosen und läßt die Hirse dann von einer Dose in die andere fallen, so daß der Wind die Hirseschalen wegträgt. Die soweit von Schalen getrennte Hirse schüttet sie nun noch einmal in eine andere Dose, um sie dort mit Wasser zu waschen. Nach dem Waschen schüttet sie die Hirse aus, breitet sie in der Sonne auf dem Boden aus und wartet einen Moment im Schatten, bis die Sonne die Hirse getrocknet hat. Nach einer Weile gibt sie die Hirse wieder in eine Dose und geht damit zu ihrem dreijährigen Bruder Bazona, der den Müller spielt und eine Dose hat, deren Boden durchlöchert ist. Diese Dose ist seine Mühle. Er läßt die Hirse seiner Schwester zweimal langsam durch die Mühle laufen. Anschließend sagt er: "Nimm Dein Mehl, es ist fertig gemahlen. Dafür mußt du 25F bezahlen". Ebu gibt ihm fünf Steine, nimmt ihr Mehl und macht sich auf den Weg. Auf der Straße wirft sie ihre Dose mit dem Mehl weg und läuft nach Hause ins Gehöft.

7) Thema: Zubereitung von Njangong
Teilnehmer:
Kansono, Valerie (8 J.)
Kansono, Nene (6 J.)
Kanyala, Jhudit (1 J.)

Ablauf:
Valerie schlägt ihrer jüngeren Schwester Nene vor, heute Njangong (Zwiebelblätter- bzw. Bohnenblätterbällchen) zuzubereiten und dann zu verkaufen, damit sie etwas Geld verdienen. Nene findet die Idee ihrer Schwester gut und die beiden gehen los, um Bohnenblätter zu sammeln. Sie stampfen die Blätter im Mörser, geben etwas Pottasche dazu und mischen das ganze mit ein wenig Mehl von "petit mil" (Pennisetum) und Wasser. Das Ganze wird gut durchgeknetet, so wie sie es bei ihrer Mutter gesehen haben.

Manchmal geben sie noch etwas Wasser dazu, etwas Salz und zum
Abschluß formen sie kleine Kugeln aus der grünen Masse.
Die Kugeln werden in einen kleinen Topf gelegt, und sie
zünden das Feier in der Küche ihrer Mutter an. Sie blasen
abwechselnd, um das Feuer in Gang zu halten. Nene sagt zu
Valerie, sie habe immer sehr gute Ideen, aber sie sei faul.
Nene findet, daß sie bei der Zubereitung mehr gearbeitet
habe als Valerie. Sie will jetzt schon einmal klären, daß
ihr nach dem Verkauf des Njangong die Hälfte des verdienten Geldes zusteht. Valerie ist damit nicht einverstanden.
Sie sagt: "Das stimmt wohl, du arbeitest zwar mehr als ich,
aber ich hatte die gute Idee. Ich habe ein Recht auf den
Anteil einer älteren Schwester!" Dann ist das Njangong
fertig; sie nehmen es aus dem Topf und beschließen, es an
die kleine Jhudit zu verkaufen. Die Mutter von Jhudit ahnt,
was die beiden Mädchen mit ihrer Tochter vorhaben und warnt
sie, sie sollen ihr nichts davon zu essen geben, denn die
Zwiebelblätterbällchen seien nicht gar und das Kind bekäme
davon Bauchschmerzen. Sie selbst will den Mädchen aber einige Bällchen abkaufen. Während die Mutter so mit Valerie
spricht, ist Nene schon dabei, der kleinen Jhudit ein
Njangong in den Mund zu schieben. Die Mutter sieht, daß
ihre Tochter schon die ungenießbaren Njangong der Mädchen
ißt, und sie schimpft sehr und ist wütend. Die Mädchen sagen: "Jhudit wird nicht krank davon, denn wir haben die
Njangong genauso wie unsere Mutter gemacht!", und sie sind
böse und traurig, weil die Mutter von Jhudit ihnen nicht
traut. Sie fangen an zu weinen. Das tut der Mutter von
Jhudit leid, und sie will sie wieder trösten. Sie nimmt
einige Steine und kauft damit die Njangong der Mädchen.
Für das Geld kaufen sie sich echte Bonbons.

8) Thema: Essenszubereitung

Teilnehmer:

Kandolo, Eli (5 J.)

Ablauf:

Eli sitzt alleine auf dem Boden und hat ein paar alte Blechdosen vor sich stehen. Sie tut Sand und Erde in die Dosen,
gibt etwas Wasser hinzu, rührt mit einem Holzstöckchen
- so bereitet sie ihr Tô zu. In eine andere Dose tut sie
zerkleinerte Mangoblätter und rührt auch diese so, als
wenn sie die Soße zum Tô koche. Da ruft ihre Mutter, sie
solle zum Essen kommen. Aber Eli antwortet, sie habe jetzt
keine Zeit, denn sie müsse ihr Tô zubereiten. Als nächstes

nimmt sie zwei Steine, legt einen auf den Boden, tut Staub
auf diesen Stein und zerreibt den Staub mit dem anderen
Stein. Das sollen die Zutaten für die Soße sein, die immer
erst zerkleinert werden müssen und die der Soße den Geschmack
geben.

9) Thema: Zubereitung von Beignets

Teilnehmer:

Kama, Ekouli (5 J.)

Kama, Etiolo (7 J.)

Kama, Bata   (4 J.)

Ablauf:

Am Morgen haben die beiden Mädchen die Blätter eines Nere-
Baumes in Dosen gesammelt. Zu Hause haben sie die Blätter
in einen Mörser gegeben und zerstampft, dann etwas Sand,
der die kleine Hirse sein soll, hinzugegeben und das Ganze
gut vermischt. Etiolo fordert Ekouli auf, Wasser zu holen,
denn das brauchen sie, um die Beignets (kleine "Kuchen")
zuzubereiten. Ekouli holt Wasser in kleinen Dosen und gibt
es zu der Blätter-Sand-Mischung. Etiolo formt dann Kugeln
aus dieser zubereiteten Masse. Die fertigen Kugeln legt
sie in eine etwas größere Dose und verschließt sie mit einer
Tontopfscherbe. Als der Brei zu Kugeln geformt ist,
sagt Etiolo zu Ekouli: "Die Beignets sind jetzt fertig!"
Sie nimmt die Dose und stellt sie an einem anderen Platz
auf den Boden. Die beiden setzen sich davor und rufen ihren
vierjährigen Bruder Bata, der solle kommen und mit ihnen die
Beignets essen. Er setzt sich dazu und die drei tun so, als
ob sie äßen.

10) Thema: Hirsebierbrauen

Teilnehmer:

Kandolo, Soulange (6 J.) ⎫
Kantina, Ebou   (11 J.) ⎬ "Hirsebierbrauerinnen"
Kansono, Valerie (8 J.) ⎪
Kanyala, Clemence (4 J.) ⎭

Ablauf:

Die vier Mädchen beschließen, für ihre Mütter Hirsebier zu brauen. Jede will es für sich alleine machen und dann wollen sie sehen, welche von ihnen eine gute Hirsebierbrauerin ist. Um das Hirsebier zu kochen, haben sie große Töpfe aus tonhaltiger Erde modelliert. Die rote Hirse, aus der das Hirsebier gemacht wird, ist Sand. "Oh, mein Topf ist in zwei Teile zerbrochen!" ruft plötzlich Soulange, "Nun fließt mein Hirsebier über die Erde!" "Paß auf deine Füße auf", sagt Ebou, "du wirst dich sonst verbrennen! Kommt, und schaut mein Hirsebier an. Probiert es, es ist sehr süß. Das zeigt schon, daß ich eine gute Hirsebierbrauerin bin!" Das macht die anderen eifersüchtig und ärgerlich. Sie beschimpfen Ebou und sagen, sie sei eingebildet und stolz. Sie drohen, ihr Hirsebier auszuschütten. Ebou versucht, Soulange zu beruhigen; sie soll nicht eifersüchtig sein, weil ihr Topf zerbrochen ist. Nach diesen lautstarken Auseinandersetzungen vertragen sich die Mädchen wieder. Soulange geht als erste zu ihrer Mutter, um sie von ihrem Hirsebier probieren zu lassen. (Das Hirsebier ist nur Wasser.) Die Mutter tut begeistert, das Hirsebier sei sehr lecker und nach traditioneller Art. Sie ermuntert die Kinder und meint, es sei schon sicher, daß sie später einmal gute Hirsebierbrauerinnen werden würden: "Ihr werdet die besten Hirsebierbrauerinnen des ganzen Dorfes werden und damit leicht euer Geld verdienen können, um eurem Ehemann und euren Kindern zu helfen." Die Mädchen freuen sich über diese Komplimente.

11) Thema: Verwandtschaftsbeziehungen

Teilnehmer:

Bazié, Bali (8 J.) "Neffe"

Bazié, Felix (7 J.) "Ziege"

Bazié, Batio (9 J.) "Onkel von Bali" (Mutterbruder)

Ablauf:

Bazié Bali geht zum Gehöft seines Onkels (Mutterbruder), um ihn zu besuchen. Der Onkel sitzt in einem Getreidespeicher. Bali begrüßt den Onkel und sagt: "Onkel, ich bin gekommen, um dir von meinen Sorgen zu berichten. Seitdem meine Mutter nach Salmatinga ausgezogen ist, leide ich sehr. Wenn ich großen Hunger habe und ich bin im Busch und sehe die Leute bei der Feldarbeit, so bitte ich sie um etwas zu essen, denn man bringt ihnen nach der Arbeit immer

etwas aufs Feld. Dann antwortet man mir, ich sei ja kein
Hirte und deshalb habe ich kein Recht darauf, denn nur
Hirten werden mitversorgt, wenn sie an dem Feld vorbeikommen."
Der Onkel steht auf, holt einen Strick und bindet Felix,
der eine Ziege spielt, daran. Der Onkel übergibt Bali die
Ziege und sagt: "Die mußt du nun immer bei dir haben, wenn
du in den Busch gehst, dann meinen die Leute, du seist ein
Hirte, und sie werden dir zu essen abgeben." Bali nimmt
Felix an die Leine, nimmt ihn mit nach Hause und bindet
ihn dort an das untere Holz eines Getreidespeichers. Als
er einen Moment ins Haus geht, beißt Felix die Leine durch,
meckert laut bê, bê ... und rennt schnell weg. Bali bemerkt die Flucht und ruft: "Haltet meine Ziege! Schnell,
schnell!" Aber es ist zu spät; die Ziege Felix ist schon
in einem großen Hirsefeld verschwunden. Bali geht wieder
zu seinem Onkel, um ihm von dem Verlust zu berichten. Der
Onkel schickt ihn aber wieder nach Hause und sagt, er solle
seine Ziege suchen. Bali setzt sich zu Hause neben den Getreidespeicher, wo die Ziege angebunden war und fängt dort
an zu weinen.

12) Thema: Verwandtschaftsbeziehungen

Teilnehmer:

Bama, Bassambye (7 J.)   "Arzt"

Bama, Boubye   (8 J.)   "Der Kranke"

Bama, Bassolet   (9 J.)   "Sohn des Kranken"

Kama, Nebila   (7 J.)   "Frau des Kranken"

Kantiono, Epima (8 J.)   "Hirsebierverkäuferin"

Ablauf:

Boubye spielt einen Kranken. Er ruft seinen Sohn Bassolet,
sagt ihm, daß er krank sei und bittet ihn, ihn ins Krankenhaus zu fahren. Bassolet steigt auf sein Fahrrad (einen
Hirsestengel), sein Vater steigt hinter ihm auf. Sie laufen mit dem Hirsestengel zwischen den Beinen zum Krankenhaus (einem alten Getreidespeicher). In diesem Speicher
sitzt Bassambye, der Arzt. Er guckt sich den Kranken an,
gibt ihm zwei Hirsekörner und sagt, die solle er jetzt
mit ein wenig Wasser schlucken. Boubye tut so, als schlucke
er das Medikament. Außerdem gibt ihm der Arzt ein Stück
Papier, damit soll er sich Medizin aus der Apotheke kaufen. Boubye holt einige Steinchen aus der Hosentasche,
gibt sie seinem Sohn als Geld und schickt ihn los, um die
Medizin zu kaufen. Bassolet macht sich sofort mit seinem

Hirsestengel auf den Weg. Am Wegesrand sieht er Epima mit
einigen Dosen voll Wasser sitzen; sie spielt eine Hirsebierverkäuferin. Bassolet nimmt das Steingeld und kauft sich
dafür drei Dosen Hirsebier, setzt sich hin und trinkt das
ganze Hirsebier. Er fährt zurück, und der Vater bekommt
nicht die Medizin von ihm, da er das ganze Geld vertrunken
hat. Es wird Nacht, der kranke Vater schließt die Augen,
als wenn er tot wäre. Da sagt der Arzt zu Bassolet: "Dein
Vater ist gestorben." Bassolet nimmt seinen toten Vater
auf den Rücken und läuft mit ihm auf dem Hirsestengel nach
Hause (sein Hof ist unter einem Baum). Dort sitzt seine
Mutter, die Frau des toten Boubye. Bassolet legt seinen
Vater auf den Boden und sagt zu Nebila, seiner Mutter, daß
sein Vater eben gestorben sei. Nebila tut so, als weine
sie sehr. Bassolet sagt: "Mein Vater ist gestorben, nun
gehören alle seine Rinder mir!" Da beginnt Nebila, ihren
Sohn zu beschimpfen. Sie sagt, daß er seinen Vater nur wegen der Rinder getötet habe. Boubye steht auf und alle
Mitspielenden und die Zuschauer lachen.

13) Thema: Weberlehre

Teilnehmer:

Bassono, Babou (7 J.) "Weber"

Yameogo, Pousga (8 J.) "Geselle, Lehrling"

Bassono, Youmboue (10 J.) "Vater des Lehrlings"

Ablauf:

Youmboue geht mit seinem Sohn Pousga zu dem Weber Babou,
damit sein Sohn dort das Weben lernt. Babou hat sich aus
Hirsestengeln eine Werkstatt gebaut; das Dach besteht aus
Blättern, die er auf das Gerüst aus den Hirsestengeln
gelegt hat. Dann hat er an einer Radnabe Drähte befestigt,
und weiter einige alte Fäden daran angebracht; das Ganze
soll seine Nähmaschine sein. Das Schiffchen stellt ein
altes Stück Holz dar. Babou sitzt vor seinem Webstuhl und
tut so, als webe er; der kleine Pousga schaut ihm bei der
Arbeit zu, und während der Weber sein Schiffchen wirft,
fängt Pousga an zu singen: "Fourkap, fourkap - mauvais
tisserant!" (schlechter Weber). Babou ist erbost darüber
und sagt: "Pousga, dein Vater hat dich hierher gebracht,
damit du das Weben lernst und nicht, damit du mir bei der
Arbeit zusiehst und mich dazu noch beschimpfst. Du machst
dich über mich lustig, anstatt beim Zuschauen zu lernen!
Ich werde deinen Vater rufen, er soll dafür eine Buße
zahlen!" Der Weber ruft den Vater, erzählt ihm vom Benehmen seines Sohnes und fordert ein Huhn dafür. Der Vater
bringt sofort ein Huhn, welches durch einen Schmetterling

dargestellt wird. Als der Vater wieder zu seiner Arbeit
aufs Feld gegangen ist, geht auch der Weber wieder an die
Arbeit. Da sagt Pousga zu ihm: "Ich kann diese Arbeit
nicht tun, denn das ist die Arbeit eines Behinderten."
Der Weber wird sehr ärgerlich und wirft Pousga aus seiner
Werkstatt. Pousga rennt so schnell er kann, erst in ein
Hirsefeld, dann auf einen Berg; dabei singt er sehr laut:
"Fourkap, fourkap - mauvais tisserant!"

14) Thema: Tod

Teilnehmer:

Bama, Tiebi (9 J.)   "Verunglückter"

Bazié, Bali (10 J.)

Baziomo, Nebilma (9 J.) } Freunde

Bationo, Bapio (10 J.)

Ablauf:

Jedes der Kinder hat einen Hirsestengel, der ihr Fahrrad
darstellen soll. Sie veranstalten ein Radrennen, indem
sie die Stengel zwischen die Beine nehmen und laufen, so
schnell sie können. Tiebi stürzt plötzlich und bleibt liegen; er tut so, als sei er tot. Die Freunde nehmen Hirsestöcke als Bahre, legen den Toten darauf und tragen ihn
auf ihren Köpfen nach Hause. Auf dem Weg weinen sie laut.
Bali hat Spucke in seine Augen geschmiert; die Spucke soll
wie Tränen aussehen. Er heult dazu laut. Da kommt der alte
Batié aus dem Hof und schimpft mit den Kindern. Er jagt
sie weg und sagt, sie sollen so etwas nicht spielen. Ihr
Spiel hat auch die Erwachsenen traurig gemacht.

15) Thema: Jagd

Teilnehmer:

Bazié, Bali (5 J.)   "Jäger"

Bazié, Batiolo (6 J.) "Jäger"

Bazié, Bazona (4 J.)   "Jäger"

Ablauf:

Bali nimmt um neun Uhr seine Steinschleuder, ruft seine
Freunde Batiolo und Bazona und sagt: "Kommt, wir werden
auf Eidechsenjagd gehen!" Er verteilt die Aufgaben:
Batiolo soll die Steine für sie suchen und Bazona soll

ihm folgen, und wenn er eine Eidechse getötet hat, soll
er sie aufheben. Die Freunde, bzw. seine Brüder, sind einverstanden. Bazona zieht seinen Boubou (traditionelles
Gewand der Männer) aus und hängt ihn sich wie einen Beutel um den Hals, dahinein will er die Eidechsen sammeln.
Batiolo macht es ebenso; er sammelt viele Steine in seinen Boubou. Als sie unter einem Feigenbaum ankommen, sehen
sie dort viele Eidechsen und Bali zielt sofort. Sie jagen
zehn Eidechsen, Bazona hat sie alle in seinem Boubou gesammelt. Es ist elf Uhr und sie haben genug Eidechsen. Den
Rest der Steine werfen sie fort und gehen mit der Beute
nach Hause. Dort nehmen sie ein altes Wellblech und bohren einige Löcher hinein, so daß man die Eidechsen darauf
grillen kann. Das ist die Arbeit von Batiolo. In der Zeit
sammeln Bali und Bazona Holz für das Feuer. Sie legen vier
Steine zusammen und legen das Wellblech darauf. Zwischen
die Steine schieben sie Hölzchen und Hirsestengel und zünden damit ein Feuer an. Die Eidechsen werden nun gegrillt
und anschließend von Bali unter den drei Spielern verteilt.
Jeder geht mit seinem Anteil zu seiner Mutter und gibt
dort seinen Brüdern die Hälfte ab. Die Eidechsen werden
zusammen mit Tô gegessen.

16) Thema: Töten und Verzehren eines Elefanten

Teilnehmer:

Bandogo, Yamaba (9 J.) ⎫
Bama, Zadiou (7 J.) ⎬ "Kinder des Jägers"

Kama, Eta (8 J.) "Frau des Jägers"

Bama, Bapio (8 J.) "Elefant"

Ablauf:

Baziomo Babou hat ein kleines Feld; die Kräuter und Pflanzen darauf sollen seine Hirse sein. Da kommt Bama Bapio
und spielt einen Elefanten. Er tut so, als ob die Hirse
von Babous Feld fräße. Die Kinder des Feldbesitzers, der
ein Jäger ist, sehen, was der Elefant dort anrichtet; sie
laufen zu ihrem Vater und berichten ihm von dem Elefanten.
Babou, der Jäger, nimmt sofort sein Gewehr, einen Hirsestock, zielt auf den Elefanten, sagt: "Pouh, pouh!" und
Bapio, der Elefant, fällt um und scheint tot zu sein. Der
Jäger sagt zu seinen Kindern: "Nehmt den toten Elefanten
und bringt ihn zu eurer Mutter, damit sie daraus ein Essen
bereiten kann." Die Kinder tragen den Elefanten auf dem
Kopf und gehen damit in ein Gebüsch, welches ihr Haus darstellen soll. Die Frau des Jägers wartet schon im Gebüsch.

Sie tut so, als zerteile sie Babou, den Elefanten. Dann nimmt sie ein paar schon zurechtgelegte Holzstücke und legt sie in eine alte Dose. Dieses Holz soll das Elefantenfleisch sein. Sie kommt damit aus ihrem Haus, setzt sich mit ihrem Mann und den Kindern in eine Runde; der Vater verteilt das Fleisch (die Holzstücke) und alle "essen" zufrieden.

17) Thema: Diebstahl

Teilnehmer:

Baguira, Bazilou (9 J.) "Hühnerdieb"

Badolo, Baguiboue (7 J.) "Erdherr"

Bayili, Yaboulayi (8 J.) "Hühnerbesitzer"

Bayili, Yoma (9 J.) "Vater von Yaboulayi"

Ablauf:

Bazilou hat Yaboulayi ein Huhn gestohlen, welches durch einen Schmetterling dargestellt wird. Yaboulayi sucht sein Huhn überall, geht dann auf den Markt und findet dort zufällig Bazilou mit dem gestohlenen Huhn in der Hand. Er packt den Dieb am Arm und geht mit ihm zu seinem Vater Yoma und sagt, daß er nun mit dem Dieb zur Gendarmerie gehen wolle, damit er bestraft werde. Der Vater sagt: "Ihr Kinder von heute kennt nicht mehr die Sitten eurer Väter. Du mußt Bazilou zum Erdherrn bringen. Er wird euch die Regeln der Tradition erklären. Dort wird Bazilou eine der Sitte gemäße Buße zahlen müssen." Yaboulayi führt den Dieb zum Erdherrn, der unter einem großen Baum sitzt. Vor ihm liegt ein großer Stein, der den Opferaltar der Erde darstellt. Der Erdherr fragt die beiden, ob sie die Regeln der Tradition kennen. Sie verneinen und er erklärt es ihnen so: "Hört gut zu. Wenn man ein Huhn gestohlen hat, dann muß man nach traditionellen Regeln zwei Schafe und zwei Ochsen an die Erde bezahlen. Also muß Bazilou das jetzt bezahlen." Bazilou steht auf, fängt zwei Salamander als Ochsen und zwei Heuschrecken als Schafe und überbringt diese Tiere dem Erdherrn. Der Erdherr tötet die Tiere nun auf dem Opferaltar der Erde und gibt anschließend Yaboulayi sein gestohlenes Huhn (den Schmetterling) zurück. Yaboulayi lehnt das Huhn ab und sagt: "Nein, das Huhn ist für dich, behalte es, denn du hast uns die Regeln der Tradition gezeigt und erklärt." Der Erdherr ermahnt Bazilou noch einmal, er solle nie wieder stehlen. Dann braten sie gemeinsam die vier geschlachteten, d.h. geopferten Tiere und essen sie mit Genuß auf (Die Salamander und auch die Heuschrecken werden wirklich verzehrt.)

18) Thema: Diebstahl

Teilnehmer:

Bazié, Batio (9 J.) "Gehöftherr"
Bazié, Baleboue (8 J.) "Sohn von Batio"
Bazié, Paulin (7 J.) "Dieb"
Bazié, Badama (7 J.) "Dieb"
Bazié, Boubye (6 J.) "Hund"
Bazié, Bali (9 J.) "Dorfchef"

Ablauf:

Batio, der Gehöftherr, sein Sohn Baleboue und sein Hund liegen unter einem Baum und tun so, als schliefen sie fest. Anstelle von Matten haben sie Stücke von alter Pappe als Unterlage; neben ihnen stehen verschiedene alte Dosen und Kästen, die ihr Gepäck sein sollen. Plötzlich kommt Paulin, ein Dieb, herangeschlichen und will das Gepäck stehlen. Der Hund hat es gemerkt (Boubye stellt sich auf alle Viere und macht lautes Hundegebell nach). Vater und Sohn werden wach, stehen auf und versuchen, den Dieb, der entkommen will, zu fangen. Sie schnappen ihn und bringen ihn zu Bali, dem Dorfchef. Der Dorfchef fragt den Dieb, warum er bei Batio im Gehöft stehlen wollte. Paulin antwortet: "Ich bin nicht dorthin gegangen um zu stehlen, sondern ich bin gekommen, um meine Onkel (Mutterbrüder) zu besuchen." Der Dorfchef sagt: "Man geht aber nicht nachts zu seinen Onkeln. Es muß Tag sein, wenn man sie besucht oder wenn man etwas von ihnen haben möchte!" Der Onkel Batio stimmt zu und sagt: "Weil er nachts gekommen ist, ist er ein Dieb!" Paulin wird gefesselt und dann geprügelt. Da sagt er, daß er zusammen mit Badama gekommen sei. Der Dorfchef läßt sofort auch Badama zu sich kommen, und dann werden die beiden geschlagen. Danach dürfen sie gehen, und die beiden Diebe laufen fort, so schnell sie können.

19) Thema: Diebstahl

Teilnehmer:

Bazié, Baloua (7 J.) "Fahrraddieb"
Bazié, Baguima (9 J.) "Fahrradbesitzer"
Bagoro, Nekilma (10 J.) "Polizist"
Sandogo, Bali (9 J.) "Richter"
Kando, Nebon (9 J.) "Hirsebierverkäuferin"

Ablauf:

Baguima ist mit seinem Fahrrad (einem Hirsestock) unterwegs. Bei der Hirsebierverkäuferin stellt er das Fahrrad ab und setzt sich dort in die Runde der Hirsebiertrinker. Sein Freund Baloua kommt vorbei, und Baguima lädt ihn zu einer Kalebasse Hirsebier ein. Das Hirsebier ist einfaches Wasser. Baloua meint, das Hirsebier sei sehr stark. Als nächstes bestellt Baloua noch einmal zwei Kalebassen voll Hirsebier und dann noch zwei. Nachdem beide sehr viel getrunken haben, muß Baguima ins Gebüsch, um zu urinieren. In der Zeit nimmt Baloua schnell des Freundes Fahrrad und läuft damit, so schnell er kann, ins nächste Hirsefeld, welches sein Haus darstellt. Baguima kommt zurück und findet weder den Freund noch sein Fahrrad. Er fragt die Hirsebierverkäuferin Nebon, wo sein Rad sei und sie erklärt ihm, daß sein Freund es genommen habe. Baguima sucht daraufhin überall, findet den Freund mit dem Rad nicht und geht schließlich zur Polizei. Der Polizist sucht jetzt auch, geht in das Hirsefeld und kommt mit Baloua und dem Fahrrad wieder heraus. Er schickt ihn vor Gericht. Der Richter fragt Baloua: "Ist es wahr, daß du das Fahrrad von deinem Freund gestohlen hast? Warum hast du es gestohlen?" Baloua antwortet: "Ja, das stimmt, ich habe das Rad gestohlen. Ich brauche es, um meine Arbeit zu tun. Ich wollte damit Sachen transportieren und Ware, die ich verkaufen wollte. Außerdem wollte ich damit zur Elfenbeinküste fahren." Der Richter trägt dem Polizisten auf, Baloua für drei Monate ins Gefängnis zu sperren. Er sperrt ihn in einen Schweinestall und verschließt die Tür mit einem alten Tontopf.

20) Thema: Diebstahl
Teilnehmer:
Bationo, Jermie (9 J.) "Dieb"
Bationo, Abou (8 J.) "Dieb"
Bassono, Herman (10 J.) "Hausbewohner"
Bationo, Babou (5 J.) "Hausbewohner"
Bationo, Mama (13 J.) "Wache"

Ablauf:
Jermie und Abou sind die Diebe. Sie schleichen sich in das Haus von Herman und Babou, die dort auf dem Boden liegen und so tun, als schliefen sie. Die Diebe stehlen Wellblech, welches Herman und Babou in ihrem Haus aufbewahren. Die Diebe sind leise und schleichen, trotzdem werden die Wellblechbesitzer wach, bemerken den Diebstahl und laufen hinter den Dieben her, bis sie sie gefangen haben. Sie drohen, die Diebe zur Polizei zu bringen, denn sonst täten sie es sicher bald wieder. Sie sollen ins Gefängnis gesperrt werden. Einer der Diebe fängt an zu weinen. Er kennt das Gefängnis schon und weiß, wie schlimm es darin ist. Er entschuldigt sich für den Diebstahl und gibt seine Schuld zu. Der andere Dieb beteuert auch, sie wollten das nie wieder tun. Aber Herman und Babou bleiben hart; die Diebe müssen bestraft werden. Sie nehmen die beiden an den Arm und führen sie zur Gendarmerie. Dort erklären sie der Wache (gespielt von Mama), was sich zugetragen hat. Er übernimmt die Diebe und schließt sie ein. Dort sollen sie auf den Tag warten, an dem das Gericht über sie entscheidet. Der Richter kommt und beschließt, daß die Diebe drei Monate lang ins Gefängnis müssen; vorher werden sie verprügelt. Herman und Babou freuen sich, daß die Diebe so bestraft und eingesperrt wurden.

21) Thema: Diebstahl
Teilnehmer:
Bazie, Badama (5 J.) "Feldbesitzer"
Bado, Bali (6 J.)
Bama, Babou (4 J.) } "Arbeitsgruppe"
Baziomo, Nebon (4 J.)

Ablauf:

Die Mutter von Badama hat ihre Hirse gestampft, sie in eine Kalebasse getan und diese Kalebasse im Haus in einen großen Topf, einen sog. "Canari", gestellt. Dann geht sie zum Brunnen, um Wasser zu holen. Badama hat bemerkt, daß seine Mutter das Haus verlassen hat und er stiehlt etwas von ihrer Hirse und tut sie in eine Dose. Dann ruft er seine Freunde und lädt sie ein, ihm zu helfen, sein kleines Feld einzusäen. Seine Freunde sind einverstanden, sie kommen mit Stücken von altem Fahrradblech als Werkzeuge, um damit die Löcher für die Saat zu graben. So gehen sie gemeinsam auf das Feld der Mutter von Badama, um dort für Badama zu säen. Als die Mutter vom Wasserholen zurückkommt, sieht sie gleich, daß die Hirse gestohlen ist und sie ruft Badama zu sich, um ihn zu fragen, ob er weiß, wer ihre Hirse genommen haben könnte. Er gesteht, daß er die Hirse genommen habe, um damit das Feld einzusäen. Seine Mutter erklärt ihm, daß es jetzt nicht die Zeit zur Feldbestellung ist. Badama geht zu seinen Freunden zurück und sagt, sie könnten mit der Arbeit aufhören, es sei jetzt nicht die Zeit zum Säen. Seine Freunde singen, setzen sich in eine Runde und essen den Rest der Hirse auf.

22) Thema: Patienten beim Arzt

Teilnehmer:

Bado, Bayon (9 J.) "Arzt"

seine Freunde

Ablauf:

Bayon hat seine Freunde zusammengerufen und erklärt ihnen, daß er ein Arzt sei. Er hat einige Maiskörner in eine gefundene alte Flasche getan und erklärt seinen Freunden, das sei sein Medikament. Er sagt, jeder der krank ist, solle nur zu ihm kommen. Eine Gruppe von vierzehn Kindern ist zusammengekommen. Sie stellen sich vor Bayon in der Reihe auf und jedes erhält von ihm ein Maiskorn als Tablette, welches sie mit Wasser schlucken sollen. Als alle Kinder ihre Pille geschluckt haben, sagt Bayon: "Nun geht alle nach Hause zum Schlafen, aber kommt morgen wieder und berichtet mir über euren Gesundheitszustand. Jeder, der morgen gesund ist, muß mir ein Stück Tô als Bezahlung für die Pille mitbringen." Nach einer Zeit kommen die Kinder wieder, sie haben bei ihrer Mutter wirklich für Bayon das geforderte Stück Tô geholt. Bayon sammelt das verdiente Tô in einer Kalebasse und geht damit in den Busch, um es allein zu essen.

23) Thema: Heiliger sprechender Speicher

Teilnehmer:

Badolo, Koudby (8 J.) ⎫
Bado, Mouna (8 J.)   ⎬ "Jäger"
Sandogo, Bayon (7 J.) ⎭
Bassolé, Bayon (10 J.)   "sprechender Speicher"

Ablauf:

Eines nachmittags sagt Badolo Koudby zu seinen Freunden: "Kommt, laßt uns auf die Jagd gehen! Aber ich muß euch dazu etwas sagen: Unsere Ahnen haben einen heiligen Jagdspeicher. Bevor wir auf die Vogeljagd gehen, wollen wir zu diesem Speicher gehen, ihn verehren und um eine erfolgreiche Jagd bitten." In dieser Zeit geht Bassolé Bayon zu diesem erwähnten Speicher und versteckt sich darin. Die Freunde kommen bald mit ihren Steinschleudern an und stellen sich vor dem Speicher auf. Badolo Koudby spricht zu dem Speicher: "Heiliger Speicher unserer Ahnen, wir wollen auf die Jagd gehen. Aber wir bitten dich, sage du uns vorher, was wir tun müssen, damit die Jagd erfolgreich wird!" Bayon bleibt im Speicher versteckt und antwortet: "Ihr werdet alle Vögel erbeuten, aber Bedingung für diesen Erfolg ist, daß jeder von euch seinen ersten Vogel diesem Jagdspeicher opfert, d.h. ihn zu mir bringt. Wenn ihr damit einverstanden seid, dann müßt ihr alle zusammen einen Schrei abgeben." Die Jungen geben den Schrei ab und gehen dann auf die Jagd. Jeder der Jungen erlegt wirklich drei Vögel. Sie treffen sich wieder vor dem Speicher und werfen jeder seinen erstgefangenen Vogel dort hinein. Bayon freut sich, und nach einer Weile nimmt er seine erhaltenen Vögel, brät sie und ißt sie alleine auf.

24) Thema: Scherz mit einem Blinden

Teilnehmer:

Siemdé, Bouma (6 J.) "Blinder"
Siemdé, Badju (7 J.) "Freund"

Ablauf:

Bouma hat sich Maisblätter so zusammengeflochten, daß sie aussehen wie ein Bart. Er hat sich diesen Blätterbart an sein Kinn geklebt, dazu nimmt er einen Stock in die Hand und schließt die Augen, so daß er aussieht wie ein Blinder.

Er sagt zu seinem Freund Badju: "Badju, nimm meinen Stock und führe mich damit auf die Straße nach Ténado. Ich will zu meinen Onkeln gehen und sie um etwas Hirse bitten." Badju fragt: "Aber wie willst Du die erhaltene Hirse nach Hause bringen (da du doch blind bist)?" Der Blinde sagt, es sei nicht so schwer, es werde schon irgendwie gehen. Badju nimmt den Blinden an seinem Stock und führt ihn an die Straße. Dort angekommen, ruft Badju plötzlich: "Hilfe, da ist eine Schlange!" und er rennt so schnell weg, wie er kann und läßt den Blinden dort ganz allein stehen. Der Blinde ist hilflos, schlägt mit seinem Stock um sich herum. Alle herumstehenden Kinder schauen ihn sich in seiner Hilflosigkeit an und lachen sehr darüber.

25) Thema: Schlangenattrappe als Scherz

Teilnehmer:

Bassono, Nekilou (13 J.)

Ablauf:

Nekilou ist in den Busch gezogen, um Hirsestengel für seinen Vater zu holen, der damit einen Gartenzaun bauen will. Während er die Hirsestöcke sammelt, sieht er plötzlich eine Schlange. Nekilou tötet die Schlange und zieht ihr die Haut ab. Er röstet sich das Schlangenfleisch und ißt es anschließend. Dann füllt er die Schlangenhaut mit Sand. In der nächsten Nacht zu Hause nimmt er diese gefüllte Schlangenhaut und legt sie vor das Haus seines Freundes Beya. Als Beya nachts einmal kurz aus dem Haus gehen will, um zu urinieren, tritt er auf die Schlangenhaut und schreit ganz fürchterlich vor Schreck. Er ruft seinen Vater zu Hilfe und sagt, es wäre eine Schlange im Gehöft. Der Vater kommt mit einem großen Stück Holz angerannt, um die Schlange zu erschlagen. Da platzt die Haut auf und der Sand fließt heraus. Nekilou hat den Lärm gehört und ist gekommen, um das Schauspiel zu sehen. Er lacht nun sehr und sagt dem Vater, daß er diese Schlangenhaut vor die Tür gelegt hat. Der Vater findet das aber nicht lustig, sondern er ermahnt Nekilou, nie mehr mit Schlangen Scherz zu treiben, denn diese Tiere seien zu gefährlich.

26) Thema: Angewandte List
Teilnehmer:
Baziomo, Beya (7 J.)
Bado, Bazona (9 J.)
Kando, Epio (10 J.)

Ablauf:
Der Vater hat Beya ein totes Küken gegeben, damit er es braten und essen solle. Beya geht mit diesem Küken zu seinem älteren Bruder, damit er es für ihn brät; währenddessen setzt er sich selber unter einen Baum und wartet. Bazona hat das Küken fertig zubereitet und ißt anschließend den Kopf und die Füße. Beya kommt und fragt, wo der Kopf des Kükens sei. Bazona gibt zu, ihn gegessen zu haben. Der Kopf und die Füße waren zwar die Teile, die ihm zustanden, aber er hätte vorher fragen müssen, denn es war Beyas Küken. Beya ist erbost und schlägt Bazona. Bazona wird nun von dem Rest nichts mehr abbekommen. Bazona weint deshalb. Die Schwester Epio kommt vorbei und fragt, warum Beya seinen Bruder geschlagen habe. Als sie erfährt, daß es um die Verteilung der Kükenanteile geht, schlägt sie vor, die beiden sollen darum kämpfen. Der Gewinner solle dann den größeren Teil bekommen. Während die beiden kämpfen, macht sie sich an das Küken heran, ißt alles alleine auf und rennt dann schnell, um sich zu Hause zu verstecken. Beya droht, wenn er sie finden würde, dann wolle er sie töten. Epio läuft schnell zu ihrer Tante (Vaters Schwester), da ist sie in größerer Sicherheit als bei ihren Eltern.

27) Thema: Hahnenspiel als angewandte List
Teilnehmer:
Bado, Bayomo (7 J.) ⎫ Brüder ("Hahn")
Bado, Bayombye (5 J.) ⎭

Ablauf:
Die Mutter hat Bayombye etwas Tô zum Essen gegeben. Sein älterer Bruder Bayomo kommt vorbei und möchte etwas abbekommen, aber Bayombye sagt nein. Da spielt Bayomo, er sei ein Hahn, und er erklärt seinem Bruder dazu: "Wenn ich Kikeriki rufe, dann mußt du deinem Hahn immer Tô geben". Er ruft "Kikeriki", und Bayomo gibt ihm Tô, er ruft immer wieder, bis Bayomo ihm seinen ganzen Tô gegeben hat und er selbst nichts mehr für sich hat. Bayomo läuft mit dem Tô davon und Bayombye weint.

28) Thema: Arbeitsgruppe

Teilnehmer:

Bassono, Piabye (7 J.) "Feldbesitzer" und "Sänger" (griot)
Bassolet, Nebilma (8 J.) "Flötist"
Bazie, Badoua (6 J.) ⎫
Bayala, Bazomboue (7 J.) ⎬ "Arbeitsgruppe"
Kantiono, Eli (8 J.) "Mutter"

Ablauf:
Piabye hat seine Freunde, die eine Arbeitsgruppe bilden, gebeten, sein Feld zu bearbeiten. Sein Feld ist ein Stück Land ohne jegliche Hirsepflanzen. Die Freunde kommen; als Werkzeuge haben sie altes Fahrradblech oder nur Stücke von zerbrochenen Hacken aus ihren Gehöften mitgebracht. Piabye spielt außer dem Feldbesitzer auch gleichzeitig den "griot" (Sänger) der Arbeitsgruppe. Er hat ein Stück von einer zerbrochenen Kalebasse als Trommel und trommelt darauf zur Begleitung seines Gesanges. Nebilma hat eine Pfeife und pfeift dazu. Die arbeitenden Jungen singen gemeinsam dazu. Eli spielt die Mutter des Feldbesitzers; sie hat sich eine kleine Menge Bohnen besorgt und gibt sie der Arbeitsgruppe zu essen. Später will sie noch etwas Tô holen, das sind wieder die Bohnen, die sie inzwischen geröstet hat. Sie essen gemeinsam. Anschließend klatscht die Mutter (Eli) in die Hände und sagt zu der Arbeitsgruppe: "Ich werde euch jeden Morgen für diesen Dienst, den ihr meinem Sohn erwiesen habt, danken. Jeden Morgen werde ich beim Hahnenschrei an euch denken." Sie arbeiten noch eine Weile auf dem Stück Feld. Als die Arbeit fertig ist, gibt Piabye der Arbeitsgruppe eine Heuschrecke, die ein Hühnchen darstellen soll. Das ist die Bezahlung. – Er bittet sie, doch nächste Woche noch einmal wiederzukommen.

29) Thema: Hirseverkäufer

Teilnehmer:

Bama, Bouma (9 J.) "Hirseverkäufer"
Bazongo, Eric (7 J.) "Hirseverkäufer"
Bassolet, Hamidou (8 J.) "Hirsekäufer"
Bassolet, Idia (7 J.) "Hirsekäufer"
Kassono, Elibye (9 J.) "Hirsekäufer"

Ablauf:

Bouma und Eric haben Sand in Säcke gefüllt; das soll ihre
Hirse sein, die sie jetzt verkaufen wollen. Sie marschieren
damit zum Markt; sie haben die Hirsesäcke an Stücken
über ihre Schulter gehängt. So laufen sie ein ganzes Stück
die Straße entlang und erklären, sie wollten nach Koudougou,
weil man dort einen guten Preis für die Hirse bekommt. Auf
dem Weg kommen sie an den Hirsekäufern des Marktes von
Goundi vorbei (gespielt von drei Freunden). Die stürzen
sich auf sie, jeder will der Erste sein. Jeder ruft: "Ich
kaufe diese Hirse! Ich bin der erste Käufer!", nachdem sie
gefragt hatten, was in den Säcken für Ware sei. Aber die
Hirseverkäufer antworten: "Wir verkaufen unsere Hirse nicht
in Goundi, sondern in Koudougou." Sie laufen schnell weg,
und die anderen versuchen sie zu fangen, bis sie zu Hause
in ihrem Gehöft ankommen. Alle lachen.

30) Thema: Rechtsfall

Teilnehmer:

Bassono, Herman (10 J.) "Vater"

Kansono, Valerie (8 J.)
Kansono, Nene (6 J.) } "Frauen"

Ablauf:

Nachmittags spielen die Kinder im Hof. Nene sagt zu ihrer
Schwester Valerie: "Valerie, das Kind von Herman hat mich
geschlagen. Wir müssen das seinem Vater erzählen, er soll
besser auf sein Kind aufpassen. Ich denke, wir werden ihn
vor den Dorfältesten führen, dort soll er sich verteidigen
und den Fall erklären." Valerie ist einverstanden. Sie
nehmen das Kind in den Arm (es wird durch einen kleinen
Eisenstab dargestellt). Sie holen Herman und erklären ihm
den Sachverhalt. Herman ist ärgerlich. Er beschimpft die
Mädchen und sagt, sie selbst seien schlecht erzogen und
unhöflich, aber wenn sie darauf bestünden, wolle er zum
Dorfältesten wohl mitgehen. Sie sprechen noch länger über
den Sachverhalt, aber Herman will doch nicht mit vor den
Dorfältesten. Er entschuldigt sich bei seinen Schwestern
für sein unerzogenes Kind und nimmt alle Schuld auf sich.
Er bittet sie, die Sache doch zu vergessen. Die Schwestern
sehen ein, daß, wenn Herman seine Schuld zugibt und wenn
er sich entschuldigt, kein Grund mehr vorhanden ist, ihn
vor den Dorfältesten zu schicken. Also vergeben sie ihm;
er bedankt sich und damit ist der Streit beendet.

31) Thema: Totenfeier

Teilnehmer:

Bassono, Boubye (9 J.) "Ehemann", "Schwiegervater"
Baziomo, Beli (8 J.) "Schwiegersohn von Boubye"
Kansson, Elibye (8 J.) "Frau von Bali"

Ablauf:

Boubye hat einen Frosch getötet. Er sagt nun, seine Frau sei gestorben und er wolle ihre Totenfeier feiern. Er geht zu Beli und berichtet vom Tod seiner Schwiegermutter und er bittet ihn, die Beerdigung vorzubereiten. Beli ruft alle seine Freunde und lädt sie zur Totenfeier seiner Schwiegermutter ein, sie sollen dort trommeln und pfeifen. Er lädt auch einen Sänger ein, tanzt selber wild zum Trommelrhythmus und fordert die Freunde auf, noch lauter zu musizieren. Er verspricht ihnen, einen Ochsen zu schlachten. Elibye ist die Frau von Beli; sie klatscht laut in die Hände und tanzt dazu. Beli fängt einen Salamander und bindet ihm eine Schnur um den Fuß. Er geht mit diesem Salamander zu Boubye, zeigt ihm den "Ochsen" und sagt: "Diesen Ochsen werde ich auf der Totenfeier meiner Schwiegermutter opfern." Daraufhin sagt Boubye: "Dieser Ochse soll für meine 'Griots' (Sänger) sein", und er tötet den Salamander mit einem Stückchen alten Wellblech. Die Sänger nehmen den Ochsen mit Dank an und singen und trommeln noch einmal kräftig, bevor sie mit der Zubereitung des Ochsen beginnen. Sie rösten den Ochsen auf einem Feuer, geben Boubye die Hälfte davon ab und essen dann alle gemeinsam.

32) Thema: Totenfeier

Teilnehmer:

Bationo, Babou (9 J.) "Schwiegersohn"
Baziomo, Badou (7 J.) "Sohn der Verstorbenen"

Ablauf:

Babou und Badou sind beide Hirten. Während des Viehhütens haben sie eine Maus getötet und sie begraben. (Die Maus soll die Schwiegermutter Babous bzw. die Mutter Badous darstellen.) Dann wollen sie die Totenfeier feiern und rufen die Kinder aus ihrer Altersgruppe zusammen, um eine große Totenfeier für die Verstorbene zu veranstalten. Babou stiehlt ein paar Stück Zucker, das soll das für eine Totenfeier nötige Salz sein, denn er spielt den Schwiegersohn der Verstorbenen. (Nach traditioneller Re-

gel muß der Schwiegersohn einer verstorbenen Frau zu ihrer
Totenfeier einen Sack Salz mitbringen.) So tanzt er vor
den Kindern, die dazu auf Kalebassen und Dosen trommeln.
Dabei wirft er die Zuckerstücke um sich. Die Kinder singen
und trommeln noch lauter. Badou sitzt währenddessen
auf einem Stein vor dem Hangar, eine Strohüberdachung,
die das Haus der Verstorbenen darstellen soll. Er klatscht
kräftig in die Hände. Dann dankt er Badou und den Kindern
dafür, daß sie die Totenfeier seiner Mutter (der Maus) so
schön gefeiert haben.

33) Thema: Maskenfest

Teilnehmer:

Bazié, Batio (9 J.) "Elefantenmaske"

Bazié, Bali (10 J.) "Löwenmaske"

Bazié, Bazona (9 J.) "Sänger"

Kanzié, Nebilma (8 J.) "Schwester der Masken"

Ablauf:

Batio und Bali haben sich alte Säcke übergestülpt, an die
Stellen der Augen haben sie Löcher geschnitten, und so
wollen sie das Fest der Masken spielen. Nebilma spielt
die "Schwestern der Masken", das sind die Mädchen, die
die Männer und Jungen mit Wasser und Nahrung während des
Festes versorgen. Die Maskenspieler tanzen und die Schwester
singt die Lieder der Masken dazu. Außerdem gibt es
einen Sänger, der die speziellen Lieder der Masken und die
Texte genau kennt. Bazona singt das Lied der Elefantenmaske:
"Maske des Elefanten, du bist die stärkste Maske
im ganzen Busch. Du hast vor nichts Angst. Tue deine Arbeit,
Elefant." Und Batio, die Elefantenmaske, tanzt vor
dem Sänger, der laut auf einer Kalebasse trommelt. Dann
zerbricht er mit dem Arm, der sein Rüssel sein soll, einen
großen Hirsestengel, so wie es die Elefanten im Busch
tun. Jetzt singt Bazona das Lied der Löwenmaske: "Löwenmaske,
du bist die wütendste und gefährlichste Maske im
ganzen Busch. Wenn du ärgerlich bist, dann hört man deine
Stimme schon von weitem. Tue eine Arbeit". Und Bali, der
Löwe, tanzt vor dem Sänger zu der Trommel im Hof herum.
Er brüllt wie ein Löwe und jagt dann die Ziegen im Hof,
so wie es die Löwen tun. Nach dem Maskenfest gehen die
Kinder an den Häusern der Frauen vorbei und bitten um
etwas Tô. Einige Frauen geben ihnen etwas, dann setzen
die Kinder sich zusammen vor die Hoftür und essen gemeinsam.

34) Thema: Viehhandel
Teilnehmer:
N'po, Batiolo (6 J.) "Jäger"
N'po, Pema (7 Jahre) "Jäger"
N'po, Bazombone (8 J.) "Viehhändler"

Ablauf:
Eines nachmittags gehen Batiolo und Pema mit ihren Holzhacken auf die Jagd. Sie gehen quer durch die Felder und suchen nach Tieren. Batiolo tötet sechs Heuschrecken und Pema tötet drei Heuschrecken. Sie zupfen den Tieren die Flügel aus und binden ihnen mit dünner Schnur die Beine zusammen. Sie laufen mit ihrer Beute zu einem großen Traubenbaum (Résinier), unter dem einige Freunde sitzen. Hier soll der Bahnhof sein; die Freunde warten auf den Zug. Batiolo und Pema sagen, daß sie diese soeben erbeuteten Ochsen an die Passagiere, die nach Abisjan fahren, verkaufen wollen. Bazomboue spielt einen Viehhändler. Er hat eine Tasche, die aus einem Stück Papier gefaltet ist, und darin befinden sich lauter Papierschnipsel (sein Geld). Er fragt seine beiden Kameraden, was denn ein Ochse kosten solle. Batiolo antwortet, daß ein Ochse 5000F koste. Bazomboue schaut in seine Tasche, holt acht Papierschnipsel a 5000F heraus und kauft damit acht Ochsen. Batiolo und Pema nehmen das Geld und gehen damit in die Felder, wo sie sich jeder einen Hirsestengel suchen (die ihre Fahrräder sein sollen). Auf diesen Hirsestengeln, d.h. auf ihren Rädern, die sie von dem verdienten Geld in Koudougou gekauft haben, fahren sie nun nach Hause.

35) Thema: Wahrsagerbefragung
Teilnehmer:
Basson, Piabye (9 J.) "Orakelbefrager"
Basson, Nebila (10 J.) "Wahrsager"
Bado, Balima (8 J.) "Orakelbefrager"

Ablauf:
Die drei Jungen sind Hirten. Nebila spielt einen Wahrsager, der sein Orakel befragen kann. Piabye kommt zu ihm, um das Orakel zu befragen, wie er jemanden im Ringkampf besiegen kann. Nebila nimmt kleine Steinchen und wirft sie in den Sand; sie sollen die Kaurischnecken für das Orakel darstellen. Er rät Piabye, folgendes Opfer zu bringen: Er

soll mehrere Schmetterlinge opfern. Außerdem soll er Vogelfedern sammeln und sie auf einen Termitenhaufen legen. Dann wird er im Ringkampf gewinnen. Balima kommt danach auch zu ihm, um das Orakel zu befragen. Nebila rät ihm nach der Befragung, er müsse ein Zucker-Opfer bringen. Er soll ihm, dem Wahrsager, ein Stück Zucker geben, dann würde er reich werden.

36) Thema: Hexereianschuldigung

Teilnehmer:

Kando, Ezona (7 J.) "Hexe"

Kando, Eli (5 J.) "ihre Schwester"

Bationo, Bali (8 J.) ⎫
Bazongo, Rene (7 J.) ⎬ "Freunde"
Bado, Batio (6 J.) ⎭

Bado, Bakele (8 J.) "Vater der Hexe"

Ablauf:

Die Kinder spielen die Entdeckung einer Hexe. Die Freunde haben erkannt, daß Ezona eine Hexe ist. Sie haben sie gefangen, ihr Gesicht mit Lehmerde eingeschmiert und in ihre beiden Hände haben sie Sand getan. Sie nehmen sie mit zu ihrem Vater (gespielt von Bakele), denn sie soll heute gestehen, daß sie eine Hexe ist und was sie getan hat. Eli, die Schwester von Ezona, hat eine alte zerbrochene Kalebasse mit ein paar alten Stoffetzen gefüllt, das soll ihr Korb sein, den sie auf dem Kopf trägt. So folgt sie ihrer Schwester, der Hexe, die die anderen vor sich hertreiben. Sie haben Federn auf dem Kopf der Hexe befestigt, sie trommeln auf Kalebassen und singen dazu: "Oh Hexe, du hast unsere ganze Familie getötet! Heute werden wir dich zu deinem Vater bringen!" Als sie in einem alten Garten ankommen, sitzt dort Bakele, der Vater, auf einem Stein (er soll vor seinem Haus im Garten sitzen). Bali sagt zu dem "Alten": "Deine Tochter ist eine Hexe! Sie hat unsere ganze Familie getötet. Deshalb bringen wir sie heute zu dir!" Der Vater von Ezona sagt: "Danke", und alle gehen nach Hause.

37) Thema: Wanderarbeit und Steuerzahlung
Teilnehmer:
Bado, Bazona (7 J.) "Wanderarbeiter"
Bado, Bakolo (8 J.) "Vater von Bazona"
Baziomo, Pascal (10 J.) "Dorfchef"
Bationo, Badiou (9 J.) "Kommandant"
Zongo, Kordye (9 J.) "Wächter"
Kando, Eta (8 J.) "Mutter von Bazona"

Ablauf:
Bazona ist nach Abidjan gefahren, um dort zu arbeiten und viel Geld zu verdienen. Abidjan liegt unter einem großen Baum. Er kommt mit einem Koffer nach Hause zurück und begrüßt seine Mutter. Eine alte Zuckerschachtel ist sein Koffer. Sein Haus liegt unter einem Strohdach. In seinem Koffer liegen einige Fetzen Stoff, ein Hirsestengel ist sein Fahrrad. Bazona fragt seine Mutter Eta nach seinem Vater und sie erklärt ihm, der sei vom Dorfchef abgeholt worden, um die Steuern zu bezahlen. Die Steuern seien aber so hoch, daß er sie nicht bezahlen könne. Bazona tut schnell einige Steine als Geld in seine Tasche und fährt mit seinem "Fahrrad" zum nächsten Baum, welcher das Büro des Kommandanten darstellt. Dort sieht er schon seinen Vater vor den Wächtern und dem Dorfchef auf dem Boden knien. Er begrüßt alle Anwesenden und sagt: "Hier bringe ich ihnen die Steuern für meinen Vater!" Er übergibt dem Kommandanten 20 Steine (ein Stein ist 5F wert). Dann nimmt er seinen Vater hinter sich auf sein Fahrrad (den Hirsestengel) und die beiden fahren nach Hause.

38) Thema: Besuch des Präsidenten
Teilnehmer:
Badiel, Bayon (9 J.) "Dorfchef"
Baziomo, Bazona (9 J.) "Präsident"
Bazié, Batama (8 J.) "Minister"
Bationo, Nebila (8 J.) "Polizist"
Bado, Kolo (8 J.) "Polizist"
Bassira, Salif (8 J.) "Sänger"
Bayala, Bouma (8 J.) "Sänger"
Bazongo, Nekibu (9 J.) "Sänger)

Ablauf:

Bayon hat den Dorfbewohnern öffentlich bekanntgegeben, daß morgen der Präsident zu einem Besuch in ihr Dorf käme. Nachdem er diesen Termin bekanntgegeben hat, gehen alle Leute in ein Hirsefeld, welches ihre Häuser darstellen soll, und legen sich dort schlafen. Nach einem Moment, der die Nachtzeit sein soll, stehen alle gemeinsam auf, und die 'griots' (Sänger) beginnen zu trommeln und zu pfeifen. Nun kommt auch der Dorfchef aus seinem Haus und besteigt sein Fahrrad (einen Hirsestock). Die ganze Gruppe begibt sich nun zu einem Baum, die "griots" pfeifen, trommeln und singen Loblieder auf den Dorfchef. Plötzlich kommt der Präsident aus der Hirse heraus. Er setzt sich auf ein Kuhfell. Dieses Kuhfell wird von den Polizisten gezogen bis zu dem Baum, unter dem schon die Gruppe mit dem Dorfchef wartet. Dort angekommen, wird dem Präsidenten ein Lehmziegel als Sessel angeboten. Es wird laut getrommelt und gesungen. Dann erhebt sich der Präsident und nimmt ein Mikrofon in die Hand (einen Hirsestengel mit einer daraufgesteckten kleinen Dose). Er sagt: "Ich begrüße euch, liebe Dorfbewohner. Ich bin es, der Präsident. Ich werde euch einen Staudamm, eine Schule und eine Maternité bauen!" Alle Dorfbewohner klatschen. Der Minister nimmt seinen Beutel mit altem Zeitungspapier und tot so, als würde er mit einem kleinen Stock (als Schreibstift) etwas notieren. Der Präsident verabschiedet sich, und die "griots" schreiten noch einmal vor ihm auf und ab und bedanken sich mit Liedern und Musik. Der "griot" Nekibu pfeift besonders laut und lange. Nachdem der Präsident abgereist ist, tanzt die ganze Dorfbewohnergruppe noch eine Weile.

39) Thema: Verkehrskontrolle der Polizei

Teilnehmer:

Bazié, Bazona (8 J.) "Polizist"

Bazié, Zaniou (9 J.) "Fahrradfahrer"

Bazié, Piboue (7 J.) "Fahrradfahrer"

Ablauf:

Bazona hat sich ein Stück von einer alten Strohmatte am Kopf befestigt; das soll die typische Kopfbedeckung der Polizeikontrolleure sein. Außerdem trägt er eine alte Hose und einen alten Boubou (traditionelles Männergewand). Um die Taille hat er eine Kordel gebunden, dazu trägt er ein paar alte Schnürschuhe. So stellt er sich am Straßen-

rand auf und wartet dort. Zaniou und Piboue kommen vorbei
und rollen alte Fahrradfelgen vor sich her. Das sollen
ihre Fahrräder sein. Bazona pfeift auf den Fingern und
sagt zu den beiden: "Die Plaketten!" Die beiden halten
an und Bazona erklärt ihnen noch einmal genau, daß er die
Fahrradplakette kontrollieren wolle. Zaniou zeigt ihm ein
Stück Papier, aber Piboue hat keine Plakette für sein Fahrrad. Der Polizist sagt: "Wenn du keine Plakette hast, mußt
du 250F Strafe zahlen!" Piboue holt 20 Steine aus seiner
Tasche und bezahlt damit. Der Polizist nimmt ein Stück
Papier, dazu ein kleines Holzstück und tut so, als schrei-
be er damit etwas auf das Papier. Er gibt Piboue das Papier
und sagt: "Du darfst jetzt weiterfahren, aber in Zukunft
mußt du immer deine Papiere mit dir führen!"

40) Thema: Reise zum Fahrradhändler in Abidjan

Teilnehmer:

Bazié, Bapio (3 J.) "Reisender"
Bazié, Babou (5 J.) "Käufer"
Bazié, Banyomo (4 J.) "Fahrradhändler" } "Reisende"
Bazié, Bali (6 J.) "Käufer"

Ablauf:

Bapio hat von einer Kordel die Enden zusammengebunden, ist
hineingestiegen und hält die Kordel mit seinen Händen fest.
Das ist der Zug, der zum Markt nach Abidjan fährt. Bapio
fordert seine Freunde auf, miteinzusteigen. Sie stellen
sich hinter ihm auf, alle innerhalb der Kordel. Sie laufen
so eine Weile im Kreis herum, kommen in Abidjan auf dem
Markt an und suchen sich nun jeder einen alten Pappkarton,
in den sie alte Stoffetzen legen. Das sind ihre Koffer, und
die Stoffe sind die in Abidjan gekauften Waren. Sie steigen wieder in den Zug, fahren eine Weile, steigen dann aus
und jeder geht mit seinem Koffer nach Hause. Dann kommen
sie wieder und gehen zu Banyomo, der einen Fahrradhändler
spielt. Er hat Hirsestengel als Fahrräder zu verkaufen.
Bali und Babou kaufen sich beide ein Fahrrad und geben ihm
dafür je zehn Steinchen als Bezahlung. Nach einem Moment
legt aber Babou seinen Hirsestock wieder auf den Boden und
sagt: "Morgen werde ich nach Ouagadougou fahren und mir
dort ein Auto kaufen!"

41) Thema: Krieg gegen die Franzosen
Teilnehmer:
Bazié, Bazilou (9 J.) "Häuptling des französischen Militärs"
Bayala, Xavier (8 J.) "Militär"
Zongo, Badaboue (9 J.) "
Bamouni, Nekilou (7 J.) "
Bationo, Beya (10 J.) "
Bado, Zanye (10 J.) "Häuptling des afikanischen Militärs"
Bamouni, Bata (8 J.) "Militär"
Bassinga, Pierre (9 J.) "
Nebie, Bakabye (9 J.) "
Bado, Idia (9 J.) "

Ablauf:
Die Soldaten von Bazilou haben Hirsestöcke als ihre Gewehre genommen. Dann haben sie ein Stück roten Stoff an einen Hirsestock gebunden und ihn in ein Hirsefeld gesteckt; das soll ihre Fahne sein, die die Grenze zu ihrem Land markiert. Danach verstecken sich alle Soldaten im Gebüsch und warten dort eine Weile ohne Bewegung. Dann kommt Zanye mit seinem Militär auf das Feld. Er nimmt die rote Fahne der Franzosen aus der Erde und steckt seine eigene schwarze Fahne an ihre Stelle. Dann gibt er seinen Truppen das Kommando, sie sollen alle aufstehen und auf die französischen Soldaten schießen. Die Soldaten rufen: "Pooh, pooh," und zielen auf die Gegner, die jetzt ihrerseits auf die afrikanischen Militärs schießen. Es fallen vier Soldaten auf jeder Seite um; sie bleiben liegen und stellen sich tot. Jetzt bleiben nur noch die beiden Häuptlinge übrig. Zanye ruft: "Pooh!" und zielt auf Bazilou, aber der fällt nicht um. Da wird Zanye ärgerlich, nimmt einen Stock und schlägt damit auf Bazilou ein. Bazilou fängt an zu weinen, läuft zu seiner Mutter und erzählt ihr den Vorfall. Da kommt die Mutter von Bazilou und verjagt alle Kinder.

42) Thema: Boxkampf
Teilnehmer:
N'po, Bassolo (8 J.) "Französischer Boxer"
Nébié, Batama (9 J.) "Voltaischer Boxer"
Bazié, Dominique (7 J.) "Zuschauer"
Zongo, Dramane (8 J.)   "
Bassan, Pema (7 J.)   "
Bamouni, Marc (9 J.)   "
Bado, Paul (10 J.)   "
Sandogo, Boubye (9 J.)   "

Ablauf:
Die Zuschauer sitzen alle unter einem Baum; die beiden Boxer stehen vor ihnen. Bassolo boxt Batama und die Zuschauer lachen. Batama boxt Bassolo, und die Zuschauer lachen wieder. Bassolo boxt auf das Auge von Batama, und die Zuschauer lachen auch darüber. Aber Batama ist nun böse geworden und weint (aus dem Spiel wird Ernst). Batama nimmt ein Stück Holz, schlägt damit Bassolo auf den Kopf und läuft anschließend schnell weg. Er läuft ins Haus und versteckt sich hinter einem Tontopf, der mit Asche angefüllt ist. Bassolo kommt bald hinter ihm her, betritt auch das Haus und findet Batama hinter dem Tontopf versteckt. Er schlägt Batama mit einem Stock, und als dieser sich erhebt, um wieder wegzulaufen oder anzugreifen, fällt der Tontopf mit der Asche um und zerbricht. Die Mutter von Batama kommt dazu und ist sehr ärgerlich; sie schlägt die beiden Jungen und schließt sie zur Strafe im Haus ein.

43) Thema: Kirchliche Hochzeit
Teilnehmer:
Negalo, Jean (8 J.) "Bräutigam"
Kando, Helene (7 J.) "Braut"
Zongo, Paul (10 J.) "Priester"
andere Kinder   "Familienangehörige"

Ablauf:
Eine Gruppe von zwölf Kindern im Alter zwischen sieben und zwölf Jahren spielen Hochzeit. Die Kinder haben sich aufgeteilt in die Familienangehörigen des Bräutigams und die der Braut. Die Familie des Bräutigams hat Heuschrecken

(anstelle von Hühnchen) getötet und zusammengetragen; dazu Bohnenblätter (die Salat darstellen) und mehrere Kalebassen mit durch rote Tinte gefärbtem Wasser. Die Familie der Braut hat kleine Kuchen aus Erde vorbereitet; alte Bierflaschendeckel sollen die Teller und einige Stoffetzen die Kleider für die Braut darstellen. Kuchen, Teller und Kleider werden gemeinsam der Braut übergeben. Die Kinder stellen sich auf, d.h. sie sammeln sich und bilden einen Hochzeitszug. Dafür nehmen sie lange Hirsestengel als Fahrzeuge zwischen die Beine. Auf die Art und Weise bewegt sich der Zug in Richtung Kirche. Unter einem Baum hält der Zug an; der Priester sitzt dort im Schatten auf einem großen Stück Holz. Paul, der Priester, eröffnet die Hochzeitsmesse, er singt: "Haleluja, haleluja!" Die Kinder wiederholen dies im Chor. Nach der Messe geht die "Hochzeitsgesellschaft" wieder an den etwa 500 m entfernten Platz zurück, an dem vorhin die Nahrung vorbereitet wurde. Hier wird jetzt getanzt, und die Kinder tun so, als ob sie die Kuchen aus Erde essen.

44) Thema: Kirchliche Hochzeit

Teilnehmer:

Bazie, Batio (9 J.) "Ehemann"

Kanzie, Epema (7 J.) "Braut"

Kanzie, Eli (7 J.) "Hochzeitsgäste"

Kando, Ebou (8 J.) "

Bazie, Batiolo (8 J.) "Priester"

Ablauf:

Batio hat seine Freunde zusammengerufen, um ihnen mitzuteilen, daß er heute heiraten wolle. Die Hochzeit soll gefeiert werden. Eli nimmt einige kleine Blechdosen, füllt Wasser hinein und tut so, als wenn sie ihr Hirsebier für das Fest zubereite. Ebou sucht sich kleine Steinchen und Sand, gibt sie in einen Topf und kocht das Tô. Die übrigen Kinder nehmen Hirsestengel als Fahrräder und laufen damit zur "Kirche" unter einem Baum, um der Hochzeitsmesse beizuwohnen. Batio und Epema, das Hochzeitspaar, stellen sich zusammen vor den Priester, der von Batiolo gespielt wird. Der Priester sagt: "Bon mariage!" und alle dürfen nach Hause gehen und die Hochzeit feiern. Sie tun so, als äßen sie die Steine und trinken das Wasser aus den Dosen. Danach ist das Spiel beendet, und alle Kinder gehen nach Hause.

ANHANG Nr. 8

Tabellarische Aufstellung der Arbeiten der Kinder

Arbeiten der Mädchen

Alter (in Jahren)

Tätigkeit	4	6	8	10	12	14	16
Wassertransport, kleine Gefäße	├———┤						
Handreichungen beim Kochen	├———————————————————→						
Erdnüsse entschalen	├———————————————————→						
Hirse abschlagen	├———————————————————→						
Lehm und Erde heranschaffen (beim Bau)	├———————————————————→						
Trinkwasser anreichen			├———————┤				
Essen bringen			├———————————————→				
Fertigen Tô in Vorratskammer tragen			├———————————————→				
Blätter zupfen			├———————————————→				
Früchte und Gemüse waschen			├———————————————→				
Gewürze stampfen			├———————————————→				
Erdnußernte			├———————————————→				
Früchte, Nüsse, Blätter sammeln			├———————————————→				
Hirsestengel für Zäune sammeln			├———————————————→				
Geschwister beaufsichtigen			├———————————————→				
Fegen			├———————————————→				
Botengänge			├———————————————→				
Hirse stampfen				├———————————→			
Mithilfe bei Hirsebierzubereitung				├———————————→			
Mithilfe bei Karitébutterzubereitung				├———————————→			
Holz sammeln				├———————————→			
Vorratsholz schichten				├———————————→			
Lasten zum Markt tragen					├———————→		
Verkauf auf dem Markt					├———————→		
Wasser aus Brunnen hochziehen					├———————→		
Wassertransport, große Gefäße					├———————→		
Eßgefäße reinigen					├———————┤		
Kochtöpfe mit Sand scheuern					├———————→		
Gestampfte Hirse zur Mühle tragen					├———————→		
Kleine Einkäufe erledigen					├———————→		
Feuer holen					├———————→		
Kräuter u.ä.m. für den Einlauf zerreiben					├———————→		

Arbeiten der Mädchen   Alter (in Jahren)
                                         | 4 | 6 | 8 | 10 | 12 | 14 | 16 |

Tätigkeit	4	6	8	10	12	14	16
Feldarbeiten					⊢		→
Wasser zum Waschen bereitstellen					⊢		→
Geschwister füttern						⊢	→
Feuerstelle beaufsichtigen						⊢	→
Kräuter sammeln						⊢	→
Schweine füttern						⊢	→
Mehl sieben							⊢ →
Selbständig Tô kochen							⊢ →
Trinkwasserbehälter reinigen							⊢ →
Trinkwasserbehälter anfüllen							⊢ →
Wäsche waschen							⊢ →
Hirseernte							⊢ →

Arbeiten der Jungen	Alter (in Jahren)
	4 – 6 – 8 – 10 – 12 – 14 – 16
Kleine Handreichungen im Gehöft	4 ⊢———⊣ 12
Lehm und Erde heranschaffen	4 ⊢————————→
Viehhüten	8 ⊢————⊣ 14
Ziegen anbinden	8 ⊢————⊣ 14
Geflügel versorgen	8 ⊢————————→
Feldarbeiten	8 ⊢————————→
Schubkarre schieben	8 ⊢————————→
Lehm und Erde mit Wasser mischen	8 ⊢————————→
Lehm und Erde anreichen	8 ⊢————————→
Kleine Lasten tragen	8 ⊢————⊣ 14
Botengänge	8 ⊢———⊣ 12
Lehm und Erde schichten	10 ⊢——————→
Ziegel anreichen	10 ⊢——————→
Blasebalg bedienen (Schmied)	10 ⊢—————⊣ 16
Opfertiere beaufsichtigen	10 ⊢—————⊣ 16
Transport von Waren zum Markt	10 ⊢——————→
Garten bewässern	12 ⊢————→
Verkauf auf dem Markt	12 ⊢————→
Kleine Einkäufe erledigen	12 ⊢———⊣ 16
Garten hacken	12 ⊢————→
Garten jäten	12 ⊢————→
Ernte tragen	12 ⊢————→
Maiskolben rösten im Gehöft	12 ⊢——⊣ 14
Hilfe bei Lehmziegelherstellung	12 ⊢————→
Festhalten des Opfertieres beim Kehle-durchschneiden	12 ⊢——⊣ 14
Halten des Opfertieres beim Ausbluten	12 ⊢——⊣ 14
Vorbereitung des Feuers	12 ⊢——⊣ 14
Zubereiten, Braten oder Kochen des Tieres	12 ⊢——⊣ 14
Geflügel rupfen	12 ⊢——⊣ 14
Geflügel ausnehmen	12 ⊢——⊣ 14
Geflügel braten	12 ⊢———→
Hirsebier im Kanister holen	12 ⊢———→
Schmiedeeisen mit Zange halten	12 ⊢———→
Feuer der Schmiede versorgen	12 ⊢———→
Geflügel schlachten	14 ⊢——→
Ziegel und Mörtel schichten	14 ⊢——→
Mörtel verstreichen	14 ⊢——→
Fetisch tragen und aufbauen	14 ⊢——→
Waschung des Fetisch mit Blut	16 ⊢→

ANHANG Nr. 9

Beispiele für den Handel der Kinder

Die folgenden Informationen erhielt ich durch Gespräche mit den Kindern und Jugendlichen auf den Märkten und von deren Müttern. Die Beispiele sind in Mädchen- und Jungenhandel aufgeteilt und innerhalb der beiden Gruppen altersmäßig geordnet.
Bei den folgenden Angaben über die Verdienste und Ausgaben der Kinder handelt es sich um F(ranc) CFA (Communauté Financière d'Afrique). 1 FF = 50 F CFA (100 F CFA = ca. 0,64 DM).

Handel der Mädchen

Kantiono, Abibou, 10 Jahre

Sie läuft von Réo aus nach Bonyolo, um dort billig Erdnüsse zu kaufen. Sie kommt mit 1 Tine (kleiner Kübel) voll Erdnüsse zurück, die sie zu Hause röstet. Sie legt die gerösteten Erdnüsse auf einem Tablett zu kleinen Haufen zusammen, die sie für je 5F verkauft. So geht sie von Haus zu Haus und in den Straßen umher. Abends hat sie ca. 150 bis 200F verdient.

Kanyala, Eyon, 12 Jahre

Ihre Eltern leben noch, sind aber so arm, daß sie nicht für ihre Tochter sorgen können. Ernährung und Kleidung reichen für die Familie nicht aus. Eyon geht regelmäßig allein in den Busch und hackt dort Holz ab. Wenn es noch frisch ist, ist es besonders schwer. Sie trägt diese Last allein aus dem Busch nach Bonyolo zu ihrem Gehöft. Dort trocknet das Holz ca. zwei Monate lang in der Sonne. Wenn es völlig trocken ist, bündelt sie es wieder und geht damit um sechs Uhr morgens zu Fuß nach Réo zum Markt, um es dort zu verkaufen. Sie verdient damit normalerweise 50 oder 75F am Tag, manchmal aber auch garnichts, weil sie ihr Holz nicht verkaufen konnte. Dann muß sie Freunde oder Verwandte in Réo aufsuchen und diese bitten, ihr Holz dort bis zum nächsten Markt ablegen zu können. Wenn sie niemanden findet, wenn sie zuwenig verkauft oder wenn die Menge Holz allzu groß ist, muß sie es verschenken. Das kommt nicht selten vor.

Kando, Bintou, 12 Jahre

Sie betreibt den Handel aus Spaß. Ihre Eltern leben noch und sie muß von dem verdienten Geld nichts abgeben. Sie kauft ein Paket Zucker zu 300F, Zitronen für 25F und Gewürze für 10F. Daraus macht sie einen Sirup, den sie in alte Bierflaschen füllt. Sie verkauft eine Flasche zu 25F und verdient im ganzen ca. 250F, wenn sie 24 Flaschen verkauft.

Kanzyomo, Erzoulou, 12 Jahre

Sie kauft in Bonyolo Sesam für 300 F, geht damit zurück nach Réo, wo sie den Sesam gut wäscht und stampft. Für 50F kauft sie Zucker, für 10F Holz. Dann backt sie kleine Sesamkuchen, die sie für 5F das Stück verkauft. Wenn sie alle verkauft (ca. 100 Stück), hat sie ca. 125 bis 130F verdient.

Kanzié, Rosine, 13 Jahre

Ihre Eltern leben noch und können sich auch selbst ernähren, aber Rosine soll das Handeln und Geschäftemachen lernen, damit sie später einmal für sich selber sorgen kann. Sie kauft für 500F Pennisetum ("petit mil") und läßt es für 25F von der Mühle mahlen. Dazu kauft sie für 300F Öl und backt nun täglich Galettes (kleine Kuchen), die sie für 5F das Stück verkauft. Sie verdient ca. 200F, wenn sie 200 Stück verkauft.

Kanko, Eli, 13 Jahre

Sie verkauft Njangon (Zwiebelblätterbällchen) auf dem Markt. Zu Hause bereitet sie die Zwiebelblätterbällchen zu. Sie kauft Hirse für 200F, Bohnen- oder Zwiebelblätter zu 100F, Holz zu 25F und Salz und Piment zu 25F. Am Tag verdient sie oft nur 25F oder manchmal macht sie sogar ein Minus, weil sie soviele Probiergeschenke verteilt und auch die Bitten alter Leute, die kein Geld haben, nicht abschlagen mag.

Kansono, Elili, 13 Jahre

Sie kauft auf dem Markt von Réo Tabak für 500F. Damit geht sie nach Goundi, formt den Tabak zu Kugeln für 25, 50, 100 oder 200F und verkauft den Tabak mit einem Verdienst von 150F. In Goundi verkauft sich der Tabak schneller, weil dort der Durchgangsverkehr nach Koudougou vorbeikommt.

Kantiono, Genabou, 13 Jahre

Sie geht zur Schule und hat noch beide Eltern. Ihr Vater hat dreißig Kinder und deshalb hilft sie der Familie durch eigenen Verkauf von Sirup auf dem Markt. Sie kann dies nur tun, wenn sie schulfrei hat. Dann kauft sie für 300F Zucker und für 25F Zitronen. An dem daraus gewonnenen Sirup verdient sie 175F.

Kantiono, Clarisse, 14 Jahre

Ihr Vater ist tot, ihre Mutter ist Hirsebierbrauerin, und so hat auch sie einen kleinen Hirsebierhandel angefangen. Sie leiht sich von ihrer Mutter Geld, um die Zutaten zu kaufen: 2 Tine rote Hirse für 2500F und Holz für 500F. Für 100F läßt sie die Hirse in der Mühle mahlen; die gesamte Zubereitung des Hirsebieres kostet 3100F; sie verkauft es für 4000F. Mit den verdienten 900F hilft sie ihrer Mutter.

Kanyala, Ebouma, 14 Jahre

Ihre Mutter lebt nicht mehr, und ihr Vater kümmert sich nicht um seine Kinder. Sie muß selbst für sich sorgen. Sie kauft in Bonyolo 2 Tine Hirse für 3000F ein, geht damit zu Fuß nach Réo und verkauft diese Hirse auf dem Markt löffelweise (ein Löffel für 50F) oder schälchenweise (ein Schälchen für 100F) mit einem Gewinn von ca. 400F.

Kanzyomo, Anarine, 14 Jahre

Ihre Eltern sind beide Beamte und haben ein regelmäßiges Einkommen. Sie kauft zehn kg Weizenmehl zu 1250F, zwei Liter Öl, Zucker für 50F, Holz für 50F und Salz für 10F. Aus diesen Zutaten backt sie kleine Kuchen, die sie am Straßenrand und auf dem Markt verkauft. Sie verdient mit solch einer Menge ca. 110 bis 130F.

Kantiono, Epibue, 14 Jahre

An den Markttagen verkauft sie in Réo Wasser. Sie holt drei- oder viermal Wasser aus dem Brunnen, jedesmal einen "Canani" (Tontopf) voll. Dieses Wasser verkauft sie den Leuten auf dem Markt. Eine Kalebasse kostet 5F, am Abend hat sie 175 oder 200F verdient. Für 100F kauft sie dann Hirse für ihre Mutter, die damit ihre kleineren Geschwister ernähren muß. Den Rest darf sie für sich selbst verbrauchen.

Kantiono, Elali, 14 Jahre

Ihre Eltern leben noch und können sich ernähren. Elali hat den Handel freiwillig begonnen, weil sie später einmal unabhängig sein und für ihre Kinder sorgen können will. Sie betreibt den Handel zusammen mit ihren Freundinnen; es macht ihnen Spaß. Elali kauft in Bonyolo Tomaten zu 650F und läuft damit an Markttagen nach Réo. Dort baut sie ihre Tomaten zu verschieden hohen Haufen auf: zu 50, zu 25 oder zu 10F. Am Ende des Markttages hat sie ca. 175F verdient.

Kando, Eya, 15 Jahre

Ihre Eltern leben noch, aber sie sind sehr arm, so daß Eya mitverdienen muß. Sie wohnt in Bonyolo und kauft dort auf dem Markt einen Korb voller Tomaten für 600F ein. Diese Tomaten verkauft sie auf dem Markt von Réo für 800F. Die Strecke von ca. sechs km legt sie regelmäßig zu Fuß zurück.

Kanzié, Ekuli, 15 Jahre

Ihre Mutter ist gestorben; ihr Vater hat eine andere Frau geheiratet, die sich nicht um ihre Stiefkinder kümmert. Deshalb muß Ekuli für sich allein sorgen. Sie kauft in Réo Yams (Wurzelgemüse) ein und kocht ihn. Dann geht sie damit zu Fuß nach Koudougou und verkauft den Yams dort in der Stadt. Sie verdient 25 bis 30F am Tag.

Kanyala, Marie, 15 Jahre

Sie lebt in Ouagadougou bei Verwandten und geht dort aufs Gymnasium in die vierte Klasse. Sie hat keine Eltern mehr und muß daher für sich selber sorgen. Bei den Verwandten darf sie nur wohnen, sie muß aber für sich Geld verdienen. Während der Ferien kommt sie nach Réo, auch zu Verwandten. Dann backt sie kleine Kuchen und verkauft sie auf dem Markt. Zwischendurch arbeitet sie als Friseuse. Sie hat keine Freizeit und kann nicht mit ihren Freundinnen spielen.

Kantiono, Elema, 16 Jahre

Ihre Eltern leben noch, sind aber so arm, daß Elema sich ihre Kleidung selber verdienen muß; zusätzlich muß sie zur Ernährung der Familie beisteuern. Sie geht regelmäßig in den Busch, klettert dort auf die Bäume der Frucht Tamarin (Tamarinier) und pflückt die Blätter dieses Baumes. Zu Hause trocknet sie diese Blätter zwei Tage lang, nachdem sie im Mörser zerstampft wurden. (Der Saft dieser Blätter wird zu dem Wasser, mit dem man das Tô kocht, gegeben. Er gibt dem Tô erst den richtigen Geschmack.) Wenn die gestampften Blätter genügend getrocknet sind, geht Elema von Bonyolo nach Réo zum Markt, um sie dort zu verkaufen. Sie verdient durchschnittlich 300 bis 350F am Tag. Ihre Arbeit ist risikoreich, denn beim Pflücken der Blätter kann sie leicht vom Baum fallen; Leitern gibt es nicht.

Kanyala, Ebou, 16 Jahre

Ihre beiden Eltern leben noch, sie lernt den Handel von ihrer Mutter. Es war ihr eigener Wunsch, denn sie will später einmal unabhängig sein und sich selbst ernähren können. Sie geht nach Bonyolo und kauft dort Bohnen für 700F. Die Bohnen werden für 55F in der Mühle gemahlen. Sie kauft Salz und Piment (kleine rote Pfefferschoten) für 25F und Butter für 500F. Aus diesen Zutaten bereitet sie kleine Bohnenkuchen, "Beignets" genannt. Außerdem braucht sie noch Holz für 75F. Sie verkauft ihre Bohnenbeignets bis zum späten Abend und hat dann manchmal 225F verdient.

Kantiono, Leonie, 16 Jahre

Sie hat keinen Vater mehr, lebt noch bei ihrer Mutter und darf das verdiente Geld für sich behalten. Sie kauft in Bonyolo ungewaschenen, ungeschälten und nicht gestampften Reis; eine Tine zu 1250F. Zu Hause schält sie den Reis und gibt ihn zur Mühle, oder, wenn sie kein Geld hat, stampft sie ihn selber; dann kocht sie den Reis. Um vier Uhr morgens läuft sie nach Koudougou und verkauft den Reis dort mit einem Verdienst von 200F.

Kansono, Nebila, 16 Jahre

Nebila ist verlobt, lebt aber noch im Gehöft ihrer Eltern. Sie hat eine Tante, bei der sie aber nur manchmal als "petite soeur" im Haushalt helfen muß. Den Verdienst ihres Handels darf sie für sich selber behalten. Sie kauft in Goundi Gombo (Gemüse) für 600F ein, geht damit nach Réo auf den Markt und verkauft dort das Gemüse mit einem Verdienst von 75 bis 80F.

Kantiono, Odette, 16 Jahre

Ihr Vater ist gestorben, und ihre Mutter ist Hirsebierbrauerin. Das Hirsebier wird von ihrer Mutter zubereitet, aber sie hilft beim Verkauf. Sie verkauft an einem anderen Ort als ihre Mutter und setzt 750 bis 800 F an einem guten Verkaufstag um.

Kantiono, Epio, 16 Jahre

Sie hat sehr arme Eltern und muß Geld verdienen. Sie läuft jeden Morgen von Sinkou nach Réo und hilft dort einer Mossifrau im Haushalt. Sie verdient 1500F im Monat. Dafür muß sie alle Arbeiten verrichten: Waschen, Haushaltsführung, Einkaufen, Kochen etc.

Kantiono, Epoulou, 16 Jahre

Sie backt auf dem Markt kleine Kuchen. Dazu muß sie Weizenmehl, Öl, Salz und Holz, im ganzen zu 800F, einkaufen. Am Tag verdient sie oft nur 30 bis 45F oder gar nichts, weil sie oft Kuchen an arme und alte Leute verschenkt.

Kanyala, Bernadette, 16 Jahre

Sie hat keinen Vater mehr, ihre Mutter ist arm und so muß sie ihre Familie miternähren. Sie läuft nach Bonyolo, kauft dort Tomaten und zwei Tine Reis. Die Tomaten verkauft sie mit einem Gewinn von 150F auf dem Markt von Réo. Den Reis trocknet sie in der Sonne, läßt ihn für 200F an der Mühle schälen, geht damit um sechs Uhr morgens nach Koudougou und verkauft ihn dort mit einem Verdienst von 300F.

Kantiono, Marie, 17 Jahre

Ihre Mutter ist gestorben, nun lebt sie mit einer Mitfrau ihrer Mutter zusammen, die aber nicht gut für sie sorgt. Ihr Vater hat sehr viele Frauen, daher aber auch sehr viele Kinder, die ernährt werden müssen. Sie verkauft Galettes (kleine Kuchen) auf dem Markt und ist froh, sich dadurch selbst ernähren und kleiden zu können. Sie kauft in Bonyolo Pennisetum (petit mil) für 1000F und Butter zu 500F. In Réo läßt sie die Hirse mahlen und am Abend vor dem Markttag in Réo geht sie auf den Markt, um dort auf den Öfen der Marktfrauen ihre Galettes zuzubereiten. Diese Öfen stehen dort die ganze Nacht und jeder darf sie benutzen. (Erstaunlicherweise werden sie nicht gestohlen.) Manchmal backt sie die Galettes auch erst morgens auf dem Markt. Den Teig hat sie in der Nacht vorher zubereitet. Der Markt fängt um 7.30 Uhr an. Um 18.30 Uhr hat sie oft 300F verdient.

Kantiono, Jarata, 17 Jahre

Sie kauft für 500F Pennisetum (petit mil), für 25F Zinzimbre (Wurzeln, Soßengewürz), für 30F Piment (kleine rote Pfefferschoten). Die Hirse wird in der Mühle gemahlen, der Zinzimbre und das Piment müssen im Mörser zerkleinert werden. Das Mehl wird dreißig Minuten lang mit Wasser gekocht. Zinzimbre und Piment werden mit Wasser vermischt, das gekochte Mehl wird dazugegeben und das Ganze wird im Mörser vermischt. Aus der Masse macht Jarata kleine Kugeln, die sie zu 5 F das Stück verkauft; sie heißen "boules d'acassa". Zum Verkauf braucht sie einen Eimer Wasser neben sich, denn manche Käufer wollen die Kugeln vor dem Verzehr in Wasser zerdrücken oder sie wollen sofort dazu etwas trinken. Manche wünschen auch ein Stück Zucker dazu; drei Stück kosten 5 F. Abends hat Jarata mit den Kugeln manchmal 225F und mit dem Zucker 70F verdient.

Kando, Ebouma, 17 Jahre

Sie lebte früher mit ihren Eltern in Abidjan. Ihr Vater hat eine zweite Frau geheiratet und Ebouma ist mit ihrer Mutter (des Vaters erste Frau) nach Réo aufs Land zurückgeschickt worden, um dort zu der Mutter ihres Vaters, Eboumas Großmutter, zu ziehen und diese zu pflegen, denn sie ist krank und verrückt geworden. Der Vater schickt kein Geld mehr. So muß Ebouma ihrer Mutter helfen. Die Mutter verkauft Njangong (Zwiebelblätterbällchen) auf dem Markt und Ebouma hat mit einer Freundin zusammen das Frisieren gelernt. Das Flechten einer Frisur kostet 1000F oder 1500F, je nach Art der Frisur. Wenn es sich um eine Verwandte oder Freundin handelt, macht sie es billiger oder auch umsonst. Die Anfertigung einer Frisur kann bis zu acht Stunden dauern; es gibt sogar Frisuren, an denen sie zwei Tage arbeitet.

Kantiono, Elibye, 18 Jahre

Sie geht auf die Haushaltsschule in Réo (organisiert und geleitet von der Katholischen Mission). In den Pausen auf dem Schulhof haben ihre Freundinnen ihr das Frisieren beigebracht. Nun kann sie sich schon neben der Schule Geld verdienen und auch ihre armen Eltern unterstützen. Sie kann ca. drei Frauen am Tag frisieren; an einer Frisur verdient sie 750 bis 1000 F.

Kansolé, Eli, 19 Jahre

Als Kind hat sie schon ihre Eltern verloren und wurde von
ihrer Großmutter großgezogen. Nun wohnt sie in Goumedir
und muß für sich alleine sorgen. Sie hat einen Garten, in
dem sie Gombogemüse und anderes Gemüse anbaut. Sie handelt
hauptsächlich mit Gombogemüse. Manchmal kauft sie den Gombo
auch ein, je nachdem, ob er billiger ist. Wenn sie Gombo
für 500F kauft, kann sie 100f daran verdienen.

Kansolé, Ezouma, 19 Jahre

Ihre Eltern sind gestorben, sie lebt mit ihrer Großmutter
zusammen und muß mit für sie sorgen. Sie kauft Hirse für
600F, Salz für 10F, Erdnüsse für 50F und Holz für 25F. Sie
läßt die Hirse in der Mühle für 55F mahlen. Sie kocht die
Hirse und läßt sie anschließend zwei Tage lang in der Sonne
trocknen. Dann werden die Erdnüsse geröstet und zerstampft
und unter die Hirse gemischt; sie gibt noch Salz hinzu und
läßt diese Mischung dann noch einmal in der Mühle mahlen.
Das fertige "Pulver" nennt man "Kuskus". Man kann es trocken
oder mit Wasser vermischt essen. Ezouma verkauft den "Kuskus"
zu Hause oder auf den Märkten von Réo und von Goundi,
die sie zu Fuß erreicht. Sie verkauft ihr Produkt pro Holzlöffel
für 10 oder 5F. Wenn alles verkauft ist, hat sie
300 bis 325F verdient.

Kantiono, Abibou, 19 Jahre

Sie muß für sich allein sorgen, weil ihre Familie so groß
ist, daß die Eltern nicht alle Kinder ernähren können. Sie
kauft in Bonyolo zwei Tine Reis für 2000F ein. In Réo, zu
Hause, schält, wäscht und kocht sie den Reis. Am nächsten
Markttag trägt sie den Reis auf dem Kopf nach Koudougou,
dort verkauft sie ihn für 2500F.

Handel der Jungen

Bazié, Bassana, 10 Jahre

Er hat keine Lust, Feldarbeit zu verrichten. Immer wenn sein Vater ihn aufforderte, weigerte er sich, bis der Vater böse wurde und sagte, wenn er nicht arbeiten wolle, müsse er sich sein Essen selber verdienen. So ist Bassana auf den Markt zu einem großen Kleiderhändler gegangen und hat ihm angeboten, ihm beim Verkauf der Kleider zu helfen. Bassana verkauft nun den ganzen Tag für diesen Mann und gibt ihm abends das verdiente Geld ab. Von dem Händler erhält er jeden Abend eine feste Summe. Für die eine Hälfte des Geldes kauft er Essen, für die andere Hälfte Kleider, die er dann fürs eigene Geschäft verkauft. So macht er sich immer selbständiger. Wenn er genug Geld verdient hat, will er auf den Verkauf von Geschirr (Teller und Schüsseln) überwechseln. Dafür braucht er aber mehr Anfangskapital.

Bationo, Guiguier, 10 Jahre

Seine Eltern leben noch, aber er muß zur Ernährung der Familie beitragen. So arbeitet er im Restaurant seines älteren Freundes Bonyomo als Kellner; er übernimmt jedoch auch andere anfallende Arbeiten. Er verdient 500F im Monat und er bekommt dort auch zu essen.

Bado, Bazombye, 11 Jahre

Sein Vater ist gestorben; er lebt mit seiner Mutter, die aber keine Feldarbeit mehr verrichten kann. Sein Vater hat ihnen drei Schafe zurückgelassen. Er verkaufte davon eins und kaufte von dem Geld einen Korb voll Kolanüsse für 3000F. Diese verkaufte er auf dem Markt und verdiente 1500F. Von dem Verdienst gab er seiner Mutter 500F für Hirse ab. Der Handel mit den Kolanüssen geht weiter; immer gibt er seiner Mutter etwas ab, bis diese dank des Geldes mit der Hirsebierzubereitung anfangen kann, die auch ein Anfangskapital voraussetzt. Bald verdienen beide soviel, daß sie sorglos leben können.

Bationo, Babou, 11 Jahre

Er kauft in Koudougou eine dicke Kordel zu 75F ein. Aus dieser Kordel macht er drei dünnere Schnüre, indem er die Kordel teilt. In Réo auf dem Markt verkauft er eine Schnur zu 50F, so verdient er 75F.

Bassono, Bazilou, 11 Jahre

Bazilou hat einen kleinen Garten angelegt. Vor dem Besuch der Schule um 5.30 Uhr gießt er die Bohnen und den Tabak. Um sechs Uhr geht er in die Schule. Seine Mutter und seine ältere Schwester verkaufen für ihn die Bohnenblätter und den Tabak auf dem Markt. Im Jahr verdient die Familie damit 5000F. Bazilou arbeitet freiwillig; wenn er das Geld auch nicht für sich persönlich verbrauchen kann, so will er doch jetzt schon gerne mit für seine Familie sorgen. Später wird er auch einmal eine Familie haben, für die er arbeiten und sorgen muß.

Bazié, Bali, 12 Jahre

Er hat mit seinem Handel zur Zeit der Kariténußernte begonnen. Er ist allein in den Busch gegangen und hat vier Tine Kariténüsse (Shinüsse) gesammelt. Diese Nüsse hat seine Mutter für ihn verkauft. Mit einem Teil des verdienten Geldes hat er einen Sack Salz zu 1700F gekauft, um ihn mit Gewinn weiter zu verkaufen. Für 450F hat er sich eine Hose und ein Hemd gekauft. Beim Salzverkauf hat Bali wieder 600F verdient. Er handelt immer wieder mit Salz, bis er sich eine Ziege kaufen kann. Er erwirbt das Salz billig in Koudougou und verkauft es in Goundi. Bald kann er auch seiner Mutter regelmäßig Geld abgeben und ihr ein Hüfttuch ("pagne") kaufen.

Bayala, Bali, 12 Jahre

Seine Familie lebt noch und sorgt für ihn, aber da er nicht zur Schule geht, lernt er Feld- und Gartenarbeit. Er hat einen eigenen kleinen Garten angelegt und zieht dort Karotten, Salat und Bohnen. Diese Gemüse verkauft er selbständig auf dem Markt in Réo und Koudougou. Während eines Jahres verdient er damit ca. 5000F. Bali unterstützt seine Familie zusätzlich noch dadurch, daß er sehr weit in den Busch geht, um Früchte zu pflücken; sie heißen "napars" und wachsen auf einem großen Baum. Man kann sie roh oder gekocht essen. Die rohen Früchte schützen angeblich vor Meningitis. Bali liefert die Früchte seiner Mutter und seiner älteren Schwester zu Hause ab. Die Hälfte der Früchte kochen sie, die andere Hälfte bleibt roh. Die Frauen verkaufen die Früchte auf dem Markt; sie verdienen 650F daran.

Badolo, Bazona, 13 Jahre

Er hat von seinem Onkel eine Henne geschenkt bekommen. Wieder zu Hause angelangt, sieht er, daß seine Freunde Handel treiben und dadurch Geld besitzen. Also verkauft er die Henne für 500F und kauft sich für das Geld sechs Schachteln

Zigaretten. An einem Paket verdient er beim Wiederverkauf
15F. Er handelt weiter und kann sich bald einen kleinen
Verkaufstisch leisten. Außerdem kann er die vom Onkel ge-
schenkte Henne zurückkaufen. An seinem Tisch verkauft er
nun auch Bonbons, Kaugummi und Zigaretten. Er verdient
weiterhin gut und kann bald seinem Onkel Getränke und Zigaretten schenken.

Bassono, Pascal, 13 Jahre

Sein Vater erntet Bataten, die Pascal auf dem Markt verkaufen muß. Aber der Vater gibt ihm nichts dafür, so daß
Pascal bald heimlich täglich 100F vom verdienten Geld ab-
zieht. Als er 1000F zusammengespart hat, kauft er davon
Petroleum und verkauft es wieder. Bald hat er einen Verdienst von 2000F, davon gibt er seiner Mutter etwas, so
daß sie Hirsebier brauen und verkaufen kann. Es bleibt
sogar noch Geld übrig, von dem er sich Kleider kaufen
kann. Wenn sein Vater ihn fragt, woher er das Geld hat,
sagt er, von seinem Onkel.

Bayala, Babou, 13 Jahre

Er kauft in Koudougou für 300F Zinzimbre ein. Das sind Wurzeln, die man in die Soße gibt. Dann verkauft er diese Wurzeln für 10F das Stück auf dem Markt von Réo; er verdient
daran 50F.

Bamouni, Babou, 13 Jahre

Er kauft ein paar Kolanüsse für 200F und 10 Schachteln
Streichhölzer für 130F. Der Wiederverkauf beginnt auf dem
Markt. Wenn er von seiner Ware etwas übrigbehält, versucht
er, sie in seinem Wohnviertel weiter zu verkaufen. Wenn es
ihm gelingt, alles zu verkaufen, hat er 130 bis 200F verdient.

Bazié, Toussaint, 14 Jahre

Er hat mit seinen Freunden eine Arbeitsgruppe gebildet.
Sie haben bei verschiedenen Familien auf den Feldern gearbeitet und pro Tag 250F verdient; das Geld kam in die
gemeinsame Kasse. Am Ende des Jahres hatten sie 3500F bei-
sammen. Das Geld wurde aufgeteilt und jeder bekam 500F.
Die meisten Jungen kauften sich Kleidung oder Essen dafür;
Toussaint aber kaufte sich eine Angel und ging dann regelmäßig zum Staudamm zum Fischen. Mit dem Verkauf der Fi-
sche verdiente er 200F, die er sparte, bis er 1500F besaß.

Für 500F kaufte er sich Kleider, mit dem Rest des Geldes
einige Hühner, so konnte er eine Hühnerzucht beginnen. Er
zeigte sie seinen Freunden, die bedauerten, daß sie es
nicht auch so wie er gemacht hatten.

Kinda, Alidou, 14 Jahre

Er versucht, sich irgendwo ein Fahrrad zu leihen. Wenn ihm
das gelingt, fährt er nach Koudougou und kauft dort vierzig
Liter Petroleum ein. Er verkauft das Petroleum in Réo in
kleineren Mengen und verdient daran 500 bis 700F.

Bationo, Babou und Bayon, 15 und 14 Jahre

Sie haben von einem Freund gelernt, Schuhe zu reparieren.
Auf der Straße suchen sie alte Plastikstücke, die sie zur
Reparatur gebrauchen können. Sie reparieren die Schuhe der
Leute auf dem Markt, der alle drei Tage stattfindet. Sie
verdienen damit etwa 100 bis 150F am Tag.

Bationo, Epoulou, 14 Jahre

Er geht zur Schule. Seine Eltern sind Beamte und seine Familie sorgt gut für ihn. Er hat zum Vergnügen einen kleinen Bonbonhandel in der Schule angefangen. Er kauft sich
eine Tüte Bonbons und ein Paket Kekse. Diese verkauft er
in der Schule während der Pause an seine Kameraden. Daran
verdient er 10 bis 25F pro Paket.

Bamouni, Balibye, 15 Jahre

Seine Eltern leben beide noch; er hat den Handel angefangen,
um sich selber etwas kaufen zu können. Er kauft in Goundi
zwei Tine Erdnüsse für 3400F und verkauft sie auf dem Markt
von Réo mit einem Verdienst von 300F.

Bationo, Aimé, 15 Jahre

Er hat keinen Vater mehr; seine Mutter ist Hirsebierbrauerin und kann sich selbst versorgen. Er wurde von der Schule
zurückgewiesen und verdient nun seinen Lebensunterhalt
durch Handel mit Petroleum. Er kauft das Petroleum in
Koudougou ein und verkauft es in Réo mit einem Gewinn
von 100F. Er verkauft vier Liter zu 600 F CIA.

Bado, Nebilma, 15 Jahre

Er hat keinen Vater mehr, und seine Mutter ist allein mit vielen Kindern, die sie kaum ernähren kann. Als ältester Sohn muß er nun den Vater vertreten. Er kauft in Bonyolo die Früchte des Affenbrotbaumes für 250F und verkauft sie auf dem Markt von Réo für 10F das Stück. Manchmal hat er 150 bis 200F verdient.

Bassolé, Bali, 15 Jahre

Bali läuft nach Koudougou und kauft dort Kordeln, Erdnußringe und Zinzimbre (Gewürz für Soße) ein. Diese drei Produkte bringt er nach Réo und verkauft sie in den Höfen, indem er sie von Tür zu Tür anbietet. Er verdient auf einer Tour 300 bis 375F. Mit dem Geld unterstützt er seine armen Eltern.

N'po, Bassono, 15 Jahre

Bassono arbeitet mit einem Kolanußhändler zusammen. Er erhält von dem Händler jeden Tag eine gewisse Menge Kolanüsse, die er verkauft. Abends bekommt er vom Händler 100F Lohn. 25F braucht er für seine Verpflegung; 75F spart er. Als er 1500F zusammengespart hat, kauft er selber Kolanüsse und verkauft sie mit Gewinn, bis er 2500F verdient hat. Von der Hälfte dieses Geldes kauft er wieder Kolanüsse zum weiteren Verkauf; vom anderen Teil kauft er Zigaretten und gibt sie seinem jüngeren Bruder, der sie für ihn verkaufen soll. Dadurch ist er nun selbständig; das Geschäft läuft ganz gut. Mit dem Verdienst hilft er seinem Vater, die Steuern zu bezahlen und macht seiner Mutter Geschenke.

Bationo, Boniface, 16 Jahre

Er hat keinen Vater mehr und mußte schon mit 13 Jahren mit Geld verdienen. Seine Brüder betreiben nur Landwirtschaft und verdienen nicht genug damit. Er ist aufgeweckter als sie und hat einen Kolanußhandel begonnen. Er läuft nach Koudougou und kauft dort Kolanüsse für 2500F; wenn sie nicht gut sind, für nur 500 oder 1750F. Er läuft mit ihnen zurück nach Réo und verkauft sie dort mit einem Verdienst von 500 oder 200F. Oft sind die Kolanüsse dann aber nicht mehr gut, und er hat sogar Verlust. Das ist das Risiko, wenn man mit Kolanüssen handelt.

Bassono, Innocent, 16 Jahre

Er geht zu Fuß von Réo nach Koudougou (ca. dreizehn km), um dort vier Liter Petroleum für 600F und ein Paket Zucker für 300F zu kaufen. Damit kehrt er zurück nach Réo, wo er es in seinem Wohnviertel mit einem Verdienst von 75F verkauft.

Bassono, Nebon, 16 Jahre

Nebon kauft in Réo oder Goundi Tabak zu 1000F ein und verkauft ihn in Koudougou mit einem Verdienst von 500F. Koudougou ist zum Verkauf günstig, weil dort auch Zwischenhändler sind. Manche von ihnen kaufen auch auf Kredit ein und geben ihm das Geld später. Um besser zu verdienen, stampft Nebon manchmal Erdnuß- oder Maniokblätter. Die gestampften Blätter werden getrocknet und unter den Tabak gemischt, aber nur so viel, daß man es nicht unbedingt sofort merkt.

Bationo, Nebila, 16 Jahre

Er kauft in Koudougou Erdnußringe für 500F. Diese Ringe gibt es in Réo nicht, deshalb verkaufen sie sich dort besser. Nebila kauft sie in Koudougou den Frauen ab; manche bereiten sie extra für den Verkauf an Zwischenhändler. Ein Ring kostet 5F. Er verdient am Tag ca. 50 bis 75F.

Bayala, Pema, 16 Jahre

Er hat keine Eltern mehr, aber ältere verheiratete Schwestern. Die helfen ihm zwar ab und zu, wohnen aber in anderen entfernten Dörfern. So muß er hauptsächlich für sich selber sorgen. Er geht nach Koudougou und kauft dort alte Kinderkleidung in größeren Mengen. In Réo geht er damit von Hof zu Hof und auf die Märkte und spricht besonders die Mütter an, damit sie auf seine Ware aufmerksam werden. Manchmal verdient er mit einer gekauften "Ladung" aus Koudougou 500 bis 700F. Mit diesem Handel kann er sich selbst ganz gut ernähren.

Bassana, Baguele, 16 Jahre

Er fährt mit dem Fahrrad nach Didir, um dort ein Schwein billig einzukaufen. Zu Hause schlachtet er das Schwein und läßt den Tierarzt prüfen, ob das Tier gesund war und keine Krankheit hatte. Wenn das Fleisch schlecht ist, wird es vom Veterinär sofort weggeworfen. Wenn es nicht ganz so schlimm ist (!), kocht Baguele es schnell und verkauft es anschließend. Wenn das Fleisch gut war, verkauft er es roh. Pro Schwein verdient er 200F. Er hat keine Eltern mehr und muß für sich allein sorgen.

Bationo, Balibye, 16 Jahre

Er läuft von Réo nach Koudougou, um dort bei einem Großhändler (Altkleiderhändler) Kleider zu kaufen. Gegen Abend, um 18.30 Uhr, kommt er mit den Kleidern zu Fuß nach Réo zurück. Am nächsten Tag geht er von Hof zu Hof, in die Bars, Geschäfte und auf den Markt, um seine Kleider, das Stück für 100 oder 200F, zu verkaufen (manche sogar nur für 50 oder 25F). Sein Handel läuft sehr gut, manchmal verdient er 800F am Tag.

Bassono, Balibue, 16 Jahre

Er hat keinen Vater mehr und muß seine Mutter unterstützen. Er besitzt einen eigenen Garten und hat dort Kartoffeln, Salat, Zwiebeln, Sauerampfer und Bohnen angepflanzt. Um vier Uhr morgens läuft er mit dem geernteten Gemüse nach Koudougou, kommt gegen sechs Uhr dort an und verkauft den ganzen Tag lang. Er verdient manchmal 500 bis 800F pro Tag.

Bationo, Bubye, 18 Jahre

Er hat keinen Vater mehr und da er der älteste Sohn der Familie ist, muß er seiner Mutter bei der Versorgung der Familie, d.h. seiner jüngeren Geschwister, helfen. Er fährt mit dem Fahrrad von Réo nach Dassa, um dort vier Tine Hirse für 5600F zu kaufen. Dann fährt er zurück nach Réo (das sind ca. dreißig Kilometer Fahrradweg). Von Réo nach Koudougou muß er nochmals vierzehn Kilometer hin und vierzehn Kilometer wieder zurückfahren. Er verkauft die Hirse dort für 8600F und hat also einen Verdienst von 3000F, wenn er alles verkauft hat.

Bakoin, Banyomo, 19 Jahre

Er kommt aus Didir; seine Eltern leben nicht mehr, er muß für sich selber sorgen. In Réo hat er ein kleines Restaurant aufgemacht. Er kauft selber die nötigen Lebensmittel für seine Gerichte ein: drei kg Reis für 480F, Fleisch für 500F, etwas Kohl, Tomaten, Salz, Gewürz, Erdnußbutter, Zwiebeln - das sind die nötigen Zutaten. Jeden Morgen beginnt er um sechs Uhr mit dem Kochen, um neun Uhr ist er damit fertig und er beginnt mit dem Verkauf. Ein Teller seines Reisgerichtes kostet 50 oder 25F. Er arbeitet jeden Tag bis neunzehn Uhr abends, dann hat er ca. 500F verdient.

Bamouni, Balili, 19 Jahre

Balili hat ein Fahrrad und kann daher eine größere Menge Tabak von Dorf zu Dorf transportieren. Er kauft in Didir oder Réo einen Sack Tabak für 1300F ein, fährt damit nach Koudougou und verkauft ihn dort für 1700F.

Bassana, Dabourve, 19 Jahre

Sein Vater hat sehr viele Frauen, seine Mutter noch mehrere jüngere Kinder, die sein Vater kaum versorgen kann. Deshalb unterstützt Dabourve seine Mutter. Er kauft Fleisch für 4000F und verkauft es in kleinen Portionen zu 100, 50 und 25F. Am Abend hat er manchmal 400 bis 500F verdient.

Bado, Badou, 20 Jahre

Badou ist schon verheiratet, hat drei Kinder und ist somit für eine Familie verantwortlich. Er führt ein kleines Restaurant. Morgens kauft er ein Schaf oder eine Ziege, die er selber schlachtet und zubereitet. Dazu kocht er als Beilage drei Kilo Reis, Tomaten, Gewürze, Zwiebeln, Salz; das Fleisch wird in kleinen Stücken abgegeben. Von seinem Verdienst kann er seine Familie knapp ernähren.

Bado, Bali, 20 Jahre

Seine Eltern sind sehr alt; er ist der einzige Sohn und muß somit für sie sorgen. Seine Familie wohnt in Dassa. Bali fährt mit dem Fahrrad nach Réo und kauft dort sieben Tine Hirse. Dann fährt er weiter mit der Hirse nach Koudougou und verkauft dort die für 9800F gekaufte Hirse mit einem Gewinn von 1200F. Durch sein Fahrrad hat er die gute Möglichkeit, auf dem Markt von Koudougou zu verkaufen, was mehr Geld einbringt.

ANHANG Nr. 10

Beispiele für Mädchenarbeitsgruppen

Mädchenarbeitsgruppe aus Réo - Banankyo
(Informant: Charles Bako, 19 Jahre, Banankyo)

Zusammensetzung der Gruppe:

1. Kanzié Rosalie   12 Jahre   "Chef"
2. Kanmouni Aminata   15   "   "Sous-Chef"
3. M'bo Marie   13   "   "Animateurin"
4. Kandiel Eli   14   "   "Hyäne"
5. Kansolé Adeli   11   "   Fahnenträgerin
6. Kantiono Awa   20   "   Stuhlträgerin
7. Kantiono Eya   12   "
8. Kanko Marie   13   "
9. Kantiono Nathalie   12   "
10. Kanyala Ebu   13   "
11. Kantiono Beatrice   14   "
12. M'bo Ebouele   14   "
13. Kanma Ezoumboue   14   "
14. Kanyili Ebouma   14   "
15. Kando Eyaboue   15   "
16. Kandiel Eyoma   16   "
17. Kanma Ebu   17   "
18. Kanzié Abibou   17   "
19. M'bo Edoua   17   "
20. Kanyala Edovarie   18   "
21. Kando Etaboue   18   "
22. Kando Epio   19   "
23. Kanzyomo Epema   20   "

Die Arbeitsgruppe besteht aus dreiundzwanzig Mädchen im Alter von elf bis zwanzig Jahren. Die Arbeit beginnt um 7.30 Uhr und endet um 16.00 Uhr. Im Falle der Abwesenheit eines Mädchens wegen Krankheit oder familiärer Ereignisse ist die Erlaubnis des "Sous-Chefs" erforderlich.
Die Gruppe besteht, um den Familien des Dorfes bei der Bearbeitung ihrer Felder zu helfen; der jeweilige Auftraggeber muß die Gruppe mit 1500F pro Tag entlöhnen. Die Felder der Mütter der Gruppenmitglieder werden kostenlos bearbeitet.
Die Gruppenarbeit ist bei den Mädchen beliebt, weil sie die Kommunikation fördert, ein ausgeprägtes Gemeinschaftsgefühl vermittelt und Geld einbringt. Die Gruppe ist organisiert; es gibt folgende Führungsposten, die von geeigneten Mädchen besetzt werden:

"Chef":
Sie leitet die Arbeitsgruppe, legt den Ort und die Termine für den Arbeitseinsatz fest, und sie ruft die Mitarbeiterinnen zu Versammlungen zusammen.

"Sous-chef":
Sie hilft der Führerin und kann sie auch vertreten.

Animateurin:
Sie spornt die Gruppe zum Arbeiten an und bestimmt durch ihren rhythmischen Gesang das Arbeitstempo.
(Bei den Jungenarbeitsgruppen spornt der Animateur durch Flötenspiel zur Arbeit an.)

"Hyäne" (yùlú)
Sie trägt einen Hut und einen Holzstock mit lose darangebundenen Knochen. Ihre Aufgabe besteht darin, den arbeitenden Mädchen zu bestimmten Zeiten Essen zu bringen und sie während der Arbeit je nach Bedarf mit Wasser zu versorgen. Außerdem ist sie um eine gute Arbeitsatmosphäre bemüht. Sie ist der Spaßmacher der Gruppe und bringt die Mädchen durch komische Gebärden und übertrieben gieriges Eßverhalten zum Lachen.

Fahnenträgerin:
Sie betritt als erste das zu bearbeitende Feld und steckt in dessen Mitte die Fahne der Gruppe in die Erde.

Stuhlträgerin:
Sie trägt den Stuhl der Führerin auf das Feld.

Diese Mädchen werden in ihrer Funktion von allen anderen Gruppenmitgliedern anerkannt.

Mädchenarbeitsgruppe aus Teêga
(Informant: Charles Bako, 19 Jahre, Banankyo

Zusammensetzung der Gruppe:

1. Kanyala Marie   18 Jahre   "Chef"
2. M'bo Ebou   14   "   1. "Sous-chef"
3. Kansolé Eya   13   "   2. "Sous-chef"
4. Kantiono Annick   14   "   Animateurin
5. Kanko Jeanne   17   "   "Hyäne"
6. Kando Epio   13   "   Fahnenträgerin
7. Kanyala Eli   19   "   Stuhlträgerin
8. Kanbina Bernadette   13   "
9. Kanko Félicieté   15   "
10. Kankiobo Justine   13   "
11. Kantiono Eta   16   "
12. Kansono Emilienne   17   "
13. Kansono Paulette   17   "
14. Kanyala Marie   20   "
15. Kanzyomo Elema   20   "

Die Arbeitsgruppe besteht aus fünfzehn Mädchen im Alter
von dreizehn bis zwanzig Jahren.
Die Gruppe arbeitet vorrangig auf den Feldern der Mütter
der Mädchen; hin und wieder aber auch für Dorfbewohner,
die nicht zu den Familien der Gruppenmitglieder gehören.
Im letzteren Fall wird die Gruppe mit 1250F pro Tag bezahlt. Die Arbeitszeit dauert von sieben bis siebzehn
Uhr. Die Mädchen der Gruppe dürfen ohne triftigen Grund
und Entschuldigung der Arbeit nicht fernbleiben.

ANHANG Nr. 11

Beispiele für die Verhaltensweisen von Hirten

Diese Episoden aus dem Alltagsleben der Hirten schilderte mir Valentin Bazié aus Goundi (achtzehn Jahre), dessen jüngere Brüder noch heute Hirten sind. Mir erscheinen diese Begebenheiten aufschlußreich zum Verständnis der Lebensweise der Hirtenjungen.

Bado, Bazomboue   7 Jahre
Bama, Balema   6 Jahre

Bazomboue hat sich Bataten zubereitet und sie in seine Tasche aus Tierhaut gesteckt. Dann geht er mit seiner Viehherde in den Busch. Dort angekommen, trifft er Balema, der auch seine Herde hütet. Die beiden tun sich zusammen und wandern eine Weile mit ihren Herden umher, bis sie sich unter einen Baum setzen. Bazomboue sieht, daß sich ein Tier aus seiner Herde entfernt und läuft los, um es wieder einzufangen. Er läßt seine Tasche mit den Bataten bei seinem Freund unter dem Baum liegen. Als er zurückkommt, bemerkt er, daß Balema seine Tasche gestohlen hat. Er sucht und findet die Tasche im Gebüsch, aber sie ist leer. Er fragt Balema, wer die Bataten gestohlen hat, und Balema antwortet: "Im Namen meines Großvaters, ich habe deine Tasche nicht berührt!" Bazomboue sagt: "Wenn du mir nicht die Wahrheit sagen willst, dann hole ich das Medikament meines Vaters und damit werde ich den Dieb finden." Als Bazomboue damit droht, bekommt Balema Angst und schlägt vor, gemeinsam im Gebüsch zu suchen. Sie suchen eine Weile und gelangen zu dem Platz, wo die Bataten versteckt sind. Balema selber findet sie dort und ruft: "Oh, sieh, die Bataten von Bazomboue sind hier; die Buschzwerge haben sie hier versteckt!" Bazomboue nimmt seine Bataten und ißt sie alle allein auf, ohne Balema auch nur eine davon abzugeben.

Bama, Bazona	10 Jahre	
Bama, Bali	7 Jahre	
Bama, Badoua	6 Jahre	

Bazona, der Chef der Hirten, ist mit seinen beiden Brüdern Bali und Badoua in den Busch zum Viehhüten gezogen. Dort angekommen, schickt er seinen jüngeren Bruder Badoua los, er solle die Leute, die auf einem in der Nähe gelegenen Feld arbeiten, um ein wenig Tô bitten, denn die drei Hirten haben nichts zu essen mitgenommen. Bevor Badoua losgeht, mißt sein Bruder Bazona mit einer Kordel den Umfang seines Bauches. Badoua geht dann los, bittet um Tô und bekommt ihn auch, denn wenn Hirten bei einer Arbeitsgruppe um Nahrung bitten, darf sie ihnen nicht verweigert werden. Auf dem Rückweg ißt Badoua die Hälfte des Tô. Als er bei den Brüdern ankommt, mißt Bazona gleich noch einmal mit der Kordel den Umfang von Badouas Bauch und dadurch bemerkt er, daß Badoua viel Tô gegessen haben muß. Als Strafe befiehlt Bazona seinem Bruder, nun bis zum Abend ohne zu essen in der Sonne liegen zu bleiben. Dann ermahnt er ihn noch besonders, niemals vorher von dem Tô zu essen, wenn er von seinen Brüdern zum Essenholen geschickt wird. Wenn er es wieder täte, dann würde Bazona ihn mit Dornenzweigen schlagen.

Für Hirten gilt die strenge Regel: Wenn ein Hirte zum Essenholen geschickt wird, darf er sich auf dem Weg nichts von der Nahrung nehmen. Er muß das Essen vollständig abliefern; es wird anteilmäßig unter den Hirten verteilt.

Bayala, Ibye	10 Jahre	
Bayala, Banyomo	9 Jahre	
Bamouni, Mouna	8 Jahre	
Bamouni, Bazomboue	7 Jahre	
N'po, Nebon	10 Jahre	
Bama, Bakolo	10 Jahre	Häuptling der Hirten

Bakolo hat seine Freunde, die alle Hirten sind, zusammengerufen. Er trägt ihnen auf, jeder eine Flasche Kuhmilch und etwas Tô mitzubringen, denn die Hirten wollen ihr Jahresfest feiern. Jeder bemüht sich um das, was ihr Häuptling ihnen aufgetragen hat. Außerdem gehen sie auf die Jagd; sie fangen Vögel, die gebraten werden sollen und die sie zu dem mitgebrachten Tô essen wollen. Dann trinken sie die Milch und pfeifen auf ihren Hirtenflöten. Dazu tanzen sie.

ANHANG Nr. 12

Tabellarische Aufstellung von Teilstrukturen der Mädchenbeschneidung bei den Lyela im Vergleich mit sechs anderen westafrikanischen Ethnien

Die folgende Tabelle zeigt Teilstrukturen der Mädchenbeschneidung bei den Lyela im Vergleich mit sechs anderen westafrikanischen Ethnien (Bambara, Bulsa, Dogon, Gurma, Malinke, Ubi). Diese Aufstellung soll bestehende Ähnlichkeiten innerhalb dieses Rituals verdeutlichen.
Die in jeder Rubrik angegebenen Zahlen geben die Seitenzahl an, unter der in meiner Studie: "Mädchenbeschneidung in Westafrika" (1981) die jeweilige Teilstruktur behandelt wird. Dort finden sich auch die entsprechenden Quellennachweise.

Ethnie	Alter	Anstoß z. Beschneidung, Terminfestleg.	Teilnehmer Zuschauer	Ort
Lyela	1 - 16 J.	Eltern, Familie Gehöftherr Orakelbefrg.	früher: nur Frauen und Mädchen heute: auch Männer	vor d. Gehöft: Baum / Mauer / freier Platz
Bambara	13 - 15 J. Pubertät 65	Alte, Dorfchef 74 Häuptling Orakelbefrg.	weibl. Verwandte 83f.	vor dem Dorf: Schibutterbaum auf Matte / in Töpferei 62
Bulsa	12 - 17 J. Pubertät 65	Mädchen selbst, Eltern 76f.	Frauen 81ff. Beschneider u. Helfer: männl.	vor dem Dorf: Baum 62
Dogon	Pubertät 65	keine Angaben	weibl. Verwandte 83f.	im Dorf: Beschneidungshaus 61
Gurma	Kleinkindalter oder in der Pubertät 65	Mädchen, zukünftiger Ehemann 75	weibl. Verwandte 88ff.	im Dorf: Beschneidungshaus 61
Malinke	13 - 16 J. Pubertät 65	Häuptling Orakelbefrg. 75	Frauen weibl. Verwandte 81	im Gehöft der Eltern, auf flachem Stein 61
Ubi	16 - 18 J. Pubertät 65	Frauen 76 beschn. Frauen, Orakelbefrg.	beschn. Frauen, Ausnahme: Medizinmann 84ff.	vor dem Dorf: schattiger Platz, am Wasser, auf Matte, Lager 62f.

Ethnie	Zeit	Erdloch für das Begraben der beschn. Körperteile und des Blutes	Verwendung trad. Medizin	Beigaben nach der Beschneidung
Lyela	Aug. - Febr. morgens oft Markttag	vorh. Umgehen des Loches u. Sichttabu	Kuhexkremente, Saft v. Néré-Baum, Pottasche, Karitébutter, Kolanüsse	4 Strohstengel mit Fasern zusammengebunden
Bambara	Trockenzeit nach Ernte morgens, oft Donnerstag 59f.	vorh. 27	keine Angaben	ein Stock, mit Steinen gefüllte Kalebasse darauf 37
Bulsa	Okt. - April oft Okt. - Dezember 59	vorh. Umgehen des Loches u. Sichttabu 27	Holzkohle-Schibutter-Medizin, spez. Blätter 28f., 32	Hirsestock weiß 42
Dogon	Trockenzeit nach Ernte 59	vorh. 27	Asche, Sesamöl 45	nicht vorh.
Gurma	Okt. - April oft Jan. morgens 59f. oft Samstag	keine Angaben	keine Angaben	Beschneidungs- kalebasse, 3 kl. Holzstückchen 47f.
Malinke	Trockenzeit nach Ernte morgens oft Donnerstag 59f.	vorh. 27	Karitébutter 33	nicht vorh.
Ubi	Trockenzeit Jan. - Juli morgens 60	vorh. 27	magische Heilmittel, Schildkrötenschild, weißer Champignon, Blätter 31f., 33	nicht vorh.

Ethnie	Frage nach d. Jungfräulichkeit	Forderung von Tapferkeit	Waschung(en)	Kopfrasur
Lyela	nicht vorh.	nicht unbedingt vorh.	nach Operation: Wunde	früher: vorh. heute nicht mehr
Bambara	vorh. 73	vorh. 98	vor und nach Operation: am ganzen Körper 102	vorh. 38
Bulsa	vorh. (Maßstab für Bezahlung) 70	vorh. 98	nach Operation: am ganzen Körper 41	vorh. 43
Dogon	keine Angaben	vorh. 98	keine Angaben	vorh. 45
Gurma	vorh. 73	vorh. 98	keine Angaben	spez. Beschneidungsfrisur 47
Malinke	keine Angaben	vorh. 98	keine Angaben	spez. Beschneidungsfrisur 51
Ubi	nicht vorh. 71	vorh. 99	nach Operation: Bad im Fluß, rituelle Bedeutung 102	nicht vorh.

Ethnie	spez. Beschneidungskleidung	spez. Beschneidungstänze	spez. Lieder (Schreie)	Fest nach der Beschneidung
Lyela	nicht vorh.	nicht vorh.	nicht vorh.	nicht vorhanden
Bambara	weißes Kopftuch 141	vorh. 38	vorh. 38	vorh. 37ff.
Bulsa	Faserbüschel (Gürtel) 142f.	nicht vorh.	vorh. (auch Schreie) 41	nicht vorh.
Dogon	keine Angaben	keine Angaben	vorh. 45	vorh. 45
Gurma	Gürtel 141f.	vorh. 48	vorh. 48	vorh. rituelle Tänze und Gesänge 48
Malinke	Lendenschurz, segelförmiges Tuch 141f.	vorh. 51	vorh. 51	nicht vorh. (nur Besuche in den Familien) 52
Ubi	Lendenschurz 130f.	vorh. 130ff.	vorh. (auch Schreie) 53	vorh. 56

Ethnie	Zahlensymbolik	Farbsymbolik	Beschnittene bilden (Initiations)gruppe	Riten nach der Beschneidung
Lyela	vorh.	nicht vorh.	nur während der Beschneidung und am 4. Tag danach	vorh.
Bambara	vorh. 112f.	weiß 139f.	vorh. 34ff.	nicht vorh.? keine Angaben
Bulsa	vorh. 136	weiß 140f.	vorh. 39ff.	vorh. 43f.
Dogon	vorh. 112f.	keine Angaben	vorh. 44ff.	nicht vorh.? keine Angaben
Gurma	keine Angaben	weiß 139	vorh. 46ff.	vorh. 47ff.
Malinke	keine Angaben	keine Angaben	vorh. (Führerin vorh.) 52	keine Angaben nicht vorh.?
Ubi	keine Angaben	weiß 139f.	vorh. (Führerin vorh.) 130ff.	vorh. 130ff.

Ethnie	Spezielle Belehrung nach d. Beschneidung	Ausnahmezustand nach der Beschneidung	Verhaltensvorschriften
Lyela	nicht vorh.	4 Tage (Hirsestengel)	Mitführen der Hirsestengel; Sichttabu für: Erdloch und Wegkreuzung (4. Tag)
Bambara	vorh. 37	6 Tage bzw. 15 Tage (Ruhe, Unterricht, Stock mit Kalebasse) 37f.	Mitführen von Stock mit Kalebasse; Sprecherlaubnis nur bei Schütteln der Kalebasse 101, 103
Bulsa	nicht vorh.	2 - 3 Wochen (Beachtung der Tabus, weißer Stock) 37ff.	Mitführen von Hirsestock; Sichttabu für Erdloch und best. Personen 99, 135
Dogon	vorh. 45	15 Tage (Ruhezeit, Unterricht, Isolation) 45	Verrichtung von Arbeiten verboten 45
Gurma	vorh. 47ff.	7 Tage bzw. 4 Wochen (Isolation) 47ff.	Mitführen der Kalebasse 47ff.
Malinke	nicht vorh.? Jedoch 45 Tage Isolation 52	15 Tage und 45 Tage (Isolation mit Begleitung) 51f.	Begleitung von unbeschnittenen Mädchen; Sprechtabu für Männer 51, 100
Ubi	vorh. 55	15 Tage bzw. 4 Wochen (Isolation, Rollenspiele) 55f.	Meidung von jeglichem nicht-initiierten Element 55

- 312 -

Ethnie	Speisevorschriften	Riten mit verschiedenen Gegenständen oder Nahrung	Bedeutung der Klitoris	Bezug zur Geburt
Lyela	Rituale mit: Hirsewasser, Hirsemehl, Tô, Soumbala, Eier	Hirsewasser, -mehl, Tô, Soumbala, Ei, unbeschn.Kind, Hirsestengel, Wegkreuzung 4	"schlecht" (sie tötet Kinder bei Berührung, sie gilt als männl.Teil	Beschneidung begünstigt Geburt
Bambara	keine fetten Speisen, keine Tomaten 101	Stock, Kalebasse, Maus, Karpfen 113ff.	"böse Kraft" (männl.Teil, Zwilling; Doppelgeschlechtlichkeit) 109ff.	Beschneidung fördert Gebärfähigkeit
Bulsa	Tabu für:"schwarze Speisen (vor Operation: Kolanüsse u.kaltes Wasser) 101	Stock, Hirsewasser 133ff.	"symbolisches Kind" 135f.	versch.Riten bezüglich Geburt; symbolisches Kind 133ff.
Dogon	viel essen 102	keine Angaben	"böse Kraft" (männl.Teil, Zwilling; Doppelgeschlechtlichkeit) 107ff.	Besch. fördert Gebärfähigkeit 107ff.
Gurma	rituelle symbolische Reisplatte 126f.	Kalebasse, Graveur, 3 Holzstöcke, Wels, Reisplatte (Phallussymbol) 116ff.	keine Angaben	versch. Riten bezügl. Geburt; symbolisches Kind 116ff.
Malinke	keine Angaben	keine Angaben	keine Angaben	nicht vorh.
Ubi	vegetarische Kost, rituelles Mehl 102	Initiationsraum, fließendes Wasser, Termitenhügel, Tiere, mystische Wesen 127ff.	keine Angaben	keine Angaben

Ethnie	Beschneidung als rituelle Wiedergeburt	Annahme: Beschn. fördere Geburt, Gebärkraft, Fruchtbarkeit		Beschn. als Übergangsritual	Bedeutung des Familiennamens
Lyela	nicht vorh.	vorh.		früher evtl. 3 Phasen vorh.	Fam.zugehörigk. entscheidet, ob beschn. werden muß oder nicht
Bambara	Begründung im Weltbild (Mythen) 109ff.	vorh.	144	3 Phasen vorh., Übergang in neuen Status 69	nicht vorh.
Bulsa	nicht vorh.	vorh.	144	3 Phasen vorh., Übergang in neuen Status 69	nicht vorh.
Dogon	Begründung im Weltbild (Mythen) 107ff.	vorh.	144	3 Phasen vorh., Übergang in neuen Status 69	nicht vorh.
Gurma	versch. Riten dazu 116ff.	vorh.	144	wenn Beschn.in d. Pubertät(Fam.zugehörigkeit): 3 Phasen vorh. 69	Fam.zugehörigk. entscheidet, in welchem Alter beschn. wird. (schw.od.weiße Beschn.) 46
Malinke	nicht vorh.	vorh.	144	3 Phasen vorh., Übergang in neuen Status 69	nicht vorh.
Ubi	versch. Riten dazu 128f.	vorh.	144	3 Phasen vorh., Übergang in neuen Status 70	nicht vorh.

ANHANG Nr. 13

Schilderung vier weiterer Mädchenbeschneidungen

Beschneidung von fünf Mädchen
im Alter von drei, vier und sieben Jahren

Tagebuchaufzeichnung vom 1.11.1983:

Die Beschneidung sollte um sechs Uhr stattfinden, da es aber noch zu kühl ist, warte ich bis sieben Uhr im Gehöft der Beschneiderin. Nachdem die Beschneiderin vorher durch ein kleines Mädchen schon Bescheid sagen ließ, warmes Wasser vorzubereiten, begeben wir uns auf den Weg zum Gehöft der Familie B., wo heute sechs Mädchen beschnitten werden sollen. Die zweijährige Tochter der Beschneiderin wird mitgenommen; sie soll im nächsten Jahr auch beschnitten werden.
Nach der üblichen Begrüßung begibt man sich zum Beschneidungsort, der auf dem Feld vor dem Gehöft in der Sonne gelegen ist. Frauen und Kinder jeden Alters sind anwesend, die Stimmung ist gelockert, man lacht und scherzt. Auf dem Feld haben sich die Kinder ein Feuer zum Wärmen angezündet. Am vorgesehenen Ort wird der Boden flüchtig geglättet und die Beschneiderin bereitet mit einer Hacke ein kleines Loch von ca. 20 cm Durchmesser vor. Eine alte Frau vom Nachbargehöft drapiert ihr Hüfttuch wie eine kurze Hose und setzt sich mit gespreizten Beinen vor dieses Loch. Das erste Mädchen, drei Jahre alt, wird von seiner Mutter gebracht. Andere Frauen kommen zum Helfen; sie halten Beine und Arme des Kindes von beiden Seiten aus fest. Bei dieser Beschneidung steht keine Frau zusätzlich zwischen den gespreizten Beinen des Kindes. Die Beschneiderin arbeitet mit einer grob bearbeiteten messerähnlichen Eisenklinge. Sie kniet sich zur Operation vor das Kind. Mit zwei kurzen tiefen Schnitten rechts und links schneidet sie die Klitoris heraus. Dann entfernt sie mit kurzen sicheren Schnitten die beiden inneren Schamlippen. Anstelle der sonst üblichen Kuh-Exkremente, nimmt sie dieses Mal den von uns mitgebrachten Alkohol und tupft ihn mit Watte auf die Wunde. Sofort danach wird die Beschnittene gewaschen. Das Mädchen sitzt dabei auf den Füßen der stehenden Beschneiderin, mit dem Rücken an ihre Knie gelehnt. Die Beschneiderin beugt sich zum Waschen vornüber und kontrolliert dabei gleichzeitig, ob sie sorgfältig genug beschnitten hat. Nun folgen die anderen Mädchen, die der Reihe nach in gleicher Weise behandelt werden. Eins der zur Beschneidung vorgesehenen Mädchen wird von der Beschneiderin ab-

gewiesen, da es eine Brandwunde am Fuß hat. Die zu Beschneidenden müssen vollkommen gesund sein, andernfalls würde die physische und psychische Belastung für sie zu groß sein.
In diesem Gehöft werden die Mädchen nach der Beschneidung zur Durchführung der üblichen Riten nicht in eine Reihe gesetzt; es werden weder Strohstäbe verteilt noch werden irgendwelche rituellen Handlungen geführt. Das alltägliche Hofleben geht sofort weiter. Auf mein Befragen hin erklärt mir die Beschneiderin, daß die Mütter ihren beschnittenen Mädchen später die Strohstäbe gäben, was ich jedoch bezweifle.
Wir verabschieden uns und gehen mit der Beschneiderin zum nächsten ca. drei Kilometer weiter entfernten Gehöft, wo sie schon erwartet wird.

Beschneidung von sieben Mädchen
im Alter von sieben, acht, neun und vierzehn Jahren

Tagebuchaufzeichnung vom 10.10.1983:

Die Atmosphäre im Gehöft kurz vor der Beschneidung ist alltäglich; die Bewohner wirken gelöst und gut gelaunt. Die zu beschneidenden Mädchen befinden sich noch unter den anderen Kindern, man merkt ihnen die Angst vor der bevorstehenden Operation nicht an.
Die Beschneiderin geht mit den Frauen vor den Hof; die Beschneidung soll dort an einem Platz im Schatten eines großen Mangobaumes stattfinden. Die Beschneiderin gräbt das Loch für Blut und beschnittene Teile. Anschließend zieht sie sich die "Arbeitskleidung", ein altes Hüfttuch, an. Die zu beschneidenden Mädchen werden herbeigeführt; einige fangen schon an zu weinen. Eine Menge Frauen hat sich am Ort versammelt. Sechs von ihnen proben vor dem Loch die besten Festhaltepositionen. Die kleinen Jungen werden verscheucht; der Gehöftherr und einer seiner Brüder bleiben anwesend und helfen später sogar beim Festhalten der Mädchen. Die Beschneidung verläuft, wie schon im Fall D.A. (Kapitel 15.1.1.) beschrieben.
Man beginnt mit dem ältesten Mädchen. Das mag Zufall sein, denn anschließend geht die Reihenfolge nicht nach dem Alter. Nach jeder Beschneidung setzen sich die Mädchen der Reihe nach in den Sand, wo sie sofort zu weinen aufhören. Ich finde sie besonders tapfer und habe den Eindruck, daß die Mädchen hier die Beschneidung besser ertragen können, als in D.A. Das mag daran liegen, daß sie eine größere Gruppe bilden und durch das Gemeinschaftsgefühl gestärkt werden. Die Zuschauer dieser Beschneidung zeigen keinerlei Anzeichen von Mitgefühl.
Im Gegenteil, wenn die Mädchen weinen oder sich wehren, werden sie barsch zurechtgewiesen, und einige Frauen und Kinder lachen sogar über ihre Schreie. Bei zwei Mädchen muß noch einmal nachgeschnitten werden; die Beschneiderin bemerkt bei der Waschung der Wunde, daß nicht gründlich genug beschnitten wurde. Diese Nachbeschneidung scheint besonders schmerzhaft zu sein; die Männer werden zur Verstärkung geholt, um die Mädchen festzuhalten. Nachdem alle Mädchen beschnitten und gewaschen sind, wird ihnen ein Tuch umgelegt. Die Beschneiderin hat das mit Blut und beschnittenen Teilen gefüllte Loch zugeschüttet und sich wieder umgezogen. Den Mädchen werden die Tücher abgenommen. Sie stellen sich in einer Reihe auf und erhalten jedes vier zusammengebundene Strohstengel. Die Beschneiderin nimmt das erste Mädchen an die Hand, die anderen folgen und bilden so eine Reihe. Sie marschieren vier Mal mit der Beschneiderim um das zuge-

schüttete Loch. Danach läuft die Beschneiderin mit ihnen
ein Stückchen in den Busch und um den Mangobaum herum.
Sie erklärt mir, sie mache das, um zu sehen, ob ein jedes der Mädchen fähig ist, zu laufen. Anschließend setzen sich die Mädchen wieder in den Sand. Ihre Strohstengel legen sie neben sich auf den Boden. Die Beschneiderin hockt sich vor jedes einzelne Mädchen und gibt ihm
Hirsemehl-Wasser aus einer Kalebasse zu trinken. Dann
nimmt die Beschneiderin ein etwa einjähriges Mädchen vom
Arm einer der umstehenden Mütter, faßt es um die Taille
und hält es zwei Mal rechts und zwei Mal links neben die
ausgestreckten Beine eines jeden beschnittenen Mädchens.
Das Kind für dieses Ritual muß unbeschnitten sein. Anschließend hockt sich die Beschneiderin mit einer Kalebasse, gefüllt mit Hirsemehl, vor jedes Mädchen, streut
ihm etwas Mehl auf beide Handrücken und fordert es auf,
das Mehl hinter sich zu werfen. Dann wird das Mehl in
die Handflächen gestreut und muß auf den Boden fallengelassen werden. Der Vorgang wiederholt sich. Die Beschneiderin gibt den Mädchen im ganzen vier Mal Mehl auf
die Hände.
Damit ist die Beschneidung mit ihren Zeremonien beendet.
Die Beschneiderin gibt den Mädchen noch den Rat, auf
keinen Fall das Urinieren zu unterdrücken, es könnten
sich sonst Komplikationen einstellen. Keines der Mädchen weint jetzt noch; alle können schon wieder laufen, aber
sie machen einen traurigen Eindruck auf mich. Die Zuschauer und Teilnehmer plappern lustig vor sich hin; es
wird gescherzt und gelacht. Niemand lobt die Mädchen für
ihre Tapferkeit und niemand sagt ihnen ein tröstliches
Wort. Die Beschnittenen werden zur Nebensache; alles
geht zurück in den Hof und nimmt die tägliche Arbeit
wieder auf.

Die Riten am vierten Tag nach der Beschneidung

(Tagebuchaufzeichnung vom 14.10.1983)

Die Stimmung im Gehöft ist gelöst und entspannt. Es wird gelacht und gescherzt. Die Beschneiderin nimmt Platz; man übergibt ihr die schon gekochten Eier, die von den beschnittenen Mädchen mitgebracht wurden. Allerdings nur sechs, ein Mädchen aus dem Nachbarhof kam mit einem rohen Ei. Das macht aber nichts, es braucht nicht unbedingt jedes Mädchen ein eigenes Ei. Die Frauen schälen die Eier; man sitzt zusammen; der Gehöftherr und der Dorfchef sind auch anwesend. Die beschnittenen Mädchen sitzen mit ihren Strohhalmen in der Hand dabei und machen einen sehr verschüchterten Eindruck auf mich. Die Mütter erklären mir, sie hätten Angst, daß man sie heute wieder beschneidet.
Beschneiderin, Beschnittene und Gehöftbewohner begeben sich vor den Hof; dort wird nach einer Wegkreuzung gesucht. Die kleinen Jungen werden von ihren Müttern zurückgerufen, sie seien doch nicht beschnitten worden und sollten sich ein wenig zurückhalten. Aber zugucken dürfen bei den Riten jetzt alle. Die Wegkreuzung ist gefunden; die Mädchen bilden einen Halbkreis, die Beschneiderin steht vor ihnen, zerbricht nun von jedem einzelnen die Strohhalme, und läßt sie dann vor sich auf den Boden fallen. Die Mädchen setzen sich auf den Boden. Die Beschneiderin hockt sich davor, zerbröselt die gekochten Eier, legt dem ersten Mädchen Stücke davon auf die nebeneinandergehaltenen Handrückenflächen, und das Mädchen muß das Ei fallenlassen. Sie legt dann etwas von dem Ei auf die Handinnenflächen, und das Mädchen muß es erneut fallenlassen. Der Vorgang wiederholt sich; im ganzen ließ jedes Mädchen die Eibrösel vier Mal vor sich auf den Boden fallen. Danach erhält jedes Mädchen wieder ein Stück Ei, das es diesmal essen muß. Während dieser Riten gibt die Beschneiderin nur Anweisungen, ansonsten spricht sie kein Wort mit den Mädchen. Die Mädchen stehen auf, und sie werden nun aufgefordert, so schnell sie können, ohne sich noch einmal umzuschauen, wieder in das Gehöft zu laufen. Alle Anweisungen werden ganz genau befolgt. In recht zufriedener Stimmung begibt sich die Zuschauermenge wieder in den Hof. Zum ersten Mal sehe ich die beschnittenen Mädchen zaghaft lächeln, sie scheinen erleichtert, daß nun alles vorbei ist. Die Beschneiderin erklärt mir noch einmal, daß die Details bei den Riten gar nicht so sehr wichtig seien, Hauptsache sei, daß der grobe Ablauf stimme.
Die Riten am vierten Tag nach der Beschneidung könnten auch von einer Mutter oder einer alten Frau durchgeführt werden; die Beschneiderin muß nicht unbedingt noch einmal kommen.

Beschneidung von acht Mädchen
im Alter von eins, drei, vier, fünf und sieben Jahren

Tagebuchaufzeichnung vom 28.11.1983:

Die Familie D. ist eine Familie von Schmieden. Die Beschneidung findet um acht Uhr vor dem Gehöft neben der Schmiede in der Sonne statt. Die Frauen, Männer und Kinder des Gehöftes sind schon an diesem Platz versammelt. In üblicher Weise zieht die Beschneiderin mit der Hacke einen Kreis, glättet den Boden und gräbt in der Mitte ein Loch für das Blut und die beschnittenen Teile. Ihr Hüfttuch hat sie schon wie eine kurze Hose hochgebunden. Die Umstehenden unterhalten sich fröhlich; die Stimmung ist gelockert.
Die zu beschneidenden Mädchen sind noch inmitten der anderen Kinder und zeigen keinerlei Zeichen von Angst. Die Drei- bis Fünfjährigen wissen anscheinend noch gar nicht, was ihnen bevorsteht. Die Familienmitglieder und einige Nachbarn sitzen etwas abseits zusammen und unterhalten sich; wer will, darf bei der bevorstehenden Beschneidung zuschauen. Eine ältere Frau setzt sich mit gespreizten Beinen vor das Loch. Das erste vierjährige Mädchen wird zur Beschneidung herbeigebracht; es weint und schreit vor Angst. Weitere Frauen werden zum Halten des Kindes geholt. Eine von ihnen steht aufrecht zwischen den ausgebreiteten Beinen des Mädchens, damit es seine Beine nicht mehr schließen kann. Das Mädchen liegt auf dem Rücken, seinen Kopf im Schoß der sitzenden Frau. Seine Arme werden hinter dem Rücken der Frau festgehalten. Sechs Frauen werden zum Halten gebraucht. Sie besprechen sich noch, lachen und scherzen dabei und sagen, das Mädchen solle nicht mehr weinen, die Beschneidung ginge schnell und sei bald vorbei. Die Beschneiderin befühlt zunächst das Geschlecht des Mädchens. Die Beschneidung mit einer Rasierklinge dauert etwa fünf Minuten. Klitoris und kleine Schamlippen werden beschnitten. Was bleibt, ist eine blutende Aushöhlung. Mehrere Male tastet die Beschneiderin mit dem Finger, ob auch wirklich alles gründlich beschnitten ist. Nach der Operation nimmt sie eine Kolanuß aus einer Wasserschüssel neben sich. Eine der alten Frauen zerkaut sie, und dieser Brei wird dann zur Stillung des Blutflusses auf die Wunde gedrückt.
Sofort nach der Beschneidung hört das Mädchen auf zu weinen. Seine ausgestreckten Beine werden von der Beschneiderin zusammengedrückt und leicht geschüttelt. Dann muß das Kind aufstehen, wird an die nahe Hofmauer geführt, muß sich dort in den Sand setzen und bekommt ein Tuch umgehängt.

Das nächste Mädchen ist schon da. Die Reihenfolge bei
der Beschneidung ist willkürlich; sie hat nichts mit
Alter oder Stärke zu tun. Ein vierjähriges Mädchen weint
überhaupt nicht. Es gibt keinen Ton von sich, starrt nur
mit leeren Augen in den Himmel. Die Familienangehörigen
sagen, daß es sehr tapfer sei, aber es wird deswegen nicht
einmal gelobt. Vielmehr muß es vier Mal seine zukünftigen
Kinder rufen. Wenn die Beschnittene das nicht tut, wären
ihre zukünftigen Kinder in Gefahr und könnten sterben,
weil ihre Mutter so kaltblütig und stark ist. Man erklärt
mir, es sei besser, wenn die Mädchen bei ihrer Beschneidung weinen. Sie dürfen etwas Schwäche zeigen, sollen
aber die Operation trotzdem ruhig erdulden. Das Mädchen
bringt die Worte kaum heraus, aber ganz leise und gequält
kann ich die Laute hören. Zum Schluß kommen die beiden
einjährigen Mädchen an die Reihe; sie werden auf dem Arm
ihrer Mütter herbeigebracht. Die Familie D. ist zwar der
Auffassung, daß die Beschneidung von Kleinstkindern leichter und komplikationsloser vonstatten gehe, meiner Meinung nach ist die Beschneidung dieser Säuglinge aber genau so schmerzhaft und kompliziert, wie die der älteren
Mädchen. Nach ihrer Beschneidung dürfen die beschnittenen Säuglinge wieder bei ihren Müttern trinken, die sich
mit ihnen zu den Beschnittenen an die Hofmauer setzen.
Heißes Wasser wird gebracht, um die Wunden der Mädchen
damit zu waschen. Sie können kaum aufstehen und haben
noch große Schwierigkeiten, zu gehen. Keines von ihnen
weint jetzt mehr. Nach dem Waschen dürfen sie sich wieder setzen. Eine alte Frau hat für jedes Mädchen vier
Hirsestäbe zusammengebunden, die den in Staub und Sand
Sitzenden nun übergeben werden. Die Wunden bluten noch
immer, die Beine der Mädchen sind von Blut und Sand be-
schmiert. Die Beschneiderin kommt mit einer Kalebasse
Hirsemehl, um auch hier die schon im vorigen beschriebene Zeremonie mit dem Mehl durchzuführen. Nachdem dann
die Beschnittenen das mit Wasser vermischte Hirsemehl
getrunken haben, müßte nach traditionellem Brauch ein
junges unbeschnittenes Mädchen über die Beine der Beschnittenen springen. Da offenbar keines im Moment zur
Stelle ist, macht sich eine Frau mittleren Alters einen
Spaß daraus und hüpft die ganze Reihe entlang über die
Beine der beschnittenen Mädchen. Alle Umstehenden lachen
darüber, die Stimmung ist recht gelockert. Die Beschnittenen sind stumm. Damit sind für heute die Riten zur Beschneidung beendet. Am vierten Tag nach der Beschneidung
müssen weitere rituelle Handlungen durchgeführt werden.
(Die Riten am vierten Tag nach der Beschneidung sind
ebenso, wie sie bei der Zeremonie auf Seite 318 beschrieben wurden.)
Die Beschnittenen werden zum Aufstehen aufgefordert. Sie
gehen zaghaft und etwas breitbeinig mit ihren Stroh-

stöcken zu der Runde der übrigen Familienmitglieder, wo auch der Gehöftherr sitzt. Zwei Mädchen haben immer noch starke Blutungen. Eigentlich müßten die Beschnittenen jetzt außerhalb des Gehöftes eine Runde mit der Beschneiderin machen, aber man beläßt es heute dabei, sie zum Aufstehen und langsamen Gehen zu veranlassen. Alle Teilnehmer und die Beschneiderin sind mit dem guten Verlauf dieser Beschneidung zufrieden.

Beschneidung von neununddreißig Mädchen
im Alter von zwei bis dreizehn Jahren

Tagebuchaufzeichnung vom 1.11.1983:

Zur heutigen Beschneidung in diesem Gehöft erscheinen besonders viele Mütter mit ihren Kindern. Sie kommen auch aus den Nachbargehöften und sogar aus anderen Dörfern, denn sie wollen den heutigen Beschneidungstermin noch nutzen, da die Beschneiderin bald für einige Monate nach Abidjan fahren wird. Sie will dort ihre ausgewanderten Verwandten besuchen und deren Töchter gleichzeitig beschneiden.
Im Schatten der Hofmauer, außerhalb des Hofes, wird, wie auch bei den anderen Beschneidungen, das Loch für die beschnittenen Teile und das Blut gegraben. Die herbeiströmenden Kinder werden zunächst verjagt, später darf aber doch jeder zuschauen. Auch bei dieser Beschneidung herrscht eine aufgelockerte Stimmung unter den Frauen.
Es sind nur wenige Männer anwesend.
Nachdem alle Vorbereitungen getroffen wurden und die Helferinnen ihre Positionen zum Halten der Mädchen eingenommen haben, beginnt man mit der Beschneidung eines neunjährigen Mädchens. Es schreit verzweifelt und versucht, die Beschneidung zu verhindern. Die Beschneiderin bleibt ganz ruhig und konzentriert. Beim Festhalten der schreienden Kinder werden Späße gemacht; besonders die jungen Mütter nehmen die Beschneidung ihrer Töchter nicht ernst genug und werden von der Beschneiderin zurechtgewiesen, weil ihr ungenügendes Festhalten der Mädchen der Beschneiderin die Arbeit erschwert. Sie erklärt mir, wie wichtig es ist, daß der erste Schnitt exakt ausgeführt wird; sonst muß nachbeschnitten werden und es ergeben sich Komplikationen. Um die Schnitte in Ruhe ausführen zu können, zieht sie die älteren erfahrenen Frauen zum Festhalten heran. Mit geübtem Griff halten diese rechts und links Arme und Beine des Mädchens fest, wobei die in der Mitte sitzende Frau besonders erfahren und stark sein muß. Der Kopf der Mädchen wird zurückgebogen, damit sie das blutige Geschehen nicht sehen. Manchmal wird ihnen auch der Mund zugehalten, um allzu lautes Schreien zu unterdrücken. Je nach Alter des Mädchens führt die Beschneiderin die Operation mit verschieden großen traditionellen Messern aus. Nach jeder Beschneidung wäscht die Beschneiderin selbst die Wunde sofort mit warmem Wasser aus, wobei sie gleichzeitig kontrolliert, ob nachbeschnitten werden muß, was bei dieser "Massen-Beschneidung" des öfteren der Fall ist. Anschließend legt man der Beschnittenen einen mit Alkohol getränkten Wattetupfer in die Scheide. Mit geschlossenen Beinen sitzen die Mädchen dann in der Sonne an der Hofmauer in Schmutz und Staub.

Der Andrang zu dieser Beschneidung ist gewaltig. Immer mehr Mütter kommen und zerren ihre schreienden Töchter zur Beschneidung herbei. Man braucht keine vorherige Anmeldung; jedes ankommende Mädchen wird beschnitten.
Als es auf zwölf Uhr zugeht, wird es sehr heiß; die Beschneiderin ist erschöpft und möchte Schluß machen, aber immer noch erscheinen Mütter, die ihre Töchter beschnitten haben möchten.
Die Szenerie dieses Massenblutbades ist unbeschreiblich. Die Atmosphäre ist von Angst- und Schmerzschreien der Kinder erfüllt. Viele der Mädchen wollen fortlaufen, sich wehren, werden aber von den Müttern lachend wieder eingefangen. Die Mütter scheinen das als lustiges Spiel anzusehen und sind in Hochstimmung. Nur wenige zeigen Mitleid mit ihren Töchtern; sie werden von den anderen deswegen ausgelacht. Einige Mädchen lassen sich auf den Boden fallen und geben vor, krank zu sein. Aber die Mütter zeigen auch dann kein Erbarmen. Es gibt hin und wieder sogar Stockschläge auf den Kopf, um den Widerstand zu brechen. Zur Mitte der gesamten Beschneidung bricht eine Art Panik unter den Kindern aus. Sogar die unbeteiligten kleinen Jungen bekommen Angst und fangen an zu weinen. Unterdessen streiten sich die Mütter um die Reihenfolge ihrer Töchter bei der Beschneidung. Jede befürchtet, eventuell nicht mehr dranzukommen, weil die Beschneiderin schon mehrmals den Abschluß der Beschneidung angekündigt hat. Sie läßt auch durchblicken, daß ihre Messer langsam zu stumpf würden. Wegen der enormen Anzahl der Beschneidungen müssen noch zwei weitere Löcher für Blut und beschnittene Teile gegraben werden.
Zum Schluß der Beschneidung zähle ich tatsächlich neununddreißig Kandidatinnen. Sie sitzen auf dem staubigen Boden in einer Reihe vor der Hofmauer und erhalten nun die von den alten Frauen schon vorbereiteten zusammengebundenen Strohstengel. Es folgt das Austeilen des Hirsemehls, welches wie bei den vorher beschriebenen Beschneidungen von den Mädchen hinter sich bzw. vor sich fallengelassen werden muß. Weitere Riten werden nicht durchgeführt.
Im Unterschied zu anderen Beschneidungen bilden die Mädchen hier eine Beschneidungsgruppe. Sie gehen gemeinsam langsam, breitbeinig und auf ihre Strohstengel gestützt in das Gehöft, wo schon ein Raum für sie vorbereitet ist. Sie bleiben dort zehn Tage zusammen und werden von einer alten erfahrenen Frau versorgt. Sie kocht ihnen Essen und übernimmt auch die Wundbehandlung.

Anhang Nr.14

Schulordnung und Stundenplan der Grundschule in Bonyolo

École Primaire Publique
Mixte de Bonyolo

Année scolaire 1982/83

Schulordnung

Règlement Intérieur

Article 1 — Les élèves doivent se présenter tous les jours aux heures ci-après
Entrée : 7h30 et 15h
Sortie : 12h et 17h

Article 2 — Les élèves doivent se présenter propres de corps et de vêtements.

Article 3 — La rentrée dans la cour doit se faire au moins dix minutes avant l'ouverture effective des classes.

Article 4 — Au coup de cloche, les élèves se rangent en ordre et en silence devant leur classe respective.

Article 5 — Tout retard doit être motivé et notifié à la maîtresse, il en sera de même des absences.

Article 6 — Pendant les inter-classes, et aux heures de récréation, les élèves ne doivent pas se trouver dans les salles de classes.

Article 7 — Les élèves, une fois dans la cour, ne doivent plus en sortir jusqu'aux heures prévues.

Article 8 — Il est interdit de faire des jeux violents, des bagarres ou de jeter des pierres.

Article 9 — Il est interdit de jeter des objets salissants dans la cour, d'écrire sur les murs, de monter dans les arbres, de jeter des pierres sur les toits.

Article 10 — Les élèves doivent prendre soin de leur matériel scolaire (sac, ardoise, livre, cahier)

Article 11 — Les élèves iront en brousse, loin des salles de classe, pour faire leur besoin.

Article 12 — Les élèves doivent se faire remarquer par leur comportement correct à l'école comme au village.

Article 13 — Les maîtres veilleront à l'application constante du présent règlement intérieur qui sera lu et commenté dans toutes les classes et en présence de tous les élèves.

Le Directeur Marli...

Stundenplan der Grundschule in Bonyolo

Klasse CPI

Montag, den 17. Oktober 1982/83

7.30 - 7.50	<u>Education physique</u> Mise en ordre devant la classe, classement des élèves par ordre de grandeur croissante dans les rangs. Apprentissage des termes suivantes: tendez les bras, fixe, au repos, attention, prêt. Marquez le pas, gauche, gauche sur place. Rompez les rangs. Revenez à vos places, acquisition des notions de rangs, de places.
7.50 - 8.00	<u>Morale</u> Arrivons à l'heure à l'école
8.00 - 8.30	<u>Langage</u> Etude du dialogue I Materiel: Figurines: Salif, Mamadou, la porte Présentation de dialogue: termes de salutations. Identification des personnages, mise en situation, le maitre dit 5 fois le dialogue, explication et mime, dialogue tournant et reconstitution, jeux du dialogue, phonétique
8.30 - 9.00	<u>Initiation à la lecture et l'écriture</u> Utilisation du livre page 7
9.00 - 9.10	<u>Récitation</u> Apprentissage par audition, répétition
9.10 - 9.40	<u>Exercises sensoriels</u> Le haut opposé au bas. Explication - pratiqué par les enfants
9.40 - 10.00	<u>Exercises graphiques</u> Reprise de l'exercise du livre et guide
10.00 - 10.30	<u>Récréation</u>

10.30 - 11.00	<u>Langage</u> Exploitation, rappel, jeu (4 groupes de 2 élèves s'appelant par leurs noms), phonétique, rappel du dialogue
11.00 - 11.30	<u>Calcul</u> Reconnaissance d'objets utilisables bâtonnets, capsules, cauris
11.30 - 11.40	<u>Graphisme</u> Reprise de l'exercise précédent
11.40 - 12.00	<u>Dessin</u> Dessin libre
12.00 - 15.00	<u>Récréation</u> Déjeuner
15.00 - 15.30	<u>Langage - Fixation</u> Rappel, jeu, exercises systématiques
15.30 - 16.00	<u>Calcul</u> Montrez les objets triés, dessin d'une capsule, apprentissage de la tenue de l'ardoise et de la craie
16.00 - 16.45	<u>Dessin libre</u>
16.45 - 17.00	<u>Chant</u> Frère Jacques: appris par audition

ANHANG Nr.15

Beispiele für Zukunfts- und Wunschvorstellungen der Kinder und Jugendlichen

Aus der Menge von ähnlich lautenden Aussagen füge ich hier einige Beispiele an, die die jeweilige Einstellung der Befragten am deutlichsten wiedergeben. Es sind ausgewählte Antworten aus den Fragebögen, die ich zu den entsprechenden Themen in den Schulen und in einzelnen Gehöften verteilte.

(M. steht für männlich, W. für weiblich)

Antworten der Kinder auf die Frage nach ihren Zukunftsvorstellungen:

W.: 14 Jahre
"Quand je serais grande je voudrais vivre en ville comme une grande dame aux grands boubous. Je veux porter des habits de grand valeur, avoir toujours de jolies coiffures, circuler avec une belle moto. Je veux vivre dans une belle maison et mener une belle vie."

M.: 14 Jahre
"Je veux vivre en futur comme le directeur de mon école."

M.: 14 Jahre
"Je veux vivre a Ouaga, parce qu'il y a beaucoup d'argent là-bas."

Antworten und Begründungen auf die Frage nach der
zukünftig gewünschten Kinderzahl:

W.: 14 Jahre
"Je veux six enfants pour qu'ils m'aident à travailler
au moment où je deviendrai vieille."

W.: 14 Jahre
"Je veux au moins dix enfants parce que quand tu es
marié et si tu n'as pas d'enfants tu vivras ta vie
seule. Si tu meurs rien reste derrière toi."

M.: 15 Jahre
"Je veux une grande familie et beaucoup d'enfants
parce qu'ils vont m'aider à faire le commerce."

M.: 15 Jahre
"Je veux dix enfants parce que je ne connais pas ceux
qui vont réussir."

(Denn der Befragte weiß nicht, wieviele seiner Kinder
überleben bzw. ihr Leben meistern werden.)

Beantwortung der Frage nach dem gewünschten zukünftigen Ehepartner:

W.: 14 Jahre

"Je veux que mon mari soit simple, qu'il ne fasse pas de bagares tout le temps, qu'il ne boit pas, ni fume, ni mange de noix de kola. Je veux qu'il soit un Gourounsi et qu'il soit de moyen taille.
Je veux avoir une coépouse, mais qu'elle soit au moins la deuxième et moi la première. Et je veux que nous nous entendons bien avec notre marie.
Je veux qu'il soit un fonctionaire et qu'il touche dans le mois au moins 1200F."

W.: 14 Jahre

"Je veux un mari simple comme moi, pas trop paresseux. Je ne veux pas de coépouses parce que ça cause une mécontente dans le foyer."

W.: 14 Jahre

"Je veux un mari sérieux, simple, franc éveillé, doux, honnêt, qui sait se maîtriser, Qui serait capable de tenir sa famille, la nourrir et habiller. Il ne doit pas être buveur, ni fumeur.
Je veux un fonctionnaire, qui sait dépenser son argent n'importe comment, mais qui sait faire son budget. Il doit faire plaisir à sa famille.
Oui, j'accepterai des coépouses, car mon mari est libre de chercher sa femme."

M.: 15 Jahre

"Je veux une femme grosse et de teint clair.
Je veux qu'elle soit ménagère parce que les femmes qui travaillent courent derrière les hommes. Elle doit avoir un caractère doux comme le mien; ce qui m'interesse c'est son comportement."

M.: 14 Jahre

"Moi, je veux seulement que ma femme soit forte physiquement pour m'aider dans mon jardin. Je veux qu'elle se comporte timidement, que son caractère me soit comprehensive et extérieurement enfermée, parce que une femme qui est ouverte les hommes ne tardent pas à lui faire le cour.
Je veux qu'elle soit jardinière comme moi et que toute son économie me revienne."

M.: 15 Jahre
"Je veux une femme courte comme moi.
Je veux que ma femme m'obéisse et qu'elle suive un
seul chemin. Qu'elle soit dolotière et qu'elle gagne
beaucoup d'argent. Je veux qu'elle est d'origine de
Bonyolo, comme c'est la femme de mon grand frère."

M.: 15 Jahre
"Je me marierai avec une blache. Je veux que ma femme
se comporte comme une femme idéale, qu'elle soit
secrètaire de direction, qu'elle soit riche, qu'elle
soit catholique. Elle doit avoir une caractère doux
et extérieurement souriante. Moi, c'est la beauté
de la femme qui m'interesse."

M.: 13 Jahre
"Je veux une femme qui est physiquement forte. Je veux
qu'elle soit obéissante, qu'elle respecte tout le monde
et surtout qu'elle travaille beaucoup. Je ne veux pas
qu'elle court derrière les hommes et je ne veux pas
qu'elle soit riche; ce qui est important pour moi,
c'est le travail."

M.: 16 Jahre
"Je veux plusieures femmes.
Je veux une femme grosse. Je veux que son comportement
soit comme le mien et qu'elle travaille beaucoup,
surtout sur le champs. Je veux que ma femme soit
commerçante et qu'elle est un peu riche pour me se-
courir quand j'aurai des difficultés économiques."

Beantwortung der Frage nach der Einstellung zur
Tradition:

W.: 14 Jahre

"Les coutumes sont bonnes et necessaires pour que toutes
choses se passent bien. Quand je serai grande je ferai
les mêmes sacrifices parce qu'ils sont necessaires et
mêmes vrais." (D.h. sie will später die Opfer von den
dazu befugten Personen ausführen lassen.)

M.: 15 Jahre

"J'ai assisté à plusieures sacrifices, mais je ne sais
pas de quoi il s'agit. Chaque fois je vois de l'eau
simple et de l'eau de farine ou des fois du dolo et
des poulets qu'on égorge. Mais je n'ai jamais su le
sens de ces sacrifices. Pour moi, ces coutumes ne
m'interessent pas, je ne veux pas les faire quand je
serai grand."

Beantwortung der Frage nach der Vorstellung vom Leben
an der Elfenbeinküste:

W.: 14 Jahre
"En Côte d'Ivoire les jeunes se portent bien. Ils s'en
vont au cinema, se promènent en ville, visitent la mer
ou même les grands hôtels, regardant les bateaux. Quand
à moi, je travaille toujours."

W.: 14 Jahre
"Les jeunes de là-bas sont plus priviligés que nous ici,
c'est à dire , ils ne font pas de travaux durs comme
nous. Quand les enfants reviennent de la C.I. on les
reconnait facilement, parce qu'ils sont mieux habillés
que nous."

W.: 14 Jahre
"Les enfants de la Côte d'Ivoire ont une différence entre
nous: ils ont les têtes plats. Plus tard je veux vivre
dans non pays, parce que je suis déja habituée à mon
pays."

W.: 14 Jahre
"Je ne veux pas vivre là-bas parce que dans mon pays il
y a mes parents, mes camarades et tous mes amis."

W.: 16 Jahre
"La vie des enfants et des jeunes en Côte d'Ivoire est
difficile, puisque toute chose demande de l'argent,
on ne peut rien faire sans argent."

W.: 14 Jahre
"Je croix que les enfants de la Côte d'Ivoire sont dans
un petit paradis. Ils vivent comme des petits blancs.
Je veux bien vivre là-bas parce qu'il y a du tout."

M.: 18 Jahre
"Les enfants de la Côte d'Ivoire sont tres différents
des enfants d'ici, parce qu'ils vont tous à l'école,
parlent français dès leur bas âge, sont toujours propres et sont toujours à côté de leur parents. Je ne
veux pas vivre là-bas parce que la vie coute chère, et je
serai très eloigné de mon village."

M.: 15 Jahre

"Je peux m'imaginer que les enfants en Côte d'Ivoire
sont toujours satisfaits, qu'ils ont tout, qu'ils
mangent quand ils veulent et se déplacent sur des
petits vélos."

M.: 15 Jahre

"Quand les enfants de la Côte d'Ivoire se réveillent
le matin ils prennent le café, ils sortent, d'autre
partent pêcher au bord de la lagune, d'autres sortent
en ville avec l'autobus ou le taxi. Le plus souvent
j'ai vu des enfants avec des morceaux de pain beurré,
qui s'amusaient en se jetant l'un par l'autre dans le
sable. Quand j'étais en C.I. j'étais dans la cour ou
au bord de la route regardant les belles voitures et
les taxis qui ont la couleur rouge. Les enfants sont
differents de ceux d'ici parce que moi même j'avais
honte quand je passais près d'eux. Ils sont bien
habillés et parlent tous français. Je veux vivre là-
bas parce qu'il y a beaucoup d'argent."

M.: 14 Jahre

"Je m'imagine que les enfants de la Côte d'Ivoire vivent
mieux que les enfants ici parce que mon oncle qui est
venu de la C.I. avec sa femme et ses enfants refusaient
de manger le tô en disant que la sauce n'est pas bonne.
Et ils reclamaient chaque matin du café et du pain. En
plus de ça ils ne voulaient pas marcher avec les pieds
nus."

ANHANG Nr. 16

Anmerkungen

1) Lyele gehört zu der Gruppe der Gur-Sprachen. Es ist eine Klassensprache mit neun Nominalklassen, deren besondere Schwierigkeit darin besteht, daß durch verschiedene Tonhöhen verschiedene Bedeutungen ausgedrückt werden (fünf unterschiedliche Tonhöhen; acht Vokale, oral und nasalisiert).

2) Vgl.: Madl 1972:9-27; Atlas de la Haute Volta 1975: 22ff.; Dittmer 1979:495-541. Zur Sprache vgl.: Köhler 1975:135ff, 186ff.

3) Vgl.: Madl 1972:9-26; Atlas de la Haute Volta 1975: 3ff.; Dittmer 1979:495-541.

4) Vgl.: Atlas de la Haute Volta 1975:12ff.

5) Erste Regen fallen bisweilen auch schon im März.

6) Vgl.: Fiedermutz 1983:141ff.

7) Statistik aus: Atlas de la Haute Volta 1975:26. Angeblich waren 1983 schon 50 % der Bevölkerung von Réo getauft.

8) Auch in vielen anderen Ethnien Afrikas ist es die primäre Funktion der Frau, Kinder zu gebären (vgl.: Radcliffe-Brown 1950:49).

9) Verhaltensvorschriften für Schwangere vgl.: **Bulsa**: Kröger 1978:41ff.; **Mossi**: Lallemand 1977:227-233; **Ga**: Azu 1974:35f.

10) Zwillinge als Erstgeburt sind besonders gefährdet und unglückbringend.

11) Zum Thema "Erdtabu" vgl.: Zwernemann 1968:222ff.: "Die Gesetze und Verbote der Erde".

12) Das Neugeborene wird noch als Fremdling angesehen.
Vgl.: Bulsa: Kröger 1978:55; Sisala: Grindal 1972:13;
Dagomba: Oppong 1973:35; Nankanse: Rattray 1969:132.

13) Besondere Behandlung der Plazenta vgl.: Bulsa: Kröger
1978:47f.; Sisala: Rattray 1969:488; Mossi: Lallemand
1977:233f.; Kusasi: Haaf 1967:83; Rattray 1969:386;
Nankanse: Rattray 1969:132f.; Dagarti: Rattray 1969:
418; Dagomba: Oppong 1973:35.

14) Besondere Behandlung der Nabelschnur vgl.: Bulsa:
Kröger 1978:47; Kusasi: Rattray 1969:386; Haaf 1967:86;
Nankanse: Rattray 1969:134; Dagarti: Rattray 1969:418.

15) Bekenntnis von Schwangeren vgl.: Bulsa: Kröger 1978:48;
Sisala: Grindal 1972:13; Kusasi: Haaf 1967:80f., 83;
Nankanse: Rattray 1969:132; Dagomba: Oppong 1973:34;
Ga: Azu 1974:36.

16) (Hüft)schnur für Schwangere vgl.: Lyela: Steinbrich
(unveröffentl. Diss.); Bulsa: Kröger 1978:40; Sisala:
Rattray 1969:497; Tallensi: Fortes 1967:164,299;
Dagarti: Rattray 1969:417; Dagomba: Oppong 1973:34.

17) Wenn trotzdem eine Frühgeburt eintritt und das Kind
lebensfähig ist, so trägt es den Namen Benyini (fem.
Enyini).

18) Soumbala: Gegorene und getrocknete Samenkerne des
Nérébaumes, zu einer Kugel geformt. Wird zum Würzen
gebraucht.

19) Während der Stillzeit soll die Mutter keinen Geschlechtsverkehr haben. Vgl.: Bulsa: Kröger 1978:51; Sisala:
Grindal 1972:17; Kusasi: Haaf 1967:51,90f.; Rattray
1969:387; Tallensi: Fortes 1967:167; Nankanse: Rattray
1969:288,164; Dagarti: Rattray 1969:419; Dagomba:
Oppong 1973:36.

20) Traditionelle Namengebung vgl.: <u>Kasena</u>: Zwernemann 1963: 135ff.; <u>Bulsa</u>: Kröger 1978:65-116; <u>Mossi</u>: Arnould 1938; Houis 1963; Retel-Laurentin/Horvath 1972:128ff.; <u>Dogon</u>: Calame-Griaule 1965; Paulme 1940:444ff.; Retel-Laurentin/ Horvath 1972:133ff.; <u>Ga</u>: Azu 1974:36-40; <u>Yoruba</u>: Staewen/ Schönberg 1970:216f.; <u>Nzakara</u>: Retel-Laurentin/Horvath 1972:28ff.

21) kwálá: Familien- oder Klanheiligtum repräsentiert durch ein Kultobjekt.

22) Siehe Anhang Nr. 5, tabellarische Aufstellung der traditionellen Namen.

23) Vgl.: Nicolas 1950:81ff.

24) Nach Steinbrich (mündliche Mitteilung) oblag in Sanje in den meisten Familien die Pflege des Säuglings der ältesten Frau des Gehöftes. Bei den Mossi übernimmt die Großmutter (bzw. Schwiegermutter) einen großen Teil der Säuglingspflege (Lallemand 1977:239).

25) In unserem Gehöft benutzte man z.B. oft junge Blätter des Baobab-, des Mangobaumes und des Baumes Níme.

26) Einlauf bei den Mossi (ähnliche Vorgehensweise wie bei den Lyela) vgl.: Lallemand 1977:237f.

27) Lallemand sieht in dieser Behandlung der Brüste bei den Mossi nicht nur einen praktischen Sinn, sondern auch ein Bedürfnis der alten Frauen, die jungen Frauen ebenfalls häßlich zu machen (Lallemand 1977:235f.).

28) "petite soeur" siehe Kapitel 15.2., S.188.

29) Symptome der Vogelkrankheit: hohes Fieber, Schüttelfrost und Krämpfe. Nach Auffassung der Lyela wird diese Krankheit durch einen Vogel (kúmi) übertragen, wenn er das nachts draußen schlafende Kind überfliegt oder seinen Kot auf das Kind fallen läßt. Nach Aussagen von Major Jean Nadambega, Pfleger an der Krankenstation in Réo, handelt es sich bei dieser Krankheit um stark ausgeprägte Malariaanfälle.

30) Zur Behandlung von Waisenkindern vgl.: Senoufo: Knops 1938: 484ff.; Lodagaa: Goody J. 1962:197ff.; Akan: Bleek 1975:302ff.; Ashanti: Fortes 1964:264,274; Guang: Klingshirn 1971:43f.; Gonja: Goody E. 1973: 194ff.; Hausa: Mischlich 1929:148; Azande: Evans-Pritchard 1974:75; Tullishi: Nadel 1964:350; Bangwa: Brain 1972:61,87ff.; Tonga: van Velsen 1964:150.

31) Whiting und Child (1953) untersuchten in verschiedenen Ethnien vergleichend den Zusammenhang der Entwöhnung mit bestimmten Krankheitserscheinungen.

32) Zur Kleinkindphase vgl.: Tallensi: Fortes 1949; Fortes u. Evans-Pritchard 1967:55ff.; Ga: Azu 1974:40f.; Yoruba: Staewen u. Schönberg 1970; Ashanti: Fortes 1950:263ff.

33) Die Hunde fressen alle Abfälle, auch Fäkalien.

34) Zum Thema Altersgruppen vgl. Eisenstadt, 1966.

35) Zum Thema Kinderspiele in Afrika weise ich besonders auf die Materialsammlung der Spiele der Bantu-Völker von Klepzig (1972) hin. Vgl. außerdem: Westafrika allg.: Béart 1955 I, II; Dogon: Griaule 1938; Ga: Azu 1974:41-45.

36) Arbeiten der Kinder vgl.: Tallensi: Fortes 1967a,b, 1970, Klocke 1981; Ga: Azu 1974:41ff.; Ashanti: Addai 1980, Bartels 1975, Klocke 1981, Lystad 1958.

37) Zur Behandlung von Zwillingen vgl.: Bulsa: Kröger 1978: 56f.; Povel 1981:18-41, Schott 1970:54-82; Mossi: Lallemand 1977:245; Ga: Field 1961:180-183; Anglo-Ewe: Nukunya 1969:148, 202ff.; Igbo: Talbot 1968:15-38; Allgemeines: Harris 1906, Lagercrantz 1941, Sternberg 1929.

38) ywǎlǎ, pl. ywǎlse: Nach Auffassung der Lyela: Das unsichtbare "Doppel" des Menschen. Ursprung seiner Lebenskraft. Das "Doppel" hat die gleichen Bedürfnisse wie die körperliche Gestalt des Menschen (Nicolas 1953:440). Die Hexer essen dieses "Doppel", dadurch stirbt dann die körperliche Gestalt.

39) Laut Aussage von Steinbrich muß für solche Handlungen ein Zwillingspriester in das Gehöft kommen.

40) Die endgültige Summe wird nicht sofort gefordert. Die Frauen gehen anfangs von 500F aus, unterbrechen die Rasur, drohen mit deren Abbruch und erhöhen ihre Forderung um jeweils ca. 500F. Erst wenn sie den jeweiligen Aufschlag erhalten haben, fahren sie mit der Rasur fort. Auf diese Weise versuchen sie, einen möglichst hohen Endpreis zu erzielen.(Siehe dazu auch Steinbrich, noch nicht veröffentl. Diss., Kapitel über "Heirat").

41) Die Mossi weisen große Parallelen zu diesen Glaubensvorstellungen der Lyela auf: Lallemand 1977:245; zur Wiedergeburt bei den Bulsa vgl. Kröger 1978:61f.

42) Wiedergeburten werden häufig an die Ähnlichkeit mit einem Verstorbenen erkannt. In manchen Fällen erhält ein Wiedergeborener keinen eigenen Vornamen, sondern trägt nur den Klannamen und man ruft ihn: "Ahne" (nyena).

43) Es handelt sich nicht um die erste Geburt der Frau. Ansonsten wären die Zwillinge unglückbringend gewesen; sie wären gekommen, um sich an ihrem Klan zu rächen.

44) Hexenglaube vgl.: Kusase: Haaf 1967:126-134; Akanstämme: Debrunner 1959.

45) Tugali: Fetisch aus Ghana schützt vor Hexerei und bringt Hexer dazu, ihre Tat zu gestehen und ihre Opfer zu nennen. Von da ab können sie keine Menschen mehr essen.

46) In Ausnahmefällen können auch Mädchen, die sich durch eine kräftige körperliche Konstitution für diese Arbeit besonders eignen, das Viehhüten übernehmen.

47) Nach Nicolas (1953:385) hat bei den Lyela eine Wegkreuzung eine wichtige religiöse Bedeutung. Wenn eine Person stirbt, müssen dort ihre geschlechtsspezifischen Gebrauchsgegenstände niedergelegt werden. Männer: Pfeil (twà), Köcher (swã); Frauen: kleiner Korb (círhí),Matte (sálá), Holzlöffel (nènwǽ), Holztragegerät (shɔ̃).

48) Der Brauch der "petite soeur" besteht auch bei den Ga: Azu 1974:69.

49) Schulerziehung in Ghana vgl.: Caldwell 1967, Fafunwa 1973, Fordjor 1975, Foster 1968, Graham 1971, McWilliam 1959, Wilson 1966.

50) Ähnliche Auffassung vgl.: Sisala: Grindal 1972:98; Bulsa: Schott 1978:77f.; Ghana allgem.: Oppong 1973:72.

51) Vgl. zum Thema: Jugend zwischen Tradition und Moderne in Ghana; (Zukunfts- und Rollenerwartungen): Gabianu 1967; Jahoda 1958, 1959; Klingshirn 1971; Kröger 1978: 294ff.; Lystad 1960; Omari 1966.

ANHANG Nr.17

Literaturnachweis

Addai, J.H. — The Dynamics of Collective Labour in Traditional Societies. An Ethnographic Study of two African Societies - the Tallensi and the Ashanti. Heidelberg 1980, Diss.

Ainsworth, Mary — The development of infant-mother interaction among the Ganda. In: Foss, B.M.: Determinants of infant behaviour, S. 67 - 112, 1963

Arnould, R.P.Ch. — Les noms au Mossi, Namur, 1938

Atlas de la Haute Volta — Paris (Editions Jeune Afrique), 1975

Azu, Gladys Diana — The Ga family and social change. Leiden, Cambridge, 1974

Barry, Herbert / Child, Irvin L. / Bacon, Margaret K. — Relation of Child Training of Subsistence Economy. In: Ford, Clellan S.: Cross-Cultural Approaches, S. 246 - 259, 1967

A Cross-Cultural Survey of some Sex Differences in Socialisation. In: Journal of Abnormal and Social Psychology, 55, S. 327 - 332, 1957

Bartels, F.L. — Akan Indigenous Education. In: Brown, G.N. / Hiskett, M.: Conflict and Harmony in Education in Tropical Africa. London, S. 39 - 64, 1975

Bauer, Annemarie — Kind und Familie in Schwarzafrika, Saarbrücken, 1979

Bayili, E.	Les Populations Nord-Nuna. Thèse du troisième cycle, 1983
Béart, Charles	Jeux et Jouets de l'Ouest Africain. Tome I, II. Mémoires de l'Institut Francais d'Afrique Noire, No. 42, Dakar, 1955
Beuchelt, Eno	Traditionelle und moderne Jugenderziehung im West-Sudan. In: Soziologus, N.F., 11, S. 147 - 160, 1961
Bleek, Wolf	Marriage, Inheritance and Witchcraft: A case study of a rural Ghanaian family, Leiden, 1975
Brain, Robert	Bangwa Kinship and Marriage, Cambridge, 1972
Calame-Griaule, Geneviève	Ethnologie et Langage. La parole chez les Dogon. Paris, 1965
Caldwell, John C.	Population Growth and Family Change in Africa. The New Urban Elite, London, 1968
Debrunner, Hans W.	Witchcraft in Ghana, Accra, 1959
Dinslage, Sabine	Mädchenbeschneidung in Westafrika, Hohenschäftlarn, 1981
Dittmer, Kunz	Die Obervolta-Provinz. In: Baumann, H.: Die Völker Afrikas und ihre traditionellen Kulturen, Bd. II. Wiesbaden, S. 495 - 542, 1979
Eisenstadt, Samuel N.	Von Generation zu Generation. Altersgruppen und Sozialstruktur, München, 1966 Tradition, Change and Modernity, New York, London, 1973 (Tradition, Wandel und Modernität, Frankfurt, 1979)

Erny, Pierre	L'enfant dans la pensée traditionelle de l'afrique noire, Paris, 1968
	L'enfant et son milieu en Afrique noire, Paris, 1972
	Les premiers pas dans la vie de l'enfant d'Afrique noire. Naissance et première enfance, Paris, 1972
Evans, Judith	Children in Africa: a review of psychological research, New York, 1970
Evans-Pritchard, E.E.	Man and Woman among the Azande, London, 1974
Fafunwa, A. Babs	Does Formal Schooling Push Young People out of Agriculture? In: Rural Africana, 19, S. 56 - 66, 1973
Fiedermutz-Laun, A.	Architekturforschung in Obervolta und ihre ethnologische Aussage. In: Paideuma, 29, S. 141 ff., 1983
Field, M.J.	Religion and Medicine of the Ga People, London, 1961
Finkernagel, Eberhart	Familienleben und Jugenderziehung in Westafrika, Frankfurt, 1984
Fordjor, P.K.	Das Erziehungswesen und die Problematik der Erwachsenenbildung im Entwicklungsprozess. Dargestellt am Beispiel Ghana unter besonderer Berücksichtigung der Analphabetenfrage, Hamburg, 1975
Fortes, Meyer	The Web of Kinship among the Tallensi, London (3. Aufl.), 1949/1967
	Kinship and Marriage among the Ashanti. In: Radcliff-Brown, A.R./ Forde, D.: African Systems of Kinship and Marriage, London, 1950/1964

Fortes, Meyer	Social and psychological aspects of education in Taleland. In: Fortes, M.: Time and social structure and other essays, New York, 1970
Fortes, M. / Evans-Pritchard, E.E.	Values in African tribal life, In: McEvans, P.J./Sutcliffe, R.B., S. 55ff., 1967
Foster, Philip	Education and social change in Ghana, Chicago, 1965
Franke, Erich	Die geistige Entwicklung der Negerkinder. Ein Beitrag zur Frage nach den Hemmungen der Kulturentwicklung, Leipzig, 1915
Gabianu, Augusta Sena	Trends in der Wandlung der ghanaischen Familie, Kpandau, 1967
Geber, Marcelle	Développement psycho-moteur de l'enfant africain. In: Courrier, 6, S. 17 - 29, 1956
Geber, M. / Dean, R.F.A.	Gesell tests on African children. In: Pediatrics, 6, S. 1055 - 1965, 1957
Goody, Esther	Contexts of Kinship, Cambridge, 1973
Goody, Jack	Death, Property and the Ancestors, Stanford, 1962
Graham, C.K.	The History of Education in Ghana, London, 1971
Griaule, Marcel	Jeux Dogons, Paris, 1938

Grindal, Bruce	Growing up in Two Worlds. Education and Transition among the Sisala of Northern Ghana, New York, Chicago, 1972
Grohs, Elisabeth	Traditionelle Erziehung und Schule in Nordnigeria. Eine Untersuchung unter Heranziehung von Lebensläufen nordnigerianischer Schulkinder, Saarbrücken, 1972
Haaf, Ernst	Die Kusase, Stuttgart, 1967
Hagen, E.E.	On the Theory of Social Change, Illinois, 1962
Harris, J. Rendel	The cult of the heavenly twins, Cambridge, 1906
Houis, M.	Les noms individuels chez les Mossi, Dakar, 1963
Jahoda, Gustav	Boys' Images of Marriage Partners and Girls' Self-Images in Ghana. In: Sociologus, Bd. 8, S. 155 - 169, 1958
	Love, Marriage and Social Change: Letters to the Advice Column of a West African Newspaper. In: Africa, Bd.29, S. 177 - 190, 1958/59
Klingshirn, Agnes	The Changing Position of Women in Ghana, Marburg/Lahn, 1971
Klocke, Sabine	Kindererziehung und Kinderarbeit in westafrikanischen Gesellschaften, Münster, 1981 (unveröffentlicht)
Knops, P.	L'enfant chez les Senoufo de la Côte d'Ivoire. In: Africa, 11, 1938

Köhler, Oswin	Geschichte und Probleme der Gliederung der Sprachen Afrikas. In: Völkerkunde von Afrika, Bd. 1, S. 135ff., 186ff., 1975
Kröger, Franz	Übergangsriten im Wandel, Hohenschäftlarn, 1978
Lagercrantz, S.	Über willkommene und unwillkommene Zwillinge in Afrika. In: Ethnologiska Studier, 12 - 13, Göteborg, 1941
Lallemand, Suzanne	Une Famille Mossi, Paris, 1977
Lystad, Robert	The Ashanti: A Proud People, New Brunswick, 1958
Lystad, Mary, H.	Traditional Values of Ghanaien Children. In: American Anthropologist, Bd. 62, S. 454 - 464, 1960
Madl, Franz	Ouagadougou, die Hauptstadt Ober-Voltas, Wien, 1972
Mair, Lucy	African Marriage and Social Change, London, 1969
McClelland, D.C.	The Achieving Society, Princeton, 1961
McClelland, D.C. / Friedman, G.A.	A Cross-Cultural Study of the Relationship between Child Training Practices and Achievement Motivation appearing in Folktales. In: Swanson, G.E.; Newcomb, T.M.; Hartley, E.H.: Readings in Social Psychology, New York, 1952

McWilliam, H.O.A.	The Development of Education in Ghana, London, 1959
Mischlich, A.	Neue Märchen aus Afrika, Leipzig, 1929
Nadel, Sigfried F.	Double Descent in the Nuba Hills. In: Radcliffe-Brown, A.R./Forde, D.: African Systems of Kinship and Marriage, London, 1964
Nicolas, Francois	Les surnoms-devises des L'éla de la Haute Volta. In: Anthropos, Bd. 45, S. 81 - 118, 1950
	Glossaire L'élé - Francais. In: Bon, G./Nicolas, F.J.: Grammaire L'élé; Glossaire L'élé-Francais, Dakar, S. 123ff., 1953
Nukunya, G.K.	Kinship and Marriage among the Anglo Ewe, London, 1969
Omari, Peter, T.	Role Expectation in the Courtship Situation in Ghana. In: Farber, B.: Kinship and Family Organisation, USA, S. 164 - 173
Oppong, Christine	Growing up in Dagbon, Accra-Tema, 1973
	Marriage among a Matrilineal Elite. A Family Study of Ghanaian Senior Civil Servants, Cambridge, 1974
	A Study of Domestic Continuity and Change: Akan Senior Service Families in Accra. In: Goody, Jack: Changing Social Structure in Ghana: Essays in the Comparative Sociology of a New State and Old Tradition, London, S. 181 - 200, 1975

Parin, Paul — Der Beitrag ethno-psychoanalytischer Untersuchungen zur Aggressionstheorie. In: Psyche, Bd. 27, S. 237 - 248, 1973

Parin, P. / Morgenthaler, F. — Charakteranalytischer Deutungsversuch am Verhalten "primitiver" Afrikaner. In: Psyche, Bd. 5, S. 311 - 330, 1956

Paulme, Denise — Organisation sociale des Dogon, Paris, 1940

Povel, Annegret — Das Zwillingmotiv in Erzählungen westafrikanischer Völker, Münster, 1981 (Magisterarbeit, unveröffentl.)

Powdermaker, Hortense — Copper Town: Changing Africa, New York, 1962

Rabain, Jaqueline — L'enfant du lignage, Paris, 1979

Radcliffe-Brown, A.R. — Father, Mother, Child. In: Man, Bd. 26, S. 159ff., 1926

Radcliffe-Brown, A.R./ Forde, D. — African Systems of Kinship and Marriage, London, 1950

Rattray, R.S. — The Tribes of the Ashanti Hinterland, Oxford, 1969

Read, Margret — Children of their Fathers, New York, 1960/68

Retel-Laurentin, A. / Horvath, S. — Les noms de naissance, Paris, 1972

Ritchie, James E. — The African as suckling and as adult, Livingstone, 1943

Röhrs, H.	Afrika- Bildungsprobleme eines Kontinents, Stuttgart, 1971
Schott, Rüdiger	Aus Leben und Dichtung eines westafrikanischen Bauernvolkes. Ergebnisse völkerkundlicher Forschungen bei den Bulsa in Nord-Ghana 1966/67, Köln und Opladen, 1970
	Mission und Entwicklung in Afrika - dargestellt am Beispiel der Busla in Nordghana. In: Weltmission in der Kirche, Münster, S. 63 - 80, 1978
Staewen, L. / Schönberg, F.	Kulturwandel und Angstentwicklung bei den Yoruba Westafrikas, München, 1970
Sternberg, Leo	Der antike Zwillingskult im Lichte der Ethnologie. In: Zeitschrift für Ethnologie, Bd. 61, S. 152 - 200, 1929
Talbot, P.A.	Woman's mysteries of a primitive people. The Ibibios of Southern Nigeria, London, 1968
van Velsen, J.	The Politics of Kinship, Manchester, 1964
Whiting, J.W.M. / Child, I.	Child training and personality: a cross cultural study, New Haven, 1953
Whiting, J.W.M. / Child, I.L. / Lambert, W.	Field Guide to the Study of Socialization, New York, 1966

Wilson, John	Education and Changing West African Culture, London, 1966
Zwernemann, Jürgen	Personennamen der Kasena. In: Afrika und Übersee, Bd. 47, S. 133ff., 1963
	La querelle pour l'enfant pas encore né: une légende historique des Gurunsi et ses parallèles. In: Notes Africaines, Bd. 101, 1964
	Die Erde in Vorstellungswelt und Kulturpraktiken der sudanischen Völker, Berlin, 1968

ANHANG Nr.18

Glossar

b

bá	– kommen
bèsɔ́bwèlέ, òsɔ́bwèlέ pl. bèsóná, bèsɔ́bwǎlsɛ	– Kind
bètèlέ, òtèlὲ, pl. bètǎlsɛ	– Waisenkind
birha	– Wahrheitsdroge
bíshɛ̀mɛ̀, pl. bishɛ́msɛ	– Säugling
biyé, pl. biyésé	– Erstgeborenes
bǔ, pl. bǔrh, bwisi	– Wasserstelle
bwéỹ	– Schönheit, Eitelkeit der Mädchen

c

cǎm, pl. cǎmɛ̌	– Medikament vom Wahrsager, Heilmittel
cɛ cébal	– Erdherr
cî	– sagen
cicú	– Rat (rituelle Ankündigung einer Erstgeburt)
cìrhí, pl. cǐisi	– kleiner Korb
cǒ cébal	– Fetischeur, wörtl.: Eigentümer eines Fetischs oder eines Heiligtums
cǒ, pl. cèmé	– Baum; Fetisch; Heilmittel; (aus Baumwurzeln oder -rinde, Holzstücken)
cɔ́lɔ́, pl. càlmà, cǎlsɛ	– Hexer, Zauberer
cǎlsɛ	– unglückbringende Zwillinge
cɔnɔ pl. cǎndɛ	– Plazenta; Lampe

d
da, pl. dabá	- Vater
da nãcɛ	- Großvater
dunje	- kleiner Fetisch (gehört zum tugali, großer Fetisch aus Ghana)

e
elwǽr- kɛỹ, pl. elwǎrna (von: lwær - loslösen, kɛỹ - Frau)	- Hebamme
epwa, pl. epurh	- Schwangere
éso	- Frau im Kindbett
ésoné	- Frau im Kindbett nach Kopfrasur

f
fɔn	- rasieren
fɔnɛ́, pl. fɔnsɛ́	- Rasiermesser, -klinge

g
gɔ́m, pl. gɔ́mɛ̀	- schneiden
ga	- alle

k
kal vwàmá	- Viehhüten
kánkámsɛ	- kleiner Bohnenkuchen
kɛỹ, pl. kana	- Frau
kɛỹgɔnɔ́, pl. kɛỹgàndɛ́	- Hüfttuch der Frauen
kó, kwé	- (s.) bücken, beugen
kuli, pl. kǔlsé	- Hund
kúmi, pl. kúmsi, kúmse	- Vogel
kwálá, pl. kwálsɛ	- Familien- oder Klanheiligtum repräsentiert durch ein Kultobjekt

l

lali, pl. lályɛrh	- Schmiede
lò, pl. lì	- Person, Leute
(shú-libe - die Leute des shú)	
lũ	- Welt, Gegend
lu, lwi, pl. lúrh, lwísi	- Totenfeier
lùl, lùlǣ	- gebären
lùlepúrí, pl. lùlepúrse	- traditioneller Brauch, Sitte
lul kolo	- Erstgebärende
lwa	- traditioneller Bogen
lyẽ, pl. lyẽse	- Hüftschnur

m

mú, pl. mú, múmí	- Die schwarze Volta

n

ná, pl. nábá	- Mutter
ná, nãcɛ	- Großmutter
nébal, pl. nábáá	- Mutterbruder
nèbil, pl. nèbílǣ	- Schwanz
nècílí, pl. nècílse, nècílœ(nèkílí)	- Buschgeist; Zwilling
né	- uns, unser
nekɔbi	- Schwestersohn
nènwǣ, pl. nènúrh, nènwísi	- Holzlöffel zum Tô kochen
nɔ̀nɔ̀n, pl. nɔ̀nɔ̀na, oder vɛ́nɔ̀nɔ̀n, pl. vɛnɔ̀nɔ̀na	- Hirte
nyena	- Ahne
nyena kwã (kwã - hinter)	- Wiedergeburt eines Ahnen
nyéỹ, pl. nyáná	- "petite soeur"
nyini, pl. nyinse, nyinsi	- Hüftschnur
nyitommo	- Schluck- und Saugbewegungen
nyɔmɔ	- Maske

p
pũ vùr   - Totgeburt, Fehlgeburt
(pũ - Bauch; vùr -
           außerhalb)
pwĭ, pl. pŭrh, pwĭsi   - Bauch, Schwangerschaft

s
sàlá   - Matte
sejœlè, pl. séjœlse   - Wegkreuzung
séỹ, pl. sáná   - Hirsebier, fermentiert
sέỹbĭ, pl. sέỹbir   - Hirsebier, nicht fermentiert
só, swéné, sónó   - lieben
soumbala   - Gewürz; gegorene und getrock-
                                          nete Samenkerne des Nérébaumes,
                                          zu einer Kugel geformt.
sɔ̀lɔ́, pl. s(w)àalὲ   - Wald, großes Gebüsch, Gehölz
súsúlú, pl. súsúli   - Tabu, rituelles Verbot, ins-
(súlœ - verboten,   besondere Speiseverbot;
         tabuiert sein)   fälschlich sog. "Totem";
                                          Meidungsgebot
swã, pl. swér   - Köcher

sh
shὲ, pl. shã   - Mandel des Schibutterbaumes
shɔ̌, pl. shɔ̌r, shǎr   - Kariténuß (daraus wird die
                                          Schinußbutter gewonnen)
shɔ̃   - traditionelles Holztragegerät
                                          (für Frauen)
shŭ   - Maskenbund, Maske
shŭ - cébal, pl. shŭ -   - Verantwortlicher (wörtl. Ei-
                    cĩnée   gentümer des) für das shŭ
shŭ - kwálá   - Opferalter des shŭ
shŭ - sɔ̀lɔ́   - heiliger Wald des shŭ, Aufent-
                                          haltsort der Initianden, wäh-
                                          rend ihrer Initiation

t

tǒ	- Hirsebreifladen
tugali	- Fetisch aus Ghana. Schützt vor Hexerei und bringt Hexen dazu, ihre Opfer zu gestehen. Von da ab sind sie ungefährlich.
twá, pl. twerh, twese	- Pfeil
tú	- kommen, ankommen

v

v(w)ǎ(m)-enɔn > vɛ́nɔnɔn, (Vieh) pl. vɛ́nɔnɔna	- Hirte

w

wu, pl. win, wumi	- Bauch, (Schwangerschaft)
wul, pl. wúlœ	- Nabel, Nabelschnur
wúwúlœ	- Arbeitsgruppe (junger Leute)

y

ya, pl. yerh, yese	- Markt
yǎl, yǎlbal, pl. yàlá	- Schmied
yi, pl. yœ	- Hochgott
yil, pl. yil	- Milch, Brust, Name
yó fɔn (fɔnɛ́) (ywœ́, pl. ywérh, ywésé- Haar, fɔn - rasieren	- Kopfrasur
ywál, pl. ywœlœ	- Schatten
ywɔla, ywœlœ, pl. ywœlse	- Geist, Seele, Fantom; unsichtbares "Doppel" des Menschen
yǔlú, pl. yǔnli, yǔlne	- Hyäne

z

zǎã, pl. zerh, zã̃ãsɛ — Ringkampf

zã-cèbé, pl. zã-cǎbsɛ — Armreif mit magischer Kraft
(zǎã - Ringkampf (wird während des Ringkampfes
cèbé , pl. cǎbsɛ - getragen)
kleines Essen)

zɛ́y̌̃, zǎw̃ — grüßen, sich die Hand geben

zhèmbal, pl. zhèm(m)à — älterer Bruder

zhènkɛỹ, pl. zhènkana — ältere Schwester